王溢然 束炳如 主编

中学生物理思维方法丛书

3 猜想与假设

王溢然 编著

中国科学技术大学出版社

图书在版编目(CIP)数据

猜想与假设/王溢然编著. —合肥:中国科学技术大学出版社,2015.2 (2024.6重印)

(中学生物理思维方法丛书)

ISBN 978-7-312-03536-4

Ⅰ.猜… Ⅱ.王… Ⅲ.中学物理课—教学参考资料 Ⅳ.G634.73

中国版本图书馆 CIP 数据核字(2014)第 247512 号

出版	中国科学技术大学出版社
	安徽省合肥市金寨路 96 号,230026
	http://press.ustc.edu.cn
	https://zgkxjsdxcbs.tmall.com
印刷	安徽省瑞隆印务有限公司
发行	中国科学技术大学出版社
开本	880 mm×1230 mm 1/32
印张	9.375
字数	235 千
版次	2015 年 2 月第 1 版
印次	2024 年 6 月第 6 次印刷
定价	25.00 元

没有大胆的猜想,就没有伟大的发现.

——牛顿

只要自然科学在思维着,它的发展形式就是假设.

——恩格斯

序 1

在中学物理学习过程中,学生在获取知识的同时,还要重视从科学宝库中汲取思维营养,加强科学思维方法的训练.

思维方法的范畴很大,包括抽象思维、形象思维、直觉思维等.以抽象思维而言,又有众多的方法,在逻辑学中都有较严格的定义.对于以广大中学生为主的读者群,就思维科学意义上按照严格定义的方式去介绍这众多的思维方法,显然是没有必要的. 由王溢然、束炳如同志主编的这套丛书,不追求思维科学意义上的完整,仅选取了在物理科学中最有影响、中学物理教学中最常见的思维方法(包括研究方法)为对象,在较为宽泛的意义上去展开,立意新颖,构思巧妙.全套丛书各册彼此独立,都以某一类或两三类思维方法为主线,在物理学史的恢宏长卷中,撷取若干生动典型的事例,先把读者引入饶有兴趣的科学氛围中,向读者展示这种思维方法对人类在认识客观规律上的作用. 然后,围绕这种思维方法,就其在中学物理教学中的功能和表现以及其在具体问题中的应用做了较为深入、全面的挖掘,使读者能从物理学史和中学物理教学现实两方面较宽广的视野中,逐步领悟到众多思维方法的真谛.

这套丛书既不同于那些浩繁的物理学史典籍,也有别于那些艰深的科学研究方法论的专著,它融合了历史和方法,兼顾了一般与提高,联系了教学与实际,突出了对中学物理教学的指导作用,文笔生

动、图文并茂,称得上是一套融史料性、科学性、实用性、趣味性于一体的优秀课外读物. 无论对广大中学生(包括中等文化程度的读者)还是对中学物理教师以及高等师范院校物理专业的学生,都不无裨益.

科学研究是一项艰巨的创造性劳动. 任何科学发现和科学理论的诞生都是在一定的背景下,科学家精心的实验观测、复杂的思维活动的产物. 在攀登道路上充满着坎坷和危机,并不是一帆风顺、一蹴而就的. 科学家常常需及时地(有时甚至是痛苦地)调整自己的思维航向,才能顺利抵达成功的彼岸. 因此,任何一项科学新发现、一种科学新理论的诞生,绝不会仅是某种单一思维活动的结果. 这也就决定了丛书各册在史料的选用上必然存在某些重复和交叉. 虽然这是一个不足之处,却也可以使读者的思维层次"多元化". 不过,作为整套丛书来说,如果在史料的选用上搭配得更精细一些、在思维活动的开掘上更深刻一些,将会使全书更臻完美.

我把这套丛书介绍给读者,首先希望引起广大中学生的兴趣,能从前辈科学家思维活动中汲取智慧,活化自己的思维,开发潜在的智能;其次希望中学物理教师在此基础上继续开展对学生思维方法训练的研究,致力于提高学生的素质,以适应新时期的需要;最后我也真诚地希望这套丛书能成为图书百花园中一朵惹人喜爱的花朵.

阎金铎

序 2

"中学生物理思维方法"是一个很诱人的课题. 如果从我比较自觉地关注这个课题算起,要追溯到 20 世纪 80 年代. 开始时,朴素的动因就是激发学生兴趣,丰富上课内容;后来,通过对许多科学研究方法论著作、思维学著作等的学习和教学实践,认识上逐步从传授知识层面提高到了对学生的学习能力乃至思维品质进行培养的高度. 于是,在 90 年代中期,经过比较充分的积累,策划编写了这套思维方法丛书.

《中学生物理思维方法丛书》问世后,受到了广泛的关注,被列入国家新闻出版总署"八五"规划重点图书,还被推介到台湾出版了繁体字版(中国台湾新竹"凡异出版社"). 因此,作者受到了很大的鼓舞.

光阴荏苒,如今已进入 21 世纪. 科学技术飞速发展,教学理念不断更新,教学的要求也随着时代前进的脚步有了很大的变化. 当前,国际教育界大力提倡"科学的历史、哲学和科学"教育,希望借此更好地提高学生的科学素质. 我国从新世纪开始试行的《高中物理课程标准》也明确提出同样的要求. 中外教育家一致的认识——结合物理教学内容,回顾前辈科学家创造足迹,无疑是了解科学本质、培养科学精神的一个重要途径.

本丛书的新一版继续坚持"科学史料、思维方法、中学教学"三结

合的内容特色,并补充了反映科学技术方面的新成果、新思想,尤其在结合中学物理教学方面有了很大的进展——删去或淡化了与当前中学物理教学联系不够紧密的某些枝叶,突出了主干知识;撤换了相对陈旧的某些问题,彰显了时代风貌;调整了某些内容,强化了服务对象. 值得说明的是,在新一版中还选入了相当数量的近年高考题,这些问题集中反射了各地专家、学者的智慧,格外显得光彩熠熠、耐人寻味. 因此,新一版内容更为丰满多彩,也更为贴近中学教学和学生实际,更好地体现了科学性、方法性、应用性、趣味性. 希望能够继续被广大读者喜欢,也希望能够更好地使读者受到启发,有所得益,有所进步!

今后,随着时代的发展和中学物理教学要求的不断更新,新思想、新成果和教学中的新问题势必会层出不穷,但前辈科学家崇高的科研精神、深邃的思想和创造性思维方法的光辉,必将永远照耀着人们前进的道路!

在新一版问世之际,首先要衷心感谢我的良师益友——苏州大学物理系束炳如教授. 从萌发编写丛书的想法开始,束先生就给予作者极大的鼓励、支持. 编写过程中,作者与先生进行了难以计次的深夜长谈,他开阔的思路、活跃的创见和对具体问题深刻的分析指导,都给了作者极为有益的启发和帮助,让作者从中得到了强大的精神力量,也给作者留下了永不磨灭的记忆. 借此机会,同时衷心感谢两位德高望重的原顾问周培源先生*和于光远先生**以往对本丛书的关爱;衷心感谢为本丛书作序的阎金铎教授***对作者的鼓励;衷心

---

* 周培源(1902~1993),著名物理学家,中国科学院院士,曾任中国物理学会理事长、中国科学技术协会主席、北京大学校长等.

** 于光远(1915~2013),著名经济学家,中国社会科学院哲学社会科学学部委员,曾任国家计划委员会经济研究所所长、中国社会科学院副院长等.

*** 阎金铎,著名物理教育家,北京师范大学物理系教授、教科所所长,曾任中国教育学会物理教学研究会理事长等.

感谢吴保让先生、倪汉彬先生、贾广善先生、刘国钧先生等为丛书审读初稿并提出了宝贵的修改意见;衷心感谢为丛书绘制精美插图的朱然先生;衷心感谢被引用为参考资料的原作者们;衷心感谢曾经对丛书大力支持的大象出版社;衷心感谢广大读者朋友对本丛书的厚爱.

本丛书相当于一个"系统工程",编辑、出版需要花费大量的人力、物力. 新一版的问世,跟中国科学技术大学出版社的鼎力支持是分不开的. 在此,也代表所有作者对中国科学技术大学出版社和有关编辑室表示衷心的感谢.

不知哪位作家说过这样的话:写作的最大乐趣首先是在写作的过程中,作者与读者心灵交流;其次是作品出版后,能够被读者认可. 虽然这套丛书不是文学创作的作品,我们也只是站立三尺讲台的中学老师,但是在编写过程中,内心时时有着一种极为强烈的冲动,有一个声音呼唤着:把我们在长期教学实践中所积累和思考的有关中学物理教与学的点滴认识、心得与中学物理教学界同行,尤其是广大的中学生朋友们进行交流、分享与探讨. 实际上,书中有许多地方都包含着从以往学生的思维火花中演绎的方法.

本丛书的新一版,尽管我们思考了比较长的时间,编写中也都做了努力,但仍然难免会有疏漏乃至错误的地方,请读者发现后予以指正.

王溢然

2014 年 2 月于苏州庆秀斋

前　　言

　　猜想与假设(或假说、设想等)虽然在含义上或程度上不尽相同，但都是人们以一定的经验材料和已知事实为依据，或以已有的科学理论和技术方法为指导，对未知事实或现象的原因及其规律所做的一种有一定推测性或假定性的说明．它是经验材料和科学理论之间的一座桥梁．科学的发展离不开假设，学习科学知识也经常需要假设．

　　在这本小册子中，我们摘取物理学发展史上的一些精彩片断，通过若干经典的猜想与假设，向读者展示了猜想与假设在物理学发展中的重要作用以及前辈物理学家是如何从纷杂的现象中萌发猜想、提出假设、检验假设、完善和发展假设，从而形成科学理论的．同时，结合中学物理教学的实际，阐述了猜想与假设的教学功能及其在分析、解决具体问题时的应用．

　　希望广大读者通过阅读本书，能提高对猜想与假设这一重要思维方法的认识，并能运用它帮助自己理解和掌握物理知识．更希望广大青少年读者能充分张开智慧的翅膀，在浩瀚的未知世界中大胆地去猜想、假设，有所发现，有所创造．

作　者

2014 年春于苏州庆秀斋

目 录

序 1 ……………………………………………………………（ⅰ）

序 2 ……………………………………………………………（ⅲ）

前言 ……………………………………………………………（ⅶ）

1 大胆的猜想　绝妙的假设 ……………………………（001）
 1.1 落体运动规律的猜想 ………………………………（001）
 1.2 天体引力的平方反比假设 …………………………（006）
 1.3 关于热本质的猜想 …………………………………（012）
 1.4 关于电本质的假设 …………………………………（016）
 1.5 黑体辐射与量子假设 ………………………………（021）
 1.6 狭义相对论的两个假设 ……………………………（027）
 1.7 宇宙大爆炸的假设 …………………………………（034）

2 猜想与假设在科学认识中的作用 ……………………（041）
 2.1 解释物理现象或规律 ………………………………（041）
 2.2 提出新的实验和观测方向 …………………………（048）
 2.3 构成通往正确道路的桥梁 …………………………（054）

3 猜想的萌发　假设的形成 ……………………………（064）
 3.1 类比推理法 …………………………………………（064）
 3.2 归纳推理法 …………………………………………（069）
 3.3 演绎推理法 …………………………………………（071）

3.4 经验公式法 …………………………………………… (078)
3.5 矛盾推理法 …………………………………………… (081)
3.6 直觉思维法 …………………………………………… (091)

4 实践是检验和发展猜想与假设的唯一途径 ………………… (093)
4.1 伽利略的斜面实验 …………………………………… (094)
4.2 万有引力定律的验证 ………………………………… (096)
4.3 伦福德实验与焦耳热功当量的测定 ………………… (103)
4.4 汤姆孙巧测阴极射线 ………………………………… (107)
4.5 劳厄一箭双雕 ………………………………………… (117)
4.6 时空相对性的验证 …………………………………… (121)
4.7 宇宙大爆炸的佐证 …………………………………… (125)

5 中学物理中常见的几种假设 ………………………………… (131)
5.1 物理条件的假设 ……………………………………… (131)
5.2 物理过程的假设 ……………………………………… (139)
5.3 矢量方向的假设 ……………………………………… (158)
5.4 临界状态的假设 ……………………………………… (165)
5.5 极端情况的假设 ……………………………………… (172)

6 猜想与假设在中学物理学习中的指导作用 ………………… (184)
6.1 发展想象力的有效途径 ……………………………… (184)
6.2 体验科学探究 ………………………………………… (188)
6.3 深化对物理原理的认识 ……………………………… (191)

7 猜想与假设在中学物理解题中的应用 ……………………… (197)
7.1 力学问题中的应用 …………………………………… (198)
7.2 电磁学问题中的应用 ………………………………… (232)
7.3 热学、光学问题中的应用 …………………………… (251)
7.4 黑箱问题中的应用 …………………………………… (263)

结束语 …………………………………………………………… (283)

参考文献 ………………………………………………………… (284)

1 大胆的猜想　绝妙的假设

科学的发展与人们探索自然奥秘的思维活动有着密切的联系. 面对五彩缤纷的自然景象和前人在生活、生产实践中积累的许多经验和疑问,科学家们为了解决问题,寻求答案,必须要做一些大胆的尝试,最初往往只是些试探性的猜想和假设. 英国著名科学家赫胥黎(T. H. Huxley,1825～1895)说:"一切科学都始于假设——或者说尚未证明的假设,而它们或许并且常常是错误的,但是对于在一片混沌的现象中追寻秩序的人来说,它们总比袖手旁观好." 下面就是物理学发展史上不同时期的几个著名的猜想与假设.

1.1 落体运动规律的猜想

亚里士多德猜想

在科学史上,第一个对物体的运动做过认真思考的人,大概就是古希腊伟大的思想家亚里士多德(Aristotle)了. 他把运动分为两大类:自然运动和强迫运动. 并认为每个物体在自然界都有自己的"天然处所"(固有位置),如果脱离原位,就要争取返回去,这就是自然运动. 天体的自然运动就是永恒地沿着圆周运动. 强迫运动则是物体在受到推或拉等情况下发生的.

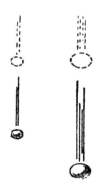

图1.1 亚里士多德的落体观点

亚里士多德从"运动原因"出发对落体运动做出了一些猜想.他认为:宇宙有一个中心,这个中心正好与地球中心重合.如果把一块石头抛向空中,石头就要争取回到它原来在宇宙中的位置——地球上的趋势,因此石头就要下落,并且,物体下落的速度和它们的重量成正比.他提出的猜想是:重的物体落得快,轻的物体落得慢(图1.1).

亚里士多德关于落体运动快慢的看法差不多流传了两千年.在这两千年里,虽然有人曾反对过这种看法,但都因为没有确切的实验和理论上的论证,所以并没有被人重视.

小石块的诘难

成功地打破亚里士多德错误权威的是意大利物理学家伽利略(G. Galilei).他用一个简单的思想实验*得出的佯谬,对亚里士多德的说法提出了反驳.把轻重不同的两个物体捆在一起,如果重物体比轻物体下落得快,那么当它们捆在一起下落时,由于快的物体受慢的物体的阻碍而速度减慢,慢的物体受快的物体的驱使而速度加快.其结果使得捆在一起的两个物体下落的速度一定介于原来两个物体的下落速度之间,即小于原来重物体下落的速度,大于原来轻物体下落的速度(图1.2).但是,两个物体捆在一起不就成了一个比原来的重物体更重的物体了吗?按亚里士多德的论断,这个物体下落的速度要比原来的重物体下落更快.这就和按照亚

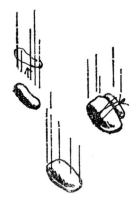

图1.2 落体佯谬

---

* 思想实验:又称思维实验,是以大脑为实验室,用思维操作的实验.

1 大胆的猜想 绝妙的假设

里士多德的理论推理出来的结论相矛盾了. 由此可见,重的物体不会比轻的物体下落得更快. 根据同样道理还可推知,轻的物体也不会比重的物体下落得慢. 所以,轻重不同的物体下落的速度应该是相等的.

美丽的斜塔故事

历史上还流传着一个脍炙人口的生动故事:1590 年,伽利略登上如今名扬天下的比萨斜塔(图 1.3),当众从塔顶同时放落两个不同质量的球,众人亲眼看到它们同时着地. 如今,在意大利比萨的博物馆里还陈列着据说是伽利略当年用过的木球*.

图 1.3 比萨斜塔

在伽利略的伟大著作《关于两门新科学的谈话和数学证明》一书中还曾描写过类似的实验,他写道:"从高 200 库比特(当时意大利的长度单位. 1 库比特 ≈ 45.7 厘米 —— 作者)的塔顶落下的铅球和乌木球,着地时前者不会比后者超前 4 英寸(1 英寸 = 25.4 毫米 —— 作者)."

尽管对伽利略是否真的在比萨斜塔上做过落体实验还没有定论,但是,伽利略运用思想实验对亚里士多德的反驳是十分巧妙和成功的. 他得出的猜测性的结论也是十分明确的.

伽利略猜想

在破除了亚里士多德的错误观点后,伽利略转向对落体运动性质的进一步研究.

伽利略不从运动的原因出发,而是从如何描述运动着手. 根据直观的观察,下落物体的速度总是越来越快,因此,他首先抓住"速度"这

---

* 关于这段故事,现代科学史研究者大多认为不可信. 但是在科学史上,荷兰力学家斯台文(S. Stevin)曾于 1586 年做过类似实验.

一基本特征对运动进行分类. 他把物体的运动分成匀速运动和变速运动两大类,并且定义出匀速运动:"我们称运动是均匀的,是指在任何相等的时间间隔内通过同样的距离." 而对于落体运动,他从自然界"总是习惯于运用最简单和最容易的手段"的信念出发,认为落体运动速度的变化也应该以极简单和为人们十分容易理解的方式进行. 因此他最初猜想(当时也有人提出过):"落体运动的速度和所经过的距离成正比." 但他很快领悟到这一猜想的逻辑错误,因为如果真是这样,物体下落 8 库比特的速度将是它下落前 4 库比特速度的两倍,这样下落前 4 库比特和下落 8 库比特用的时间应该相同(图 1.4). 这显然和实际观察不符合,一个物体下落 8 库比特的时间总是比下落最初 4 库比特的时间长的. 于是,伽利略

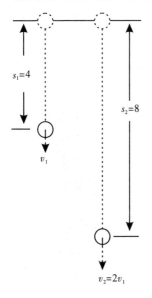

图 1.4 v 正比 s 的猜测

紧接着提出一个大胆的猜想:物体下落的速度是均匀增加的. 也就是说,物体下落时速度与它的运动时间成正比,因此,物体下落是一种速度均匀增加的运动. 他根据这个猜想,用速度的增量 Δv 和运动时间 Δt 的比值定义出匀加速运动:"若一个物体从静止状态出发,在相等的时间内获得相等的速度增量,称这个物体的运动为匀加速运动." 物理学史上曾把加速度的单位 cm/s^2 称为"伽",正是因为纪念伽利略的缘故.

巧妙的论证

伽利略清楚地认识到,直接从速度的变化去判定运动的性质较为困难,他转而去寻找物体通过的距离和运动时间的关系,并利用图解法巧妙地证明了:一个从静止出发做匀加速运动的物体,在某段时间内经过的距离跟时间的平方成正比,即 $s \propto t^2$(参见附注). 如果下

落物体也做匀加速运动，那么它所通过的距离一定也应跟时间平方成正比. 接着，伽利略就设计了"冲淡重力"的斜面实验，成功地验证了他对落体运动所提出的大胆猜想（参见第4章）.

附注：伽利略关于匀加速运动中 $s \propto t^2$ 的证明

假设某一物体由 C 点静止出发匀加速地通过一段距离 CD，通过这段距离所用的时间用线段 AB 表示. 做垂直于 AB 的线段 EB 表示这段时间的末速度. 连接 AE，并从 AB 上等距离的点（$A_1, A_2, A_3, \cdots$）引出平行于 BE 而终于 AE 上的线段（$A_1A_1', A_2A_2', A_3A_3', \cdots$），它们都表示了经相等时间后的速度数值（图1.5）. 这些速度数值都跟物体从 A 落到 $A_1, A_2, A_3, \cdots$ 的时间成正比，即

$$\frac{A_1A_1'}{t_1} = \frac{A_2A_2'}{t_2} = \frac{A_3A_3'}{t_3} = \cdots,$$

或者

$$v \propto t. \qquad ①$$

由于物体做匀加速运动时，速度是连续地每时每刻在增大，要把各个不同时刻的速度都表示出来，必须想象从 AB 上各点引出无限多条逐渐加长的平行线段（图1.6）. 这样，三角形 AEB 的面积就代表了在 AB 这段时间内通过的距离 s. 由图1.6中还很容易看出，一半运动时间的速度大小（线段 OI）正好等于初速度（为零）和末速度大小（线段 BE）的平均值. 以这个平均值在同样时间内做匀速运动通过的距离（矩形 $ABFG$ 的面积）和初速为零的匀加速运动通过的距离（三角形 ABE 的面积）相等. 即

$$s = \bar{v}t = \frac{1}{2}vt. \qquad ②$$

于是由①、②两式立即可得到 $s \propto t^2$ 的结论.

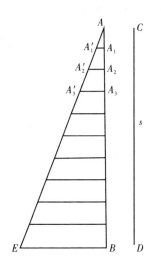 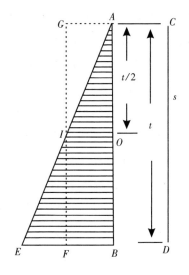

图1.5　$v \propto t$ 的图解　　　　图1.6　初速为零的匀加速运动的距离

1.2　天体引力的平方反比假设

天体引力的早期假设

哥白尼 — 开普勒的太阳系模型已描绘出一幅众天体环绕太阳运动的壮丽图景. 那么,到底是什么原因使众天体如此依依不舍不肯远离太阳呢？在波兰天文学家哥白尼(N. Copernicus)提出太阳系模型后不久,英国医生吉尔伯特(W. Gilbert)根据他对磁体间相互作用力的研究,猜测行星是依靠着从太阳发出的像轮辐一样的磁力维系着绕日运动的,其强度则随着离太阳距离的增大而减弱. 这就是引力思想的萌芽. 后来,德国的开普勒(J. Kepler)在发现行星运动定律过程中,已清楚地意识到太阳有一种力支配着行星的运动,但他认为这个力的大小和行星与太阳的距离成反比.

1 大胆的猜想 绝妙的假设

从17世纪中期起,普遍萌发试图从动力学角度解释天体运动的思想,有不少科学家提出过许多假设.其中,下面的假设较有影响.

1644年,法国杰出的数学家和哲学家笛卡儿(R. Descartes)提出"旋涡"假设.他认为,宇宙空间充满着一种稀薄不可见的流质"以太",它们围绕各个天体形成大小、速度和密度不同的旋涡,从而带动太阳周围的行星转动,并形成一个指向中心的作用,因而表现出引力现象——石块向地球降落、卫星被行星吸引、行星绕太阳旋转都是以太旋涡造成的.正如一根浮在水面的麦草,为水的旋涡所捉住,被带向运动的中心一样.牛顿早期也倾向于以太旋涡假设.1669年荷兰物理学家惠更斯(C. Huygens)以水碗中搅拌起的旋涡把涂蜡的砂石聚向碗心的实验(图1.7),支持笛卡儿的假设.

图1.7 搅拌水产生旋涡把砂石聚向碗心

平方反比假设

1645年,法国天文学家布里阿德(I. Bulliadus)提出了一个假设:众天体绕日运动受太阳发出的力的支配,而太阳发出的力跟离开太阳距离的平方成反比而减小.这是科学史上首次提出平方反比关系的假设.

1666年,伽利略的学生玻列利(A. Borelli)根据他对行星运动和对木星四个卫星运动的观察指出:行星的椭圆轨道是两种相反力量的合成.一种是把行星吸向太阳的引力,另一种是使行星离开太阳的力,就像用绳系着的石子旋转起来所受到的力一样.他还提出假设:太阳对行星的引力是行星与太阳间距离的幂的某种函数.

在引力问题的研究上做出重要贡献的是英国物理学家胡克(R. Hooke)、雷恩(C. Wren)和哈雷(E. Helley).胡克在1674年的一次演讲中指出,引力随行星离开吸引中心的距离而变化,"一旦知道了这一关系,天文学家就很容易解决天体运动规律的问题了". 1680 年初,他在给牛顿的信中,提出了引力反比于距离平方的猜想. 哈雷和雷恩在 1679 年按照圆形轨道和开普勒第三定律以及惠更斯推证出的向心加速度公式 $\left(a \propto \dfrac{v^2}{R}\right)$ *,导出了作用于行星的引力与它们到太阳的距离平方成反比的关系,其过程如下:

假设行星运行的圆轨道半径为 R,运行周期为 T,则行星运动的速率 $v = \dfrac{2\pi R}{T}$,由惠更斯的向心加速度公式 $a_n \propto \dfrac{v^2}{R}$,得向心加速度

$$a_n \propto \frac{4\pi^2 R}{T^2}.$$

根据开普勒第三定律知 $T^2 = kR^3$,代入上式,即得

$$a_n \propto \frac{4\pi^2}{kR^2},$$

或

$$a_n \propto \frac{1}{R^2}.$$

所以行星所受的引力 F 也与轨道半径平方(R^2)成反比,即

$$F \propto \frac{1}{R^2}.$$

1684 年,胡克、雷恩、哈雷等人在一次聚会中,又一次提出对这一问题的研究. 雷恩为此设立了一笔奖金,奖励在两个月内能得出结果的人.

引力问题的困难

在牛顿之前和同时代的许多科学家虽然做了不少有益的猜测,但为什么不能把引力问题彻底解决呢?原因在于他们前进的道路上

---

* 在惠更斯于 1673 年发表《摆钟》一书提出向心加速度公式之前 9 年,牛顿已推得同样的公式.

还有着许多难以克服的障碍,归结起来有以下几点:

第一,行星实际沿椭圆轨道运动,速度不断变化,如何解决这种变速运动的问题,当时还漫无头绪,因此哈雷和雷恩等人也无法把从匀速圆周运动中得出的平方反比关系,应用到椭圆轨道的运动中去.

第二,天体是一个庞然大物,如何计算由天体的各个小部分所产生的总效果呢?1679年胡克写信给牛顿时就说,困难在于太阳和行星都是广袤物体,然而在理论上却都不得不把它们的质量看作好像是集中在它们各自的中心点来处理.对此,当时还缺少理论上的论证.

第三,如果认为太阳对行星有引力,也得承认所有天体都是相互吸引的,那么在多个天体共有的太阳系中,如何解决它们相互干扰这一复杂的问题呢?

显然,只有在妥善解决这一系列问题后,才能确定天体引力的平方反比假设.对这一问题给出圆满回答的是牛顿.

牛顿的伟大贡献

牛顿(I. Newton)是近代自然科学发展史上具有里程碑式独特地位的、伟大的科学家,他一生在自然科学的多个领域做出了奠基性的工作.他于1661年考入著名的剑桥大学,1665年因避瘟疫回到故乡——英格兰林肯郡的沃尔斯索普村.相传他在家乡因偶然看见树上的苹果落地而悟出万有引力.当然,这只能是一个美丽的故事而已.不过,牛顿的确是从直觉

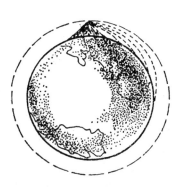

图1.8　高山顶上抛出小球的运动

和猜测开始关于引力的思考的.在《自然哲学的数学原理》一书中,牛顿描述了这样一个思想实验:设想在高山顶上水平抛出一个铅球,由于被地球吸引,铅球沿着一条弯曲的轨道落向地面.抛出的速度越

大,铅球落得越远.可以设想,当抛射速度足够大时,铅球将环绕地球运动而不再落回地面(图1.8).这个铅球岂不成为一个"小月亮"了吗?由此牛顿联想到了月球.牛顿认为,月球也可以是由于重力或其他力的作用使其形成围绕地球的运动的.

在这段时期,牛顿根据从布里阿德的著作中受到的引力平方反比思想的启发,再结合他自己证得的向心力公式和开普勒行星运动第三定律,开始了他关于引力问题的深入思考.

首先,牛顿把行星绕太阳运动的椭圆轨道近似为圆轨道,认为太阳对行星的引力就是行星绕太阳运动的向心力,即

$$F = ma_n = m \frac{4\pi^2}{T^2} R.$$

根据开普勒行星运动第三定律(周期定律)$\frac{R^3}{T^2} = k$,代入上式后得到太阳对行星的引力

$$F = 4\pi^2 k \frac{m}{R^2},$$

可见 $F \propto \frac{1}{R^2}$,这就是胡克猜想.因为开普勒公式中的 k 是一个只与中心天体——太阳——有关的恒量,牛顿认为应与太阳的质量 M 有关,令上式中的 $4\pi^2 k = GM$,于是得

$$F = GM \frac{m}{R^2},$$

即太阳对行星的引力跟太阳、行星质量的乘积成正比,跟它们的距离平方成反比.

然后,牛顿把上面推出的引力公式推广,牛顿认为:行星与卫星之间的引力、地球作用于物体上的重力和太阳对行星的引力,都是同样性质的力.把天体的运动和地球上物体的运动综合起来,这正是牛顿功绩的伟大之处.根据这个引力公式,对"地—月系统"和地面

上的物体可分别得到关系式:

$$G\frac{M_{地}\,m_{月}}{R_{地-月}^2}=m_{月}a_{月},$$

$$G\frac{M_{地}\,m_{物}}{R_{地}^2}=m_{物}a_{物}=m_{物}g.$$

两式相比即可得到月球绕地球运动的向心加速度

$$a_{月}=\left(\frac{R_{地}}{R_{地-月}}\right)^2 \cdot g.$$

因为地球与月球之间的距离($R_{地-月}$)约是地球半径($R_{地}$)的60倍,因此

$$a_{月}=\left(\frac{1}{60}\right)^2 g=\frac{1}{3600}\times 9.8 \text{ m/s}^2=2.7\times 10^{-3} \text{ m/s}^2.$$

最后,牛顿利用对月球运动的观测数据与计算结果做对照. 月球绕地球运动的周期 $T=27.3$ d,地、月间距 $R_{地-月}=3.85\times 10^8$ km,因此从运动学直接得到月球的向心加速度为

$$a'_{月}=\frac{4\pi^2}{T^2}R_{地-月}=\frac{4\pi^2}{(27.3\times 86400)^2}\times 3.85\times 10^8 \text{ m/s}^2$$
$$=2.7\times 10^{-3} \text{ m/s}^2.$$

两者结果相符.

牛顿的上述结果,是1666年在家乡避瘟疫时获得的,但并未发表. 究其原因,一是牛顿当时所知的地球半径数值不精确,计算值和观测数据对照的误差较大(上述相符结果是后来改用较精确的地球半径后得到的);二是牛顿还未能精确证明,在计算距离时可以把月球、地球都看做是质量集中于中心的质点;三是牛顿仅得出了圆轨道时引力的平方反比关系,对椭圆轨道是否适用还未能证明.

后来,牛顿借助于微积分运算方法[他和莱布尼兹(G. W. F. V. Leibniz)发明的],克服了数学上的困难,证明了密度对球心对称分布的球体吸引它外面的物体时,就好像全部质量集中于它的中心

一样.这样,就能在引力研究中把太阳、行星、卫星都看做一个质点加以简化.他又在哈雷的催促下,用几何法和求线段比例极限的概念,证明了椭圆轨道上的引力的平方反比关系.牛顿超越前人和同时代人顺利地越过了前面所述的第一、二两大障碍.至于第三个障碍,则是今天要用电子计算机才能近似解决的问题,牛顿抓住主要矛盾,采取了把其他天体的干扰暂时撇开不计的办法,只考虑太阳和行星、行星和卫星之间的二体问题,使问题的研究再次得到简化.

1684年8～10月间,牛顿写了《论天体运动》一文,11月交给哈雷,1685年2月收入英国皇家学会记录.这篇论文是牛顿发现天体引力平方反比普遍规律的关键性文献.后来,牛顿又在哈雷的敦促和帮助下,于1687年出版了划时代的伟大著作《自然哲学的数学原理》一书.在该书的第三卷中研究了引力问题,论证了太阳系中的行星、行星的卫星做曲线运动所需的向心力与其到中心天体的距离平方成反比.这个力就是存在于一切天体间的引力,它与地球上的重力在本质上是相同的,从而得出了著名的万有引力定律.

1.3 关于热本质的猜想

热现象的早期认识

冷和热,与人们的生活十分密切,也较早被人们所认识.据记载,我国至迟在西周初期(约公元前11世纪)已知道了较冷和较热的物体的区别,并懂得利用与冷的物体接触使热的物体变冷.对热胀冷缩的应用也较早.《蜀志》记载,公元前250年左右,李冰父子在修建著名的都江堰时,因山石坚硬,命民工先在岩石上开一槽线,在槽线里填满干草,点火燃烧,使岩石爆裂.说明当时已会应用热胀冷缩的现象.

那么,热究竟是什么?自古以来,同样早已引起人们的思考.在我国古代的"五行说"中,把热(火)看做是一种基本的物质元素.唐代柳宗元还认为热是一种元气的运动.把冷与热跟元气运动的快慢联系起来,可说是关于热的运动论思想的萌芽.在西方,古希腊亚里士多德提出过"四性说",暗含着把热的感觉看做是一种物质的概念.诸如此类,古代对热虽然已有过不同看法,但都只是停留在哲学思辨上,仅是一种很肤浅的猜测.

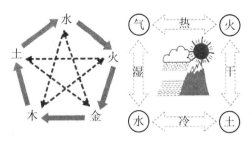

图 1.9 "五行说"与"四元素说"

公元前11世纪,我国流行的"五行说"认为自然界是由金、木、水、火、土五种基本物质组成的.希腊人则提出"四元素说",认为水、火、土、气是宇宙间最基本的物质.

热质说的产生

热本质的研究与温度计的制作、蒸汽机的发展、量热学的建立是分不开的.

从1593年伽利略发明第一个温度计后,经许多人改进,至18世纪前半期已能制造出一些实用的温度计,在定量研究热现象方面迈出了重要的一步.又由于蒸汽机的出现和应用,大大推动了人们对热现象的研究.*早期,人们对"热"和"温度"这两个概念是分不清的.人们从常识得来的直觉是"天气热、温度高","天气冷、温度低",把"热"与"温度"等同起来.18世纪60年代,苏格兰物理学家布莱克

---

* 第一部活塞式蒸汽机是1690年法国人巴本(D. Papin)发明的,后经许多人特别是英国的瓦特(J. Watt)做了根本性的改进.

(J. Black)首先把"热"和"温度"区分开来.他主张把"热"称为"热的分量",把"温度"称为"热的强度",并首次提出"比热"的概念.他在冰融化为水、水化为汽的热现象实验中发现状态变化时温度不变,却需要吸收大量的热,他把这些不表现为温度升高的热称为"潜热".比热概念和融化、沸腾过程中的潜热概念构成了量热学的基础.

量热学的实验指出,当温度不同的两个物体放在一起时,最后的温度必定介于两者初始温度之间.由此,布莱克联想到,两个物体之间必定传递着某种"热的东西",并且,它的传递和流动不会改变原来物质的质量,因此,它应该是一种特殊的、没有质量的、充满整个物体的流体.布莱克把这种"热的东西"称为"热质",并首先提出"热质说".布莱克认为,热质存在于一切物体之中,它不生不灭,可以顺着管道流动,也可以从一个容器倒入另一个容器之中,在这些过程中热质的总量保持不变.布莱克的热质说曾得到法国著名化学家拉瓦锡(A. L. Lavoisier)和物理学家拉普拉斯(P. S. Laplace)的支持.

热的唯动说

与热质说对立的另一种学说是热的唯动说.早在13世纪,英国杰出的思想家培根(R. Bacon)从摩擦生热等现象中得出结论:热的本质和精髓只是运动.热是一种在其斗争中作用于物质的较小粒子上的运动.培根是历史上第一个系统地对热进行科学探索的人.他关于"热是一种运动"的看法影响了很多科学家——法国的玻意耳(R. Boyle)认为,热是物质各部分发生的强烈而杂乱的运动;笛卡儿把热看做是物质粒子的一种旋转运动;胡克用显微镜观察了火花,认为热是物质各个部分的非常活跃和极其猛烈的运动;牛顿也认为热是组成物体的微粒的机械运动,物体各部分的振动是热的活动性质的由来.18世纪俄国的罗蒙诺索夫(M. B. Jiomohocob)根据摩擦、敲击能生热,物体受热熔化以及生物体的发芽、腐烂过程都因受热而加快、因受冷而变慢的现象得出结论:热的充分根源在于运动.因为没有物质就无以产生运动,所以热的充分根源在于某种物质的运动.

虽然这些唯动说都包含有合理的成分,但也只是一种猜测.由于缺乏足够的实验根据,还不能形成科学的理论被科学界普遍接受.

热质说的优势与危机

当时,随着量热学的发展,利用热质说可以直观地解释已知的大部分热现象:如温度高的物体表示它含有的热质多,温度低的物体表示它含有的热质少;物体温度的变化是由于吸收或放出热质引起的;热传导就是热质从热质多的物体流向热质少的物体的现象;对流是载有热质的物体的流动;辐射则是热质的传播;物体受热膨胀是热质粒子间的相互作用. 根据热质的物质性,它也遵循物质的守恒定律,因此不同温度的物体接触时如没有热质流失,应该遵循热平衡方程,即 $Q_{放} = Q_{吸}$ …… 根据热质说对各种热现象的解释,人们都认为非常圆满.

由于当时对各种物理现象尚处于分门别类的、孤立的研究阶段,还无法沟通相互间的内在联系,人们较习惯于从"热量"与"流体"的类比上去认识、理解各种热现象,必然是较肤浅的. 又由于热质说确定了物质不灭、质量守恒为其出发点,也无疑给自己加上一个正确的前提,戴上一顶冠冕堂皇的帽子,易于赢得人们的信任. 所以,在18世纪,热质说占了上风. 1738年,法国科学院曾悬赏征集关于热本性的论文,获奖的三个人都是热质说的拥护者,可见当时热质说占有统治地位.

但是,热质说也有一个致命的弱点 —— 对摩擦生热现象无法解释. 1798年,英裔物理学家伦福德(C. Rumford,即 B. Thompson)正是从这一点打开缺口,使热质说坠入深渊之中. 欲知详细情况,参见后文讲述的伦福德实验.

1.4 关于电本质的假设

什么是电？电的本性是什么？人们在发现电现象后就开始了思索．

我国西汉时的著作《淮南子》中指出："阴阳相薄为雷，激扬为电．"即认为电是一种激荡着的"气"，雷电是阴阳两种气相互作用的结果．可以说，这是建立在观察基础上的关于电本性的最早的一种假设．

17世纪英国的医生吉尔伯特通过长期实验研究，积累了许多关于电的知识．他认为，带电物体在摩擦的激发下，向它周围释放出一种类似大气的介质，正是这种介质气起着传递电的作用．不过这种介质气极为稀薄，它的放出和转移都不为人们的感官所觉察．

双流质假设

18世纪法国物理学家杜菲(C. F. Dufay)在实验中发现摩擦后的玻璃、宝石等物体上带的电与琥珀、硬橡胶等物体上的不同，他把它们分别称为"玻璃电"和"树脂电"．为了解释两种电的吸引和排斥现象，他又假设存在着两种电流质，被称为"双流质"假设．杜菲用双流质假设解释了静电感应现象：用毛皮摩擦一个硬橡胶棒使它带上"树脂电"，这时若把一个不显示电性的小物体放在它附近，则这个小物体中的"树脂电"被推斥到远的一端，而其中的"玻璃电"则被吸引到近的一端(图1.10)．因为电的相互作用随距离的增大而减小，所以作用在"玻璃电"上的吸力将比对"树脂电"的斥力大，总的效果使两物体互相吸引．杜菲根据这个道理，解释了带电体吸引不带电的纸屑、

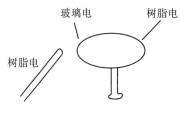

图1.10　静电感应现象

毛发、通草球等轻小物体的现象.

单流质假设

美国物理学家富兰克林(B. Franklin)根据莱顿瓶实验中瓶内外两种电荷抵消的现象*,把杜菲的"玻璃电"和"树脂电"改称为正电和负电,并且提出了单流质假设. 富兰克林认为:电是一种没有重量的电流质,而"玻璃电"是唯一存在的一种电流质,它弥漫于整个空间,并且可以毫无阻碍地渗透到一切物质实体之中. 如果物体内部的电流质密度与外部的一样,这个物体就表现为电中性. 在起电过程中,一定量的电流质由一个物体转移到另一个物体中. 如果电流质过多,物体就带正电;如果电流质少了,物体就带负电. 当两个物体中有一个具有过剩的电流质,而另一个不足时,两者互相接触就一定有电流质从第一个物体流向第二个物体. 富兰克林用单流质假设解释了当时人们已知的绝大部分静电现象.

关于这种电流质的本性,富兰克林也产生了微粒说的萌芽. 他曾说:"电是由极其微小的粒子组成的,因为它能渗透普通的物质,即使是密度最大的物质. 渗透时是那样的自由和容易,以至于不遭受任何明显的阻力." 而当时更多的人主张电是连续的,是一种"流体". 以后,又有人认为电是一种振动;有人认为电与物质是两种不同的东西,彼此可以独立地存在等. 总之,对于电的本性,不同时代的人根据当时积累的事实提出过许多猜测,但都没有令人信服的实验.

法拉第的贡献

对揭示电的本性提供重要线索的是著名的英国科学家法拉第(M. Faraday)对电解实验的研究.

法拉第从1832年开始电化学的研究. 开始时,他也认为电可能

---

* 莱顿瓶是德国物理学家克莱斯特(E. G. V. Kleist)和荷兰莱顿大学物理学家穆欣布罗克(P. V. Musschenbrock)于1745年、1746年几乎同时发明的有储电功能的瓶子.

是一种频率极高的振动,电流就是高频振动传播所形成的波. 为此,他设计了一个实验,把一根做高频振荡的金属丝插在蒸馏水里,想用它分解水,但失败了. 法拉第在日记中写道:"声音很尖,振幅很大,可是并没有气出现."法拉第走了不少弯路后,于 1834 年终于找到了电解的普遍规律,总结成两条定律(后人称为法拉第电解定律).

根据法拉第电解定律知道,电解时在极板上析出物质的质量(m)与这种物质的化学当量(摩尔质量 M/化合价 n)及通过电解液的电量(q)成正比,用公式表示为

$$m = \frac{1}{F}\frac{M}{n}q.$$

式中,$F = 96\,500$ C,称为法拉第常数. 它等于电解中析出物质的质量与其化学当量相等时所需要通过的电量.

由原子论知,1 mol 任何元素的原子数(N_0)都相同,$N_0 = 6.02 \times 10^{23}$ 个. 因此,电解水时要在阴极上析出 1 mol 氢($n=1$),即要求到达阴极板上 $N_0 = 6.02 \times 10^{23}$ 个氢离子,通过电解液的电量 $q = F = 96\,500$ C,所以每个氢离子的带电量为

$$e = \frac{F}{N_0} = \frac{96\,500}{6.02 \times 10^{23}} \text{C} = 1.6 \times 10^{-19} \text{ C}.$$

由法拉第电解定律得到的这个结果,使人们认识到,电并不是像一些人所说的是一种没有重量的电流质,而可能是一种带电的物质微粒. 德国物理学家亥姆霍兹(H. Helmholtz)说:"法拉第电解定律的最使人惊异的结果或许就是:如果我们接受物质由原子组成的假说,那就不可避免地会得出这样的结论:电(不论是正电还是负电)都可分成单元,它的一举一动就像电的原子一样."

可以说,法拉第已接近电本性的大门了,可是他并没有沿着这个方向继续走下去. 最终使电的本质真相大白的,是人们对阴极射线的研究.

1 大胆的猜想 绝妙的假设

阴极射线的发现与研究

1858年,德国数学家和物理学家普吕克(J. Plücker)利用盖斯勒(H. Geissler)在1855年发明的低压气体放电管(俗称真空管)和鲁考夫(H. Ruhmkorff)发明的感应圈产生的高电压对真空放电现象进行研究.他发现从铂阴极会发出一种射线,这种射线能激发荧光(图1.11).

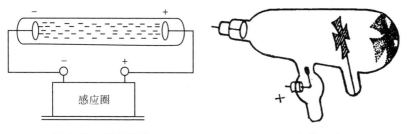

图1.11 阴极射线　　　　图1.12 阴极射线直进现象

1869年,普吕克的学生希托夫(J. W. Hittorf)进一步将真空度提高到十万分之一个标准大气压,并在阴极和阳极之间设置障碍进行试验.他发现在障碍物后的壁上能形成一个鲜明的阴影,因而证明从阴极发射的这种射线是沿直线传播的(图1.12).

1871年,瓦莱(C. F. Varley)根据这种射线在磁场中偏转的事实,提出它是由带负电的"粒子"组成的这一假设(图1.13).

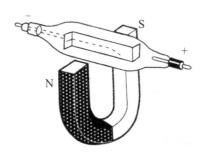

图1.13 阴极射线的磁偏转

1876年,德国物理学家哥尔德斯坦(E. Goldstein)对这种射线做了许多研究后,把它称为"阴极射线".不过,他认为这种射线与紫外线没有什么区别,是一种振动.

1879年,英国物理学家克鲁克斯(W. Crooks)制成真空度达到百万分之一标准大气压的"克鲁克斯管",对阴极射线做了一系列实验,确认了两个重要的特点:

① 阴极射线具有动量,能推动放入管中的叶轮转动(图1.14);

② 阴极射线具有能量,能产生热效应,如果用磁铁使阴极射线聚焦打在管壁上,用手指接触该处,会被烫起水泡.

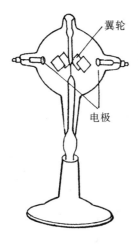

图1.14 动轮实验

因此,克鲁克斯批判了阴极射线是一种振动的观点,并支持和发展了瓦莱的带电微粒说. 不过,这一观点也很快受到赫兹(H. R. Hertz)等一些著名科学家的反对. 因为它与一些事实不符:

① 阴极射线能通过金属膜,而带电的粒子是不可能通过的;

② 阴极射线在磁场中的偏转情况与管中气体的种类无关,在一定磁场中,射线的偏转程度是一定的,而如果是带电粒子,质量不同的离子在磁场中的偏转应该不同;

③ 高速运动的粒子所发射的光谱的谱线会发生位移,可是实验中并未有所发现.

所以,当时围绕着阴极射线的性质展开了一场大争论. 以德国物理学家赫兹为首的多数德国物理学家认为阴极射线是一种电磁波;以英国物理学家克鲁克斯为主的一批英国和法国物理学家坚持阴极射线是一种带电的粒子流.

这场争论最后被英国物理学家汤姆孙(J. J. Thomson)解决了. 他通过实验精确测出了组成阴极射线的粒子的比荷,发现了自然界中第一个被确定的基本粒子——电子,从而揭示了电的本性——一切带电现象,都是由于电子的存在和运动所引起的,参考后文汤姆孙巧测阴极射线便可知晓.

1.5 黑体辐射与量子假设

第二朵乌云

19世纪后期,以经典力学、热学、电磁场理论为主要支柱的经典物理学已达到非常完整、系统和成熟的阶段. 当时不少物理学家认为,物理学大厦已经基本建成. 因此,当进入20世纪的第一个春天的时候,英国著名的物理学家开尔文(威廉·汤姆孙)(L. Kelvin,即W. Thomson)为送别旧世纪而作的长篇讲话中说:"在已经基本建成的科学大厦中,后辈物理学家只能做一些零碎的修补工作了." 德国物理学家基尔霍夫(G. R. Kirchhoff)也认为:"物理学将无所作为了,至多也只能在已知规律的公式的小数点后面加上几个数字罢了." 不过,开尔文也还承认:"在物理学的晴朗天空的远处,还有两朵小小的令人不安的乌云." 然而,谁也没有想到,正当人们为物理学的辉煌成就欢欣鼓舞之际,被称作"紫外灾难"的第二朵乌云*——热辐射中的能量分布问题,会引起物理学中一场深刻的革命.

热辐射的研究

所谓热辐射,就是物体向外辐射能量的过程,也就是向外发射电磁波的过程. 从19世纪中叶起,许多物理学家对热辐射进行了一系列的研究,结果表明,在不等于绝对零度的任何温度下,任何固体或液体都会辐射各种不同波长的电磁波,并且在不同温度下,热辐射中所包含的各种不同波长的成分是不同的. 随着温度的升高,热辐射中

---

* 第一朵乌云是两位美国物理学家迈克尔逊(A. A. Michelson)和莫雷(E. W. Morley)的实验"以太漂移的零结果".

的长波长的成分会逐渐减少,短波长的成分会越来越多. 后来又发现,物体不仅能辐射电磁波,也会吸收电磁波,而且它的辐射能力与吸收能力之间有着密切的关系.

1859年,德国物理学家基尔霍夫对热辐射性质的研究取得了重大进展,得到了两个著名的关系:

第一,物体的吸收光谱线与发射光谱线之间存在严格的对应关系,即物体发射光谱中的明线位置就是它在吸收光谱中的暗线位置.

第二,物体热辐射时的发射本领越强,它的吸收本领也越强. 在同样温度下,各种不同物体对相同波长的单色辐射本领和单色吸收本领的比值都是一样的. 用公式表示为

$$\frac{e(\lambda,T)}{a(\lambda,T)} = e_0(\lambda,T)$$

可见,好的吸收体一定也是好的辐射体. 例如,黑色的物体吸收本领强,那么它的辐射本领也强. 因此,一个物体对着热源时(如烤火取暖),为了更有效吸收辐射热,对着热源的一面应该是黑色的,背着热源的一面应该是白色的.

绝对黑体

1860年,基尔霍夫又引入了"绝对黑体"的概念. "绝对黑体"是一个在任何温度下都能全部吸收落到它上面的一切辐射的理想物体. 一个内壁涂黑、开有小孔的空腔(图1.15)就可以看成一个"绝对黑体". 因为射入小孔的辐射在内壁多次反射,几乎全被吸收,很难逸出小孔.

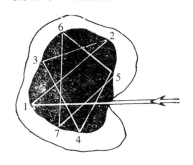

图 1.15　绝对黑体

那么,为什么要引入"绝对黑体"的概念呢? 因为根据对"绝对黑体"的定义,借助基尔霍夫得到的第二个关系,式中的 $e_0(\lambda,T)$ 可以

表示绝对黑体的单色辐射本领.如果对这个空腔加热,通过对小孔辐射的测量,就可以得到不同温度的黑体的辐射本领.对黑体的辐射本领的研究就可用来代替对所有其他物体的研究.因此,引入黑体概念有着非常重要的意义.

后来,基尔霍夫通过对绝对黑体的研究,得出了一个结论:绝对黑体的单色辐射本领 e_0 与单位体积内辐射能量密度 $\rho(\lambda,T)$ 有一定的关系:

$$e_0(\lambda,T)=\frac{c}{8\pi}\rho(\lambda,T)$$

式中的 c 为真空中的光速.不过,基尔霍夫公式中的辐射能量密度 $\rho(\lambda,T)$ 与波长、温度的具体形式依然是个未知数.

因此,如何从实验和理论上探求 $e_0(\lambda,T)$ 或 $\rho(\lambda,T)$ 的具体形式,就成为物理学家解决热辐射问题的关键了.

实验与理论的研究

在热辐射的研究中,有一批杰出实验物理学家,如兰利、普林舍姆、鲁本斯等,他们对黑体的辐射进行了系统的实验研究.

图 1.16 表示的就是其中的一个实验结果.其横坐标表示波长,纵坐标表示单色辐射本领.

为了解释实验规律,许多物理学家展开艰辛的理论探索.

1893 年,德国的维恩(W. Wien)找出了一个规律,称为维恩位移定律:辐射最大能量的波长(λ_m)与物体的绝对温度(T)成反比,即有简单的关系:

$$\lambda_m T = b(\text{常数}).$$

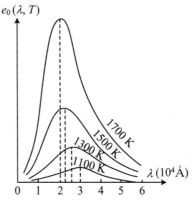

图 1.16 单色辐射本领与波长的关系

表示随着黑体温度 T 的升高,它所发出的辐射最强的波长将变短,即向光谱的紫区移动.

为了进一步确定辐射能量(ρ)随频率(ν)和温度(T)的分布关系,维恩采用半理论半经验的方法,于 1896 年提出了一个辐射能谱公式(称为维恩辐射定律). 但实验指出,它仅在短波区与实验事实相符,在长波区则有明显偏差.

1900 年,英国科学家瑞利(Lord Rayleigh)推出一个辐射公式,后经金斯(J. H. Jeans)修正,被称为瑞利—金斯辐射定律. 不过这个定律仅在波长较长时才与实验结果相符较好. 但是当波长越短(即频率越高)时,辐射强度会越大,并且随着波长的缩短(即频率的增高),辐射强度会无止境地增大. 这显然是荒谬的. 这个公式在紫外区出现的发散,被荷兰的埃伦菲斯特(P. Ehrenfest)称为"紫外灾难",成为物理学天空上的第二朵乌云.

普朗克公式

这两个说明辐射能量密度的公式,一个与长波段的情况相符,不符合短波段的情况;另一个与短波段的情况相符,不符合长波段的情况. 那么,能否找到一个既符合长波段情况又符合短波段情况的公式呢? 这实在是一个十分诱人的问题. 这个问题同样强烈吸引着德国物理学家普朗克(M. Planck).

1900 年 10 月 7 日,普朗克用内插法将两个公式结合起来,得到一个新公式,并在 1900 年 10 月 19 日的德国物理学会议上公布. 当晚,鲁本斯(H. Rubens)把自己精确测定的实验结果与这个公式做了仔细的比较,发现无论是长波段还是短波段都惊人地符合(图 1.17).

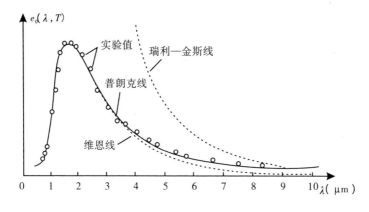

图 1.17　普朗克公式与实验结果比较

第二天早晨(即 10 月 20 日晨),鲁本斯就兴冲冲地去访问普朗克,并把这一结果告诉他.鲁本斯深信在这个新公式中孕育着极其重要的真理,绝不是一个偶然的巧合.这使普朗克受到很大的鼓舞.因为普朗克认为:"即使这个新的辐射公式能证明是绝对精确的,但是如果仅仅把它看做是一个侥幸揣测出来的内插公式,那么它的价值也只是有限的."因此从 10 月 19 日他提出新公式后,即开始致力于寻找这个公式的真正物理意义.他连续艰苦地工作了两个月,后来他回忆说:这是他"一生中最困难的时期".

量子说的诞生

经过艰苦的思索和理论推导,普朗克发现,在这里只有放弃经典物理学的观点.于是他大胆地提出了一个全新的假设:热辐射时存在着以频率 ν 振动的假想"振子",物体辐射和吸收的能量不再按经典物理理论规定的那样必须是连续的,而是不连续的,是一份一份的,是以一个最小单元的整数倍跳跃式变化的.这个最小的、不可分的能量单元,普朗克称它为能量子,它的大小为

$$\varepsilon = h\nu.$$

式中,ν 是辐射的频率;h 叫做作用量子,它是一个普适常数,后来被

称为普朗克常数,其值为 6.625×10^{-34} J·s.

按照普朗克的观点,物体发出辐射,它本身就以 $h\nu$ 的整数倍失去能量;如果有和振子的发射相同频率的辐射落在振子上,那么这个辐射将被振子一下子吸收. 做出这样的假设后,从普朗克的热辐射公式中可以看出:

在 $h\nu \ll kT$ 的极限情况下,普朗克公式就化为瑞利—金斯公式;

在 $h\nu \gg kT$ 的极限情况下,普朗克公式就转化为维恩公式.

这样,普朗克就用他提出的量子假设,化解了长期以来存在着的"紫外灾难",驱散了物理学天空上的一朵乌云.

1900年12月14日,普朗克在德国物理学会上宣读了他的论文《关于正常光谱的能量分布定理的理论》,公开了上述能量子假设. 这一天,就被人们看做是量子说的诞生之日从而被光荣地载入史册.

量子说的意义

量子说的创立是20世纪物理学中最重大的进展. 量子概念是近代物理学中最重要、最基本的概念. 它的影响绝不仅局限于物理学这一门学科,而且还涉及人类认识自身的种种问题. 自从17世纪牛顿和莱布尼兹创立无限小数量的运算(微积分)方法以来,"一切自然过程都是连续的"这条原理,几乎被认为是理所当然的. 莱布尼兹有句名言:"自然界无跳跃."后来,英国物理学家麦克斯韦(J. C. Maxwell)电磁理论的胜利,更使连续性思想深入人心. 人们的传统认识也是这样,一个加热的物体向外散发热量,总认为热量是从物体上不间断地、连续地向外辐射,谁会想到它竟是分立地、跳跃式地、一份一份地辐射呢(图1.18)? 这实在是太新奇了!

普朗克的能量子假设是划时代的科学丰碑,是物理学上的一次革命,并由此引发了一场迅猛的量子风暴:

1905年,德国的爱因斯坦(26岁)受到能量子的启发,提出"光量

子"假设,圆满地解释了光电效应现象;

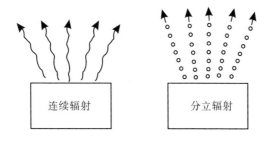

图 1.18　物体辐射能量的方式

1913 年,丹麦的玻尔(28 岁)把量子化从能量推广到角动量,创建了新的原子结构理论,成功地解释了氢光谱之谜;

1923 年,法国的德布罗意(31 岁)把光量子公式推广到电子,提出了物质波的惊人思想;

1925 年,德国的海森堡(24 岁)和英国的狄拉克(23 岁)分别用不同的数学方法建立起来量子力学的理论;

1926 年,奥地利的薛定谔继承和发展了德布罗意物质波的思想,用微分形式建立了量子力学的波动方程,即著名的薛定谔方程;

1928 年,狄拉克(26 岁)又建立起相对论量子力学……

经过这样一批朝气蓬勃的年轻物理学家的努力,基于普朗克量子思想的一座崭新的量子大厦势不可挡地树立起来了,并成为人们打开微观世界的一把金钥匙。

普朗克本人开始时对他的假设所带来的深远影响并没有如此认识. 他曾经给伍德(R. W. Wood)的信中说:"这纯粹是一个形式上的假设,我实际上并没有对它想得太多,而只是想到,要不惜任何代价得出一个积极的成果来。"也许这是普朗克的一种谦词. 因为据他的儿子埃尔温(Erwin)回忆说,1900 年的一天,他们父子在柏林近郊的格吕内瓦尔德密林中散步,普朗克对他说,他做出了一项重要发现,要么是荒诞无稽的,要么也许是牛顿以来物理学最伟大的发现之一.*

当然,普朗克的伟大发现绝不是靠某种运气,他有坚实的理论基础. 在读书期间,他就对在热学方面做出重要贡献的克劳修斯(R. J. E. Clausius)的热力学著作极感兴趣. 后来,他把热力学作为科研的主攻方向. 他在1879年提出的博士论文和1880年为取得在大学教理论物理资格的论文都与热力学有关. 他在大学任教并有了20年的热力学研究经验. 因此,他在1899年底就关注到鲁本斯发表的实验报告指出维恩定律在长波段出现了偏差,当1900年10月7日鲁本斯告诉他,瑞利—金斯定律在长波段却与实验结果很好相符后,他立即受到启发,当天就用内插法找出了他所要求的新的辐射公式. 所以,经典物理大师洛仑兹(H. A. Lorentz)评论说:"我们一定不要忘记,有这样的灵感观念的好运气,只有那些刻苦工作和深入思考的人才能得到." 普朗克始终很谦逊,在1918年4月德国物理学会庆贺他60寿辰的会议上,他致答词道:"试想有一位矿工,他竭尽全力地进行贵重矿石的勘探工作. 有一次,他找到了天然的金矿脉,而且在进一步研究中发现它是无价之宝,比先前所可能设想的还要贵重到无限的程度. 假若不是他自己碰上了这个宝藏,那么,无疑地,他的同事本来也会很快幸运地碰上它的."

---

* 普朗克提出量子假设后,曾在量子大门前徘徊了15年,还曾企图把量子论纳入经典理论的范畴. 在经过痛苦的抉择后,普朗克才最终放弃了倒退的立场. 对于这一段经历,普朗克后来回忆说:"企图使基本作用量子与经典理论调和起来的这种徒劳无功的打算,我持续了很多年(直到1915年),它使我付出了巨大的精力,我的许多同事认为这近乎是一个悲剧. 但是,我对此有不同的感觉,因为我由此而获得的透彻的启示是更有价值的. 我现在知道了这个基本作用量子在物理学中的地位远比我最初所想象的重要得多,并且承认这一点,使我清楚地看到在处理原子问题时引入一套全新的分析方法和推理方法的必要性." 由此也说明了,一个革命性的假设要被人们(包括提出假设的本人)真正承认是多么不容易!

1 大胆的猜想　绝妙的假设

1.6　狭义相对论的两个假设

1905年9月,爱因斯坦在德国的《物理学纪事》上发表了一篇论文《论运动物体的电动力学》,标志着狭义相对论的诞生. 不过,许多人可能不会想到,这篇颠覆人们千百年来时空观的划时代论文,居然是建立在两个假设基础上的.

那么,这是怎样的两个假设,竟如此神奇呢? 事情还得从爱因斯坦创立相对论的思路说起.

困扰了十年的疑问

爱因斯坦说过,他从16岁(1895年)起就开始思考这样一个问题:如果我以光速追光波,将会看到什么? 当时他在瑞士的阿劳州立中学读书. 这是一所学术空气很自由的学校. 他从科普读物中知道了光是以很快速度前进的电磁波,而电磁波就是电磁振荡在空间的传播,因此就产生了这样一个不同寻常的想法. 不过,他

图1.19　爱因斯坦思考的问题

冥思苦想也无法解决. 因为,"如果观察者看到的是一个在空间振荡着而静止不前的电磁场,那么与麦克斯韦方程不符,与直觉经验也不符合;而如果认为观察者看到的是一条以一定速度行进的光,则违背了速度合成法则".

如图1.20所示,假设在惯性坐标系K中有一个光源S,另一个惯性坐标系K'中有一个观察者,随着坐标系一起以速度v向右运动. 按照经典的速度合成法则,当光源S发出的光向右传播时,在K'中的观察者看到的光速是$c-v$;当光源S发出的光向左传播时,在K'

中的观察者看到的光速是 $c+v$. 显然,如果坐标系 K' 的速度 $v=c$,两者同向时看到的光速就等于零 ($c-v=0$). 这个追光问题暴露了电磁理论与相对性原理的矛盾.

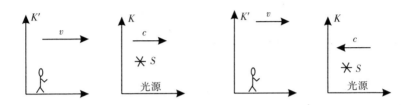

图 1.20　经典的速度合成法则

如果说,这个追光问题已经在爱因斯坦心田播下了狭义相对论思想种子的话,那么,后来他对法拉第电磁感应实验的思考更是"起着导向的作用".

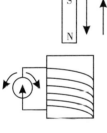

图 1.21

如图 1.21 所示,当磁铁与导体回路有相对运动时,通常以导体回路为参考系,由于磁铁的运动,在回路中产生了变化的磁场,根据麦克斯韦理论"变化的磁场会产生电场",从而驱使回路中的电荷做定向移动形成感应电流. 但是,如果以磁铁为参考系,看到的仅是一个稳定的磁场,根据麦克斯韦理论,稳定的磁场不会产生电场,也就不会驱使电荷移动形成电流了. 电磁理论与人们习惯了的力学相对性原理发生了明显的冲突.

那么是否意味着电磁理论只适用于某个特定的参考系呢?或者,更广义地可以这样说,物理规律是否对各个惯性参考系都成立呢?这就是爱因斯坦感到困惑不解的地方.

一个神秘的幽灵

跟这个追光问题相联系的,是爱因斯坦对"以太"的思考.

1 大胆的猜想 绝妙的假设

"以太"(ether)是希腊语,是古希腊用以代表组成天上物体的基本元素. 它首先由迪卡儿引入物理学中,后来随着早期对光本性的争论进入了光学领域.

17世纪中叶后,科学家们逐渐对光的本性有了思考,并形成了光是某种"作用"还是某种"实体"的两种代表性的观点,即所谓波与粒子之争.

到了19世纪,由于杨氏双缝实验的成功和菲涅耳对惠更斯原理的进一步发展,能定量地解释光的衍射和直线传播等现象,这给微粒说以沉重的打击. 后来,法国物理学家斐索和傅科通过对光速的测量,彻底否定了微粒说认为的光从真空进入介质后速率会变大的结论. 这终于成为压垮骆驼的最后一根稻草,使微粒说退出了历史舞台.

在这场旷日持久的波粒之争中,虽然波动说最后胜利了,却始终面对着一个无法逾越的难关——波的传播必须依靠某种弹性介质,那么光的传播依靠什么介质呢? 当时,惠更斯引进了这个幽灵一般的"以太". 他认为载荷光波的介质就是"光以太",并赋予它许多特性. 但是,让人们费解的是这些特性彼此间往往很难兼容. 例如:

光能在空间各处传播,能进入透明介质中,要求以太也应该充满全部空间,并能渗透到各种透明物质中.

根据声音在空气、水和钢铁等介质中的传播知道,介质的弹性越强,波的传播速度也越大,而通常弹性越强的介质,其密度往往也越大(如 $\rho_{钢铁} > \rho_{水} > \rho_{空气}$,则 $v_{钢铁} > v_{水} > v_{空气}$),因此要求光以太有很大的弹性,但其密度却又要极小,可以不会影响物体在空间的运动.

虽然光以太所必须具有的这些特殊性质让人难以捉摸,但充满传统观念思想的人们依然表现出极大的宽容,都接受了以太. 即使倾向于微粒说的牛顿并不需要利用以太进行解释,但也同样承认以太的存在.

后来,随着电磁学方面的许多实验现象和实验规律的相继发现,到了19世纪60年代,麦克斯韦在法拉第的力线和场的概念基础上,完成了有关电磁现象系统的理论,并把光也包括在一起,实现了电磁学和光学的第二次大统一. 这样,以太就不仅是光波的载体,也是电磁场的载体,光以太和电磁以太合二为一了. 但是,这样的统一却要求以太具有更多的特性,使以太变得越来越复杂、越来越古怪,简直是一个矛盾体的化身!

爱因斯坦开始时也承认以太的存在. 当他还是个中学生时,就写过一篇题为《对磁场中以太状态的考察》的文章. 后来,在他入读瑞士联邦工业大学以及大学毕业后在一所中学代课的时期,都曾设计过一些实验,企图证明地球相对以太的运动.

为什么当时的科学家都钟情于以太?对以太的寻找究竟有什么重要意义?这是由于亘古以来的传统观念,人们笃信空间和时间都是绝对的,认为宇宙中存在着静止以太的"绝对参考系". 无论是万有引力的作用、电磁相互作用和光的传播等,都需要以太作为介质.

这种传统观念是非常顽固和强大的,以致包括一些著名的物理学家在内的物理学家们在爱因斯坦发表了狭义相对论的论文后,依然紧紧抱着"可爱的以太"不愿放弃. 发现电子的著名物理学家J.J.汤姆孙在1909年还宣称:以太并不是思辨哲学家异想天开的创造,对我们来说,就像我们呼吸的空气一样不可缺少.

时间背后的奥秘

1887年,迈克尔逊公布了探测"以太风"实验的结果为零*,这像浓密的乌云笼罩了物理学的天空. 当时有些物理学家试图在保留静止以太的旧框架内做些修补性的解释. 爱因斯坦的高明之处,在于

---

* 详见本书2.3.1迈克尔逊—莫雷实验.

1 大胆的猜想 绝妙的假设

敢突破旧观念的束缚. 他知道迈克尔逊的实验结果后很快得出结论,地球相对于以太运动的想法是错的. 而最终使爱因斯坦能够构筑起一条成功通往相对论康庄大道的,则是他对时间的思考.

自从人类通过日月星辰的周期性运动知道对时间的计量开始,千万年来,芸芸众生,都认为时间老人最公正,它不会因人而异,吝惜一分或慷慨一秒. 时间在均匀地流逝着,跟物体的运动无关,不论你是在学校里、汽车中或飞机上,还是一个人静悄悄地在家里,它既不会因你急于办事过得快些,也不会因你无所事事而停滞不前. 大千世界,从没有人对时间的这种性质产生过怀疑,也从没有人想到过时间与物体运动的关系. 唯有爱因斯坦!

为了解决追光问题,爱因斯坦曾经做过许多尝试,但都失败了,直到后来认识到时间是值得怀疑的时候,才豁然开朗. 1905年5月的一天,他来到好朋友贝索的家,跟他讨论光速和速度合成法则之间的矛盾问题,两人争论了许久. 分手后,他抓住这个线索继续思考. 仿佛是一次灵感突然爆发,他领悟到了必须放弃绝对的(符合于一切惯性系的)时间的假设. 因此,第二天他兴冲冲地对贝索说:这个问题已经解决了.

那么,爱因斯坦是怎么解决的呢? 他说:"我的解决办法是,分析时间这个概念. 时间不能绝对定义,时间与速度之间有不可分割的联系." 这就是说,在爱因斯坦看来,时间应该是相对的,时间与空间是不可分离的,时间与物质也是不可分离的.

横空出世相对论

爱因斯坦使用这样的新概念后,圆满地解决了整个困难. 接着,他的思绪就像冲开闸门的洪流,奔腾直下,只用了五个星期的时间,就完成了震惊物理学界、对人类思想产生深远影响的狭义相对论的论文. 在这篇划时代的论文中,爱因斯坦明确宣称:"以太是多余的",并提出了两个假设. 整个论文的推理依据都建立在这两个假设

的基础上.

一个假设叫做相对性原理,指出在不同的惯性参考系中,一切物理规律都是相同的.例如,我们在不同的惯性系中做牛顿第二定律的实验,测量一个单摆振动的周期,或者做法拉第电磁感应实验和光的干涉、衍射实验等,所有的实验现象和实验结果都符合同样的规律.

另一个就是光速不变假设,指出在一切惯性参考系中,光在真空中传播的速度都等于 c,跟光源的运动无关.如图 1.22 所示*,两艘飞船 A、B 沿同一直线同向飞行,相对地面的速度均为 v(v 接近光速 c).当 B 向 A 发出一个光信号时,A 测得该信号的速度仍为 c,它不会因为 B 的运动而改变.

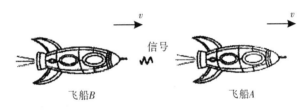

图 1.22　测到的光速不会变化

如果从爱因斯坦萌发追光问题的思考算起,到发表相对论的论文,断断续续经历了十年的时间.他通过对光速、以太和时间的反复思考,终于悟出了时空的真谛,分离了千万年的时间和空间终于成功联姻了.狭义相对论横空出世,独步物理学天空.真可谓:

十年思索,五周结果.时空相对,石破天惊.

2005 年是爱因斯坦创立相对论 100 周年,国际纯粹与应用物理联合会(IUPAP)建议将 2005 年定为"世界物理年",后来经联合国第 58 次大会(2004 年 6 月)通过,充分表明了全世界对爱因斯坦的纪念已经远远超越了物理时空.

---

* 本书中图 1.22 的内容取自 2013 年江苏高考物理试题.

1.7 宇宙大爆炸的假设

"宇宙"就是空间和时间的总称,所谓"天地四方谓之宇,古往今来谓之宙". 那么,宇宙是怎样形成的呢? 很早很早以前,古代东西方的思想家、天文学家就开始关注星空,试图由此发现端倪.

前人的探索

公元前4世纪,古希腊的柏拉图对天体的运动提出了猜想. 后来的天文学家托勒密、哥白尼和开普勒等人通过卓越的努力描绘了一幅壮丽的宇宙图景. 不过,当时由于只能凭肉眼观测,所以他们的研究只限于太阳系的范围. 直到18世纪80年代,英国物理学家赫歇耳利用自己制作的望远镜观测天空,才第一次使人们的视野越出了太阳系,扩展到更遥远的银河系(图1.23). 人们发现,太阳系只不过是银河系中的一个星系,银河系中有着类似太阳系的许许多多个星系.

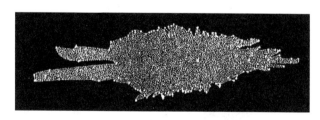

图 1.23　赫歇耳描绘的银河系结构图

银河系呈扁盘形状,中间厚、两边薄,也就是说,在不同方向上恒星的多少是不同的.

如果从哥白尼第一次计算出以土星为边界的宇宙尺寸算起,到赫歇耳发现的银河系,在这200多年中,人们认识宇宙的尺度已经大大地扩展了. 但是,这些发现可以认为都只是在静态的含义下,扩大了观察范围,发现了原来没有看到的区域,基本上还没有涉及有关宇

宙形成的任何信息.

哈勃的发现

人们对宇宙建立起动态的认识,并催生出宇宙大爆炸假设,当归功于美国天文学家哈勃(Edwin Powell Hubble)的发现.

1919年,取得博士学位已经两年的哈勃来到威尔逊天文台进行研究工作,正赶上一个好机会——当时世界上最大口径的2.54 m的反射望远镜刚在台里启用不久. 哈勃用这架望远镜拍摄了一些星云照片. 在仔细分析后,1924年,哈勃在美国天文学会上公布了仙女座大星云是河外星系的研究结果. 后来经过天文学家的确认,仙女座大星云是人类认证的第一个银河系以外的庞大的恒星系统. 河外星系的发现,是天文学上的一项重大成就,人们的视角伸出银河系到达宇宙更深处的地方. 哈勃初露头角,表现不同凡响. 目前,天文学家已知的河外星系总数已经达到10亿个以上.

此后,哈勃转向了对星系之间的距离及其光谱的研究. 早在20世纪最初的十几年中,美国天文学家斯里弗观测某些星系时发现,它们的光谱会向红端移动(红移),表示它们正在以很大的速度远离我们(图1.24).

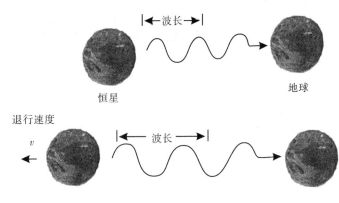

图1.24 恒星相对地球运动引起波长变化

1 大胆的猜想 绝妙的假设

光谱线的这种"红移"现象,实际上就是1842年奥地利物理学家多普勒首先在声的传播中发现的现象——声源与观察者之间存在着相对运动时,观察者听到的声音频率会发生变化,后来就称为"多普勒效应". 它不仅适用于机械波,也适用于电磁波(包括光波).

星系光谱移动的这个现象,并没有引起当时天文学家的深入关注,但是却引起了哈勃浓厚的兴趣. 在1928年到1936年期间,哈勃和他的助手一起,对24个河外星系的距离与红移进行了仔细的测量,又根据红移量算出对应的速度,并参考了斯里弗等人得到的资料进行对照. 研究结果发现,远方星系的谱线都有红移,距离地球越远的星系,其光谱线的红移越大. 于是,他大胆地得出一个结论:这些星系都在远离我们而去,仿佛在后退一样. 后来,他又根据测量的数据,精心绘制了一张星系运动速度和地球距离之间关系的图表,通过进一步研究发现了一个简单而重要的关系:星系退行的速率与星系离开地球的距离之比是一个常数. 也就是说,星系退行的速率与它们离开地球的距离成正比. 用公式可以表示为

$$v = Hl.$$

式中,v 为星系退行速度,l 为星系与地球之间的距离,H 为比例系数,后来称为哈勃常数. 这一关系式后来被称为哈勃定律.

哈勃得到的这一结论,有着非常深远的意义. 因为长期以来,天文学家一直认为宇宙是静止的,从此,这个根深蒂固的观念被哈勃彻底否定了. 这也就是说,我们所认识的宇宙尺度并不是固定不变的,而是在不断地膨胀着. 这不是一个星系、一颗恒星或一颗行星的膨胀,而是随着时间的推移,各星系间的距离变得越来越大. 图1.25中用气球表面上的黑点代表星系做了形象化的说明. 不断膨胀的宇宙,显示它没有边界、也没有尽头. 因此,哈勃的发现揭示了宇宙动态的奥秘,有力地推动了现代宇宙学的发展. 哈勃也因为对20世纪天文学所做出的许多杰出贡献,被尊为一代宗师.

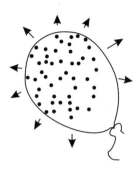

图 1.25　对宇宙膨胀的形象化说明

画在一个气球上面的黑点,随着气球的膨胀,从任意一个黑点看出去,周围的黑点都在对它做退行运动.

从气球的二维曲面,可以推想宇宙空间的膨胀.气球上的黑点相当于宇宙里的星系,随着宇宙的膨胀,它们之间的距离越来越大.

宇宙大爆炸假设

根据宇宙膨胀的观点,自然会想到,宇宙既然在不断地膨胀,那么用哈勃定律逆着时间的进程来看,很早很早以前,宇宙中所有的天体都应该聚集于一点,只是由于某种原因,产生了"大爆炸",从而诞生了现在的宇宙.

1927 年,比利时天文学家勒梅特(G. Lemaitre)首先提出这样的观点.他把最初那个密度极高的小球称为"宇宙蛋",这个"宇宙蛋"的爆炸诞生了现在的宇宙.1948 年,俄裔美国物理学家伽莫夫(G. Gamov)进一步将其发展为宇宙大爆炸假设.

根据大爆炸的假设,宇宙从原始火球的大爆炸中诞生,先经历一个称为"暴胀"的极短的阶段,以后再缓慢地膨胀,直至达到现在的尺度.不过,宇宙的大爆炸不是通常看到的从一个点炸裂开来向四周辐射式的爆炸,而认为是由大爆炸创造了空间本身.

从宇宙大爆炸到地球诞生的这个过程,可以用图 1.26 表示.

1 大胆的猜想 绝妙的假设

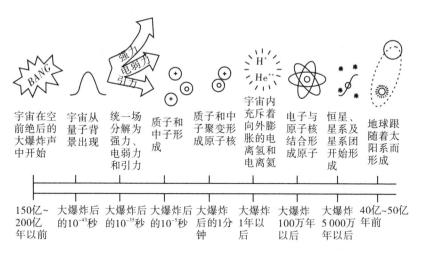

图 1.26 宇宙的起源 —— 从宇宙大爆炸到地球的诞生

根据宇宙大爆炸理论,假设爆炸后各星体以不同速度从中心向外匀速运动,直至形成如今半径为 R 的宇宙,利用哈勃定律可以估算出宇宙的年龄为

$$T = \frac{R}{v} = \frac{R}{HR} = \frac{1}{H}.$$

为方便起见,取哈勃常数*

$$H = 3 \times 10^{-2} \text{ms} \cdot (\text{l. y.})^{-1} = 1 \times 10^{-10} \text{ y}^{-1}.$$

其中(l. y.)表示光年,即光在 1 年中行进的距离(约为 9.46×10^{12} km),因此得

$$T = 1 \times 10^{10} \text{ y}.$$

即宇宙年龄约为 100 亿年.

> **留下的思考**

如今,对宇宙的起源和演化的探索,还在不断地深入,但宇宙大爆炸的理论已经被广大科学家所接受. 欧洲核子研究中心(CERN)

---

* 为了便于计算,这里哈勃常数的数据取自 1999 年上海高考物理试题.

位于法国与瑞士边界的大型强子对撞机(LHC)是目前世界上最大的粒子加速器,能将两束质子分别加速到 14 TeV(14万亿电子伏)的极高能量状态,然后发生对撞,用于模拟宇宙大爆炸后不久的状态. CERN 2013 年 3 月 14 日宣布,发现了在宇宙大爆炸形成中扮演着重要角色的希格斯玻色子(又称为上帝粒子). 可以期待,今后关于宇宙起源的研究将会发出更为振奋人心的喜讯.

宇宙是否会一直膨胀下去,还是膨胀到一定程度又会重新发生收缩? 科学家的回答是取决于宇宙的平均密度. 那么宇宙平均密度究竟是多少呢? 目前还无法确定.

有趣的是,宇宙的年龄竟然恰好取决于哈勃常数的大小. 由于宇宙的膨胀速率和哈勃常数的取值并非恒定不变,因此目前科学家对宇宙的年龄究竟有多大,还没有定论. 较普遍的看法是至少 150 亿年. 显然,只有确定了宇宙的膨胀速率,才可以推算出大爆炸的起始时刻,得出宇宙的年龄.

对比宇宙大爆炸的理论,不免联想起我国先秦诸多学派中老子的观点. 这位老先生将空虚无形、"说不清、道不明"的道,看成是创生宇宙万物的本原. 后人对老子的话又做了进一步的诠释,形象地表示为

道 ⟶ 宇宙 ⟶ 气 ⟶ 天地 ⟶ 四时 ⟶ 万物

在承认宇宙有"起源"这一点上,老子竟然与 2500 多年后的科学家心有灵犀,真让人有些不可思议.

宇宙是一个深奥又神秘的课题,还有许许多多的迷等待着人们去探索、去发现,你有什么新奇的猜想和假设吗?

2 猜想与假设在科学认识中的作用

猜想与假设是人们的认识接近客观真理的一个起点,也是把人们的经验知识发展为理论知识的重要方法. 提出猜想与假设的目的是希望能够解释客观事物的原因、提出新的实验或观测方向. 即使是后来被证明错误的猜想与假设,也曾在建立正确科学理论的过程中起过可贵的积极作用. 下面,结合物理事实,对猜想与假设的作用分别做一些简单说明.

2.1 解释物理现象或规律

猜想与假设(或假说、设想等)的一个重要功能,就是揭示客观事物的原因,完成对客观事物的解释,从而帮助人们看清某个事物的重要意义. 近代奥地利著名的科学哲学家波普(K. Popper)说:"科学研究的目的是寻找令人满意的解释."这也是提出假设的一个最基本的、最常见的作用. 除了前面介绍的这些著名的假设所完成的解释功能外,在物理学发展史上还有许多其他实例.

2.1.1 空间点阵假设

偶然的发现

我们知道,固体分为晶体和非晶体两类. 在外形上晶体是有规则的几何形体,非晶体则没有规则的外形.两者何以有这样的差别呢?原来组成晶体的物质微粒(分子、原子或离子)在空间上呈有规则的排列.有趣的是,当初这一假设并不是物理学家提出来的,而是法国的人文科学家奥伊提出的. 1781年,有一次奥伊到他的一位专门收藏矿物标本的朋友家中去参观,不小心失手打碎了一块方解石晶体.奥伊拾起碎块,发现方解石的断裂处都很整齐,由此他想到,方解石及其他晶体内部的物质微粒一定呈整齐的排列,因此外表才有规则.于是他就提出了所谓"空间点阵假设".如图 2.1 画出的是食盐 NaCl 的空间点阵,钠离子和氯离子对称地分布于六面体的各个角顶.

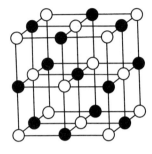

图 2.1　食盐晶体结构

晶体特性的解释

利用空间点阵假设,可以很方便地解释晶体的许多特性:如晶体的各向异性,是由于物质微粒呈整齐排列时,不同方向的等距离上分布的微粒不同(图 2.2),因此它们的宏观特性(如力学性质、导热性、导电性等)也就不同. 同种物质的原子可以形成性质大相径庭的不同晶体,是由于它们的点阵结构不同引起的. 如金刚石与石墨,是同由碳原子以两种不同的空间点阵(图 2.3)构成的,宏观上显示出金刚石无比坚硬,石墨则很软滑.

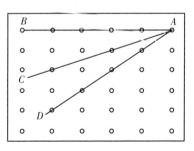

图 2.2　各向异性原因

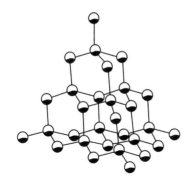 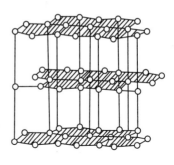

图 2.3　金刚石(左)和石墨(右)的空间点阵

2.1.2　安培磁性起源说

早期的猜测

关于物质的磁性,我们的祖先远在春秋时期(前771—前471)已有所认识. 四大发明之一的指南针更是我们祖先对人类科学文明的一大贡献. 东汉的王充和宋代的陈显微、俞琰等人都曾试图从古代"元气说"出发去解释磁石吸铁. 西方国家对磁的认识和应用比我国晚. 关于磁性的起源,古罗马诗人卢克莱修(Lucretius)曾用原子论的观点进行过解释. 他认为:磁体发射出细微的粒子流,撞击、驱散了磁石和铁之间的空气,形成真空,铁原子则力求进入这真空中,因此彼此就紧密地结合起来了.

古代东西方哲人对磁性的起源都只是停留在一些猜测上. 直到1820年丹麦物理学家奥斯特(H. C. Oersted)发现了电流的磁效应,才使磁性起源的研究有了实质性的进展.

安培假设

法国物理学家安培在获悉奥斯特的惊人发现后,立即开展了一系列的研究. 他在重复奥斯特的实验后,总结出磁针转向与电流方向之间的右手螺旋法则(即安培定则)、两个电流元之间的相互作用规律(即安培定律).这些成果使安培认识到磁绝不是和电分开的孤立现象.后来在菲涅耳(A. J. Fresnel)建议的启发下,安培于1821年1月提出了关于磁性起源著名的分子电流假设:物体内部每个分子都会产生一种环绕分子的圆电流,使得每个分子都好像一个个小磁针.这分子电流的取向有规则排列时,就使物体对外显示出磁性(图2.4).所以,物质的磁性都是起源于电流.

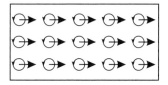
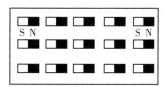

图2.4　分子电流取向一致显示磁性

利用安培的分子电流假说,很容易解释许多磁现象:如磁化,就是在外加磁体(磁场)的影响下使物体内部分子电流排列整齐的过程;把一块磁铁加热、敲击,由于温度升高,物体内部分子无规则热运动加剧,分子电流的取向重新变得混乱起来,因此会使磁性减弱或失去磁性;由于每一个分子电流都形成一个小磁体,有N、S两极,所以一根条形磁棒不论怎样分割,每一部分总是会显示出两个不同的磁极.

安培的磁性起源说,揭示了磁现象的电本质.此外,安培还得出了电流元之间的相互作用规律,奠定了电磁理论的基础,麦克斯韦对安培有很高的评价,把安培誉为"电学中的牛顿".

2.1.3　爱因斯坦光子说

对光的本性的认识,微粒说与波动说之争,由来已久.经过托马斯·杨(T. Young)、菲涅耳、马吕斯(E. L. Malus)、阿拉果(D. F. J. Arago)和夫琅和费(J. V. Franhofer)等许多物理学家对光的干涉、衍射、偏振等有关波动性特征的一系列研究,确立并逐步完善了光的波动理论,并为人们所承认.后来,又经麦克斯韦的发展,于1868年创立了光的电磁说,从此,人们对光是一种波已深信无疑,对光的波动特性已有了非常深刻和具体的了解.

光电效应的实验研究

正当人们认为对光的本性已充分认识清楚的时候,德国物理学家赫兹(H. R. Hertz)于1887年发现的光电效应现象对光的波动性提出了新的挑战.

赫兹在研究电磁波的发射与接收的实验中,无意中发现当紫外光照射火花间隙的负极时会产生放电现象.

赫兹的这一发现促使了许多人开展研究. 1889年,海华兹(W. Hallwachs)用两根碳棒发生弧光放电时产生的紫外线照射带负电的锌板,跟锌板相连的验电器中原来张开的金箔立即合拢,锌板会迅速失去电荷(图 2.5). 如果锌板原来带正电,碳弧照射后,与锌板相连的验

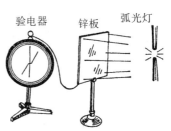

图 2.5 紫外光照射使锌板失去负电荷

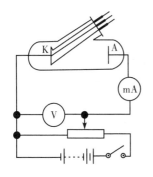

图 2.6 光电效应实验电路

电器金箔张角不变. 说明经紫外光照射后从锌板上放出来的是负电荷.

1899 年,J. J. 汤姆孙测定了从锌板放出的电荷的比荷,肯定了它们就是组成阴极射线的那种粒子.

1902 年,赫兹的助手勒纳德(P. Lenard)证明了光照后从金属表面逸出的是电子,并首先将金属受光照后发射电子的现象称为光电效应. 还用图 2.6 所示的装置做了一系列实验,总结出了如下的实

验规律:

① 只有当入射光的频率高于某一定值时,才能从金属表面打出电子.

② 被打出的电子(称光电子)的动能(或速度)只与入射光的频率有关,与光的强度无关,光电子的动能随着入射光的频率增高而增大.

③ 单位时间内被打出的光电子数量只与光的强度有关,与光的频率无关.

勒纳德总结的光电效应实验规律使经典物理学深深地陷入了困境,这不啻是给了刚完善的光的波动说沉重一击.因为按照波动理论,光的能量由光的强度决定,而光的强度又是由光波的振幅决定的,跟频率无关.因此,不论光的频率如何,只要光的强度足够大或照射时间足够长,都应该有足够的能量产生光电效应,而这跟实验结果是直接矛盾的.经典物理学的天空上仿佛又飘来了一朵乌云.

爱因斯坦光子说

1905年,爱因斯坦根据普朗克的能量子假设,提出了崭新的光量子假设:光是不连续的.它由一份一份的光子组成.每一份光子的能量$\varepsilon = h\nu$(h为普朗克常量).光子与物质作用时(如光照射到金属表面),能把整个能量传递出去.爱因斯坦认为光电效应中,光子与电子的相互作用同样遵循能的转化和守恒定律.光子的能量被电子吸收后,一部分消耗于逸出金属表面所需要做的功(称逸出功,用W_0表示),余下部分转化为光电子的初动能$\left(\dfrac{1}{2}mv^2\right)$,即

$$h\nu = W_0 + \dfrac{1}{2}mv^2.$$

这个公式称为爱因斯坦光电效应方程.

根据爱因斯坦的光子说和由此得到的光电效应方程,很容易完

成对勒纳德光电效应实验规律的解释:

① 由于电子飞出金属表面时,必须克服逸出功 W_0,因此每一种金属发生光电效应都有一个最低的极限频率 ν_0,其值为

$$\nu_0 = \frac{W_0}{h}.$$

如果入射光的频率低于 ν_0,光子的能量被金属表面的电子吸收后仍不足以提供克服逸出表面所需要的功 W_0,金属表面就不会发射电子产生光电效应.

② 根据爱因斯坦光电效应方程,从金属表面逸出的光电子的动能和对应的速度分别为

$$E_k = \frac{1}{2}mv^2 = h\nu - W_0,$$

$$v = \sqrt{\frac{2(h\nu - W_0)}{m}}.$$

对一定的金属,W_0 是个定值,所以光电子的动能(或速度)只与入射光的频率有关,且随着入射光频率的增高而增大.

③ 入射光频率一定时,光强增大,只表示每单位时间内到达金属表面的光子数增加,但每个光子的能量不变. 由于在金属表面光电效应中,一个电子一次只能吸收一个光子,只有入射光频率 $\nu > \nu_0$ 时,光强增大,每单位时间内发射的光电子数才会增加,如果入射光频率 $\nu < \nu_0$,一个电子吸收一个光子后不足以克服逸出功飞出金属表面,光强增大也无济于事,仍不会发生光电效应.

爱因斯坦的光子说,不仅圆满地解释了光电效应,也进一步拓宽了人们对光本性的认识. 爱因斯坦说:"…… 我认为,在理论物理发展的下一个阶段,将会出现一种关于光的理论,根据这种理论,光可以被看做是波动说和微粒说的融合;我们关于光的本性和光的结构的看法有一个深刻的改变是不可避免的了." 爱因斯坦第一次提出了光的波粒二象性的概念,在自然科学史上首次深刻地揭示了微观客

体的波动性和粒子性的对立统一关系,对物理学理论的发展起了很大的推动作用. 爱因斯坦因发现光电效应规律和对理论物理方面的贡献,荣获了1921年度诺贝尔物理奖.

2.2 提出新的实验和观测方向

在物理学史上,有些新发现是偶然的机遇,但更多的发现是在科学假设指导下,通过坚持不懈的实验探索得到的成果. 爱因斯坦和英费尔德(L. Infeld)在《物理学的进化》一书中写道:"任何一个理论的目的是指导我们理解新的情况、启发我们做新的实验从而发现新的现象和定律." 镭的发现和中子的发现就是生动的两例.

2.2.1 镭的发现

放射性的发现与居里夫人猜想

1896年,法国物理学家贝克勒尔(H. A. Becquerel)在研究一种铀盐(硫酸铀酸钾)的荧光作用时,无意中发现铀盐自身能发出一种射线,被称为"贝克勒尔射线". 这个发现虽然不像伦琴发现X射线那样引起整个科学界的注意,却激起新婚的居里夫人(玛丽·居里,M. S. Curie)的浓厚兴趣.

居里夫人猜想,一定还存在着其他一些像铀一样的元素. 在这种猜想的指导下,她把实验室里的许多化合物一个个进行测试,结果发现钍也有与铀类似的辐射,她建议把这种现象称为"放射性"(图2.7). 接着,又根据这种辐射能使空气电离的特性,通过比较各种不同的铀或钍的化合物的放射性强度,得到

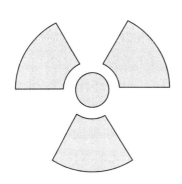

图 2.7 放射性物质的国际标志

一个重要的结果:铀或钍的化合物的放射性强度只与化合物中铀或钍的含量成正比,与它的化合情况及物理状态无关.这意味着,放射性是原子自身的一种特性,是由原子内部产生的.

于是,居里夫人将研究从铀和钍的化合物扩大到对各种自然矿石的测试,她惊奇地发现一些沥青铀矿石的放射性比纯的氧化铀强许多倍.因此她做出一个大胆的猜想,沥青铀矿石中存在着一种新的放射性元素.

居里夫妇的探索与成功

居里夫人的猜想刚一提出,立即遭到一些科学家的攻击和嘲笑.不过,这丝毫也没有动摇她坚定的信念.她的丈夫皮埃尔·居里(P. Curie)意识到这项工作的重要意义,立即放下对晶体的研究,一起投入到寻找新元素的工作中去.

从此,居里夫妇便开始了艰苦的探索.他们在一间破旧的棚内,在极为简陋的实验条件下,通过对放射性强度的测定,把矿物中无放射性的成分一次次滤去.在1898年7月首次找到了一种比铀的放射性强400多倍的新元素.为纪念居里夫人的祖国波兰,他们建议把这种新元素称为钋(Polonium).

图 2.8 居里手中拿着闪光的镭样品素描

钋的发现并没有使居里夫人感到满足,因为它的放射性还不够强.于是,他们继续在未知世界中寻找.同年12月,他们又分离出与钡伴存的新的放射性元素镭(图2.8).为了消除当时科学界的责难

和怀疑,居里夫妇又开始了艰巨的提纯工作.

当时的人们常可以看到,居里夫人在院子里亲自用一根与她身高差不多高的铁棒搅拌一锅沸腾着的液体.她忍受着加热时释放出的有害气体和烟雾的强烈刺激,日复一日地工作着.经过近四年的繁重而艰辛的劳动,在1902年3月,他们终于从数以吨计的沥青铀矿渣中提炼出 0.12 g 氯化镭,并测得了镭的原子量为225,其放射性强度为铀的 200 万倍.居里夫人的猜想终于变成了现实.

镭的发现不仅极大促进了人们对放射性现象的研究,而且很快发现了镭的生理效用.利用镭发射的 γ 射线能有效地杀死癌细胞,使它成为治疗恶性肿瘤,造福人类的一个有力武器.

1903 年,居里夫妇和贝克勒尔一起分享了这个年度的诺贝尔物理奖.居里夫人成为有史以来第一个获得诺贝尔奖的女性.

高尚的品德

居里夫人不仅在科学上为人类做出了巨大的贡献(1911 年再度获得诺贝尔奖,成为世界上第一个两次获得此项殊荣的科学家)*,尤其使人崇敬的是居里夫人高尚的品德.她一生热爱科学,为科学献身.她是镭的母亲,也是放射性研究的鼻祖,为人类探求放射性的奥秘,长期忍受着镭及其他放射性物质的不断伤害.在她提纯镭的四年里,她的双手就因镭射线强烈照射而变得十分粗糙,有时还裂口出血,可是她全然不顾个人健康,坚持着亲自实验,最后终因放射性伤害过度,过早地离开了人世.居里夫人淡泊名利,她放弃了镭研究成果的专利.她说:"镭不应当成为任何个人发财致富的工具,镭是元素,它属于全世界."居里夫人一生获得许多荣誉——除诺贝尔奖外的其他大奖 8 次,各种奖章 16 次,各种荣誉称号和学位称号 107 个.然而这

---

* 迄今为止,两次荣获诺贝尔奖的科学家共四位.第二位是莱纳斯·鲍林(1954 年、1963 年),第三位是约翰·巴丁(1956 年、1972 年),第四位是弗利德里克·桑格(1958 年、1980 年).

2 猜想与假设在科学认识中的作用

一切都未能阻止她继续在科学探索的道路上前进. 爱因斯坦盛赞居里夫人:"在所有著名人物中,居里夫人是唯一不为荣誉所颠倒的人."

2.2.2 中子的发现

现在我们都知道,原子核内含有质子和中子,质子带一份正电荷,中子不带电,原子核内的质子数等于它核外电子数(原子序数),原子的质量数等于质子数和中子数之和 …… 但在物理学发展史上,原子核内中子的发现曾经历了一段复杂而曲折的过程.

卢瑟福假设

1919 年,提出原子核式结构的英国著名物理学家卢瑟福(E. Rutherford)用镭放射出的 α 粒子轰击氮原子核得到了氢原子核,卢瑟福把它称为质子($_1^1H$). 于是他根据氢原子的组成提出了原子结构假设:各种元素的原子由一个或几个带正电的质子组成的核和核外一群绕核旋转的电子组成. 但很快就发现这个假设不正确. 例如氦原子核,它带有两个单位正电荷,质量却是氢原子核的 4 倍. 为了解决这个矛盾,他以阿斯顿(F. W. Aston)在 1920 年夏所做的实验为依据,于 1920 年 6 月 3 日在贝克利讲座的著名报告中提出了一个大胆的假设:在原子核中还存在有一种不带电的中性粒子*. 卢瑟福说:"在某些条件下,一个电子有可能更紧密地同核相结合,从而形成一个中性偶极子. 这样一个原子将具有很异常的特性 ……"他又说:"这种原子(指中子 —— 作者)的存在对于解释重元素的原子核的组成看来是必不可少的."

查德威克初探失败

当时绝大多数的物理学家对卢瑟福的这一假设都持怀疑态度,但在卢瑟福领导的卡文迪许实验室中的同事们却坚信卢瑟福的这一

---

* 实际上,1920 年在美国化学家哈金斯(W. D. Harkins)发表的论文中已提出了有关中子的思想.

假设. 查德威克(J. Chadwick)向卢瑟福提出:"我认为,我们应该对这不带电荷的中性粒子做一番认真的探索,现在我已拟订了一个研究计划,请您审定。"从此,查德威克就在卢瑟福存在有中子的假设思想的指导下,不断提出新的实验,展开了一系列有目的的探索工作.

1921年,查德威克企图在氢气放电实验中直接验证中性粒子的存在,但没有成功. 后来,他又试图在气体放电管中、在天然放射性元素的衰变中、在用α粒子轰击原子产生原子核的人工衰变中……反复实验寻找这种中性粒子,可是经过十年的努力还是毫无结果.

波特的发现与小居里夫妇的遗憾

1930年,德国物理学家波特(W. W. G. Bothe)和他的学生贝克(H. Becker)用α粒子轰击铍时,意外发现从铍中会发射出一种贯穿力很强、不带电的射线(图 2.9). 波特认为这是一种高能电磁辐射,即"高能γ射线".

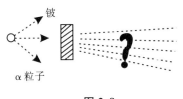

图 2.9

波特的工作引起了许多物理学家的兴趣,许多人都在重复他们的实验. 1931年,约里奥——居里夫妇(J. F. Joliot, I. Curie)进一步用来自铍的新射线去轰击石蜡,发现能从石蜡中打出质子来(图 2.10). 这真是不可思议. 因为γ射线是由质量几乎为零的光子组成

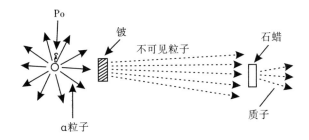

图 2.10

的,用它竟能打出质量是电子质量 1836 倍的质子,这犹如用一个乒乓球从车库中撞出一辆汽车来. 其实,小居里夫妇已经走到了一个伟大发现的门口,遗憾的是他们认为这是一种具有新作用的 γ 射线,所以继续沿着波特的错误思路走下去了. 1932 年 1 月 18 日,他们把这一实验结果发表了出来.

查德威克的成功

当查德威克看到小居里夫妇的论文时,几乎立即想到这就是他寻找十来年的中性粒子. 他马上利用卡文迪许实验室优越的条件,重复了波特和小居里夫妇的实验,得出了同样的结果. 并从实验中查明:这种射线确是中性的,在磁场中不会偏转;它的速度不足光速的 $\frac{1}{10}$. 从而排除了是 γ 射线的可能性.

为了进一步确定这种中性粒子的性质,查德威克用两个速度相等的中性粒子分别轰击静止的氢核和氮核(图 2.11). 根据弹性碰撞原理,静止的氢核和氮核碰撞后速度大小分别为

$$v_H = \frac{2m_中}{m_中 + m_H} v_中,$$

$$v_N = \frac{2m_中}{m_中 + m_N} v_中.$$

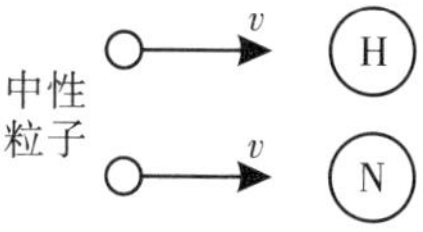

图 2.11

两式相比:

$$\frac{v_H}{v_N} = \frac{m_中 + m_N}{m_中 + m_H}.$$

查得威克从实验中测得 $\frac{v_H}{v_N} = 7.5$,因 $m_N = 14 m_H$,代入上式得

$$m_中 \approx m_H,$$

即这种中性粒子质量与质子质量几乎相等.

1932 年 2 月 17 日,即在小居里夫妇的实验报告发表刚满一个月时,查德威克发表了自己的实验报告及结论. 从而,12 年前卢瑟福的

假设终于被证实,又一个基本粒子——中子被发现了.

查德威克之所以能如此迅速地在小居里夫妇实验报告后取得成功,并不是偶然的. 卢瑟福的中子假设使他早就有了精神上的准备是一个很重要的因素. 著名理论物理学家赛格雷(E. Segre)曾说过:"一般说来,人们只对自己有思想准备的东西能认识,如同我们在 X 射线、中子和正电子的例子中所看到的那样." 约里奥夫妇正是由于根本不知道卢瑟福关于中子的假设,缺乏对这一重大发现的敏感性而与之失之交臂. 约里奥也很大度地说:"中子这个词早就由卢瑟福这位天才于 1920 年在一次会议上用来指一个假设的中性粒子,这个粒子和质子一起组成原子核,大多数物理学家包括我在内,没有注意到这个假设. 但是它一直存在于查德威克所工作的卡文迪许实验室的空气里,因此最后在那儿发现了中子. 这是合乎情理的,同时也是公道的……"

2.3 构成通往正确道路的桥梁

一个正确的假设会引出合乎真理的结果或理论,得出正确的预言或发现,这固然是十分可喜的事. 但既然是一种猜测,那么它最初常常仅是以数量有限的事实和观察为基础的,必然带有极大的不可靠性. 因此物理学上常常会出现许多后来被事实证明是错误的假设. 不过这些错误假设对形成正确认识也有极可贵的作用,因为这些错误假设中往往也会包含着某些合理的因素或成分. 例如,亚里士多德——托勒密的"地球中心说",承认人类居住的大地是个悬空的球体,月亮绕着地球运动,是合乎实际的. 热质说虽被实验证明是错误的,但它提出的热容量、比热等科学概念,对量热学的发展却有着很大的促进作用,并且一直沿用至今. 而且,证明这些假设是错误的,发现一条"走不通的路",为未来的探索者在歧途前亮出"黄牌",

2 猜想与假设在科学认识中的作用

本身就是对科学真理的一大贡献. 更耐人寻味的是在证明某些假设错误的过程中,有时还会有意外的收获. 英国著名化学家戴维说:"我的那些最重要的发现是受到失败的启示而做出的." 由迈克尔逊 — 莫雷实验得出"以太漂移"的零结果对爱因斯坦狭义相对论的诞生和费米超铀元素假设引出重核裂变的发现,是其中很有说服力的两个事例.

2.3.1 迈克尔逊 — 莫雷实验

神秘的以太

前面已经说过,为了解释光的传播,曾假设出一种介质称为"以太",并且赋予它许多很难协调的特性:它无所不在,充满包括真空在内的整个空间(因为光能在真空中传播),它的密度极其稀薄(因为它不应当阻碍天体的运动,万物能从中穿透而毫无阻碍),但其弹性又足够大(因为它能使光以极大的速度传播). 这种看不见、摸不着像幽灵般虚玄的东西,究竟是否存在呢? 许多物理学家都试图通过实验来检验"以太"的存在和它的属性. 其中以美国物理学家迈克尔逊(A. A. Michelson)和莫雷(E. W. Morley)所做的希望测出地球相对于"以太"的速度 —— 即所谓"以太漂移"速度的实验最为著名. 这个著名实验的原理却十分简单.

运动合成原理

在力学中我们学过运动的合成法则. 如果在一条流速恒定为 u 的河中,有一艘以相对于水流速度恒为 v 运动的小船,分别垂直河岸和沿着河岸往返同样的距离 l,则垂直河岸往返距离 l 时小船运动时间(图 2.12)为

$$t_1 = \frac{l}{\sqrt{v^2 - u^2}} + \frac{l}{\sqrt{v^2 - u^2}} = \frac{2l}{v\sqrt{1 - \frac{u^2}{v^2}}}.$$

沿河岸往返距离 l 时小船运动时间(图 2.13)为

$$t_2 = \frac{l}{v+u} + \frac{l}{v-u} = \frac{2l}{v\left(1-\frac{u^2}{v^2}\right)}.$$

两式相比,有

$$\frac{t_1}{t_2} = \sqrt{1-\frac{u^2}{v^2}}.$$

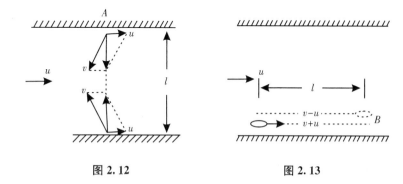

图 2.12 　　　　　　　　图 2.13

因此,如果已知小船对水的速度 v,并测出运动时间 t_1 和 t_2,就可算出水速 u.

意外的零结果

迈克尔逊和莫雷根据上述运动合成原理,于 1881 年设计了一个极为精密的实验,其实验装置原理如图 2.14 所示.

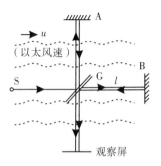

图 2.14 迈克尔逊—莫雷实验原理

假设地球在"以太"中以速度 u 穿行,就好像有一股速度为 u 的"以太风"相对地球吹来,它相当于上面的水速.

从光源 S 发出的一束单色平行光射到一块半镀银的镜子 G 上,形成两束互相垂直的光束:一束沿垂直于以太风的速度方向射向镜子 A,另一束沿平行于以太风的速度方向射向镜子 B,这两束光就相当

2 猜想与假设在科学认识中的作用

于上面的小船. 两束光再经 G 透射和反射到达观察屏. 若以 c 表示光速, 这两束光到达观察屏的时间差为

$$\Delta t = t_1 - t_2 = \frac{2l}{c\sqrt{1-\dfrac{u^2}{c^2}}} - \frac{2l}{c\left(1-\dfrac{u^2}{c^2}\right)}.$$

这个时间差对应着这两束光到达观察屏时的光程差. 由光的干涉原理知道: 如果两束频率相同、相位差恒定的光(相干光)对于某处的光程相同或光程差等于半波长的偶数倍, 它们就同相到达, 相干结果出现亮条; 如果两束光对于某处的光程差等于半波长的奇数倍, 它们就反相到达, 相干结果出现暗条(图 2.15).

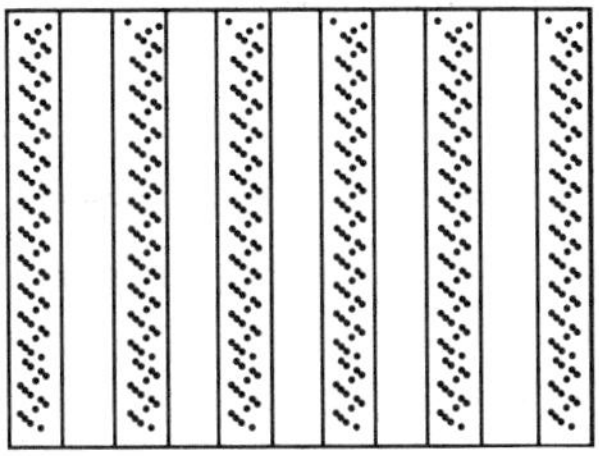

图 2.15 干涉条纹

当把整个装置相对于"以太"旋转 90°后, 相应的两束光的光程互换, 屏上的干涉条纹也应发生移动.

可是, 实验结果表明, 没有发现根据计算所期望得到的条纹的移动.

后来, 迈克尔逊和莫雷又改进了实验装置, 把整个仪器安装在很重的石板上, 并使石板悬浮于水银液面上, 可以平稳地绕中心轴转动. 仪器已具有了极高的精度. 他们在白天和夜晚(考虑地球自转的因素)、在一年的各个季节(考虑地球绕太阳公转的因素)反复进行观测, 可是结果始终未发现预计的条纹移动, 或者说, 实验结果始终是零, 没有探测到"以太风"的存在. 1887 年 11 月, 他们将这一结果公之于世.

迈克尔逊—莫雷实验"以太漂移"的"零结果", 使"以太"假设陷入严重的困境, 开尔文把它称为物理学晴朗天空远处的第一朵"乌云", 而且是一朵"非常稠密的乌云".

迈克尔逊后来虽然因在"精密光学仪器和用这些仪器进行光谱学的基本长度测量"方面的贡献,荣获了1907年度诺贝尔物理学奖,但他一直为自己的"以太漂移"实验的"零结果"深感遗憾.

零结果的意义

实际上,迈克尔逊的"以太漂移"的"零结果"有着极为重要的意义. 第一,它虽然还不足以彻底否定"以太"*,但实验仍然证明了,即使真地存在"以太",也不可测出相对于它的速度,即不可能用"以太"作为参照系;第二,实验结果暗示着一个重要的事实,真空中的光速对任何惯性参照系的测量都一样,与观察者的运动无关.

不过,当时绝大多数物理学家都束缚在经典物理的框架中,对迈克尔逊实验感到一片恐慌. 只有具有革命性思想的爱因斯坦以其超人的才智、敏锐的洞察力,看见了迈克尔逊实验的深刻内涵,从而促进了狭义相对论的创立. 1922年,爱因斯坦在日本京都大学所做的名为"我是怎样创立相对论的?"的演讲中说,当"……(我)知道迈克尔逊的实验结果,我很快得出结论,如果我们承认迈克尔逊的零结果是事实,那么地球相对以太运动的想法就是错的,这是引导我走向狭义相对论的最早想法".

迈克尔逊一生钟情于"可爱的以太",缺乏接受新思想的敏感性,直到相对论已被普遍接受时还抱怀疑态度. 1931年,在迈克尔逊去世前他与爱因斯坦仅有的一次会见中,他还亲自向爱因斯坦表示了自己对实验的遗憾之情. 可是爱因斯坦对迈克尔逊极为崇敬,那次会见中他十分真诚地对这位物理学史上杰出的实验物理学家前辈说:"我尊敬的迈克尔逊博士,您开始工作时,我还是一个小孩子,只有一米高. 正是您,将物理学家引向新的道路,通过您的精湛的实验

---

* 后来人们认识到光本身也是物质,它的传播不需要其他介质,这才彻底放弃"以太"假设.

工作,铺开了相对论发展的道路. 您揭示了光以太理论的隐患,激发了洛伦兹和菲茨杰拉德的思想*,狭义相对论正是由此发展而来. 没有您的工作,今天这个理论顶多也只是一个有趣的猜想. 您的验证使之得到了最初的实际基础."

爱因斯坦相对论的创立使人类的时空观发生了一次巨大的变革,对物理学的发展有着深远的意义. 也许这正是否定一个错误假设所带来的最大的额外收获了.

2.3.2 重核裂变的发现

1934年1月,约里奥—居里夫妇用天然放射性元素钋发射的 α 粒子轰击铝箔,首次得到具有放射性的磷的人工同位素 $^{30}_{15}P$,还放出正电子. 其反应过程为

$$^{27}_{13}Al + ^{4}_{2}He \longrightarrow ^{30}_{15}P + ^{1}_{0}n$$
$$\longrightarrow ^{30}_{14}Si + ^{0}_{+1}e(正电子)$$

费米的成功

人工放射现象的发现引起物理学家们的极大兴趣. 世界上许多实验室都用 α 粒子作炮弹轰击各种元素,但发现只有周期表中那些较轻的元素才会发生反应. 当时被戏称为物理学界中的"教皇"的费米(E. Fermi)认为,这是由于带正电的 α 粒子受到来自原子核的强大斥力而不容易靠近核的缘故,他大胆地提出一个新的想法:用中子作为炮弹轰击原子核. 费米说:"与 α 粒子相比,中子有明显的缺点,可供利用的中子源所发射的中子数比较少……然而,下面的这个事实弥补了它的缺点:中子不带电,它们不需要克服由核周围的库仑场形成的势垒,所以能够到达所有的原子核. 此外,中子实际上与电子

---

* 英国物理学家菲茨杰拉德(G. Fitzgerald)为了解释迈克尔逊实验于1889年提出了 "收缩假设",认为物体在以太中运动时,长度方向会发生收缩. 洛伦兹(H. A. Lorentz)于1902年也独立地提出了"收缩假设",并进一步得出了两个相对运动参照系中的一组时空变换式. 他们的研究都对狭义相对论的诞生具有一定的基础性贡献.

没有相互作用,所以它们的射程很长,核碰撞的机会要比 α 粒子或质子多。"

于是,费米在他的同事阿迈第(E. Amaldi)、达高斯蒂诺(O. D'agostiao)、拉瑟蒂(F. Rasetti)、赛格雷(E. Segre)等人的协助下,从 1934 年 3 月起,开始了用中子轰击元素的实验。他们从最轻的元素氢开始逐个试验。然而非常不幸,从氢到氮都没有出现预料中的放射现象。直到轰击氟时,才获得了强烈的放射性同位素。这使费米与他年轻的同事们非常兴奋,他们继续试验。在短短几个月中,他们用中子轰击 63 种元素,得到了 37 种放射性同位素。费米也因用中子轰击原子核所取得的重大成果及其实验方法所具有的重要意义,荣获 1938 年度诺贝尔物理学奖,并无疑地使他成为中子研究方面的最高权威。

费米的遗憾

不过,费米用中子轰击当时位于元素周期表中最后位置的第 92 号元素时做出的一次错误假设,却成为他终生的一大遗憾。

费米用中子轰击周期表中前面一系列元素所得到的实验结果大致分为两种情况:

一种情况是元素被中子轰击后,中子被核吸收,形成该元素稳定的同位素 —— 原子序数不变,质量数增加 1 个单位。例如,用中子轰击氢时得到氘,多余的能量以 γ 射线的形式放出,至此反应便宣告结束。其核反应方程为

$$_1^1H + _0^1n \longrightarrow _1^2H + \gamma.$$

另一种情况是元素被中子轰击后,核吸收了中子形成不稳定的同位素,它自发地放出 β 射线,使元素的原子序数加 1,变成该元素在周期表中位置后面一号的元素。例如,用中子轰击铑($_{45}^{103}Rh$),形成放射性同位素($_{45}^{104}Rh$),它放出 β 射线后变成稳定的钯($_{46}^{104}Pd$)。其核反应方程为

2 猜想与假设在科学认识中的作用

$$^{103}_{45}Rh + ^{1}_{0}n \longrightarrow ^{104}_{45}Rh$$
$$\longrightarrow ^{104}_{46}Pd + ^{0}_{-1}e$$

费米由此想到,如果用中子轰击 92 号元素铀,得到的铀的同位素也放出一个 β 粒子,那么不就会产生一种原子序数为 93 的新元素,即"超铀元素"了吗？在实验室中制造出新的元素,这实在是一件令人神往的事.

费米和他的同事们怀着热切希望的心情开始了用中子轰击铀元素的实验. 结果似乎很令人满意,中子被吸收,反应中也放出了 β 射线. 仿佛一种新的超铀元素真的已在实验室中诞生了. 只是其中还有一些令人迷惑不解的现象:反应中放出的 β 粒子有四种,能量各不相同,反应的产物也不仅是一种,其中至少有一种是并不靠近铀的任何已知元素. 虽然费米自己因无法确定实验的最后结果,并没有急于宣布已发现了新元素,可是舆论已根据他原先的假设为他做了大肆宣扬,认为已产生了新的"超铀元素". 当时大多数物理学家也都认为费米确已制造出 93 号元素,以致尽管费米比较谨慎,也就倾向于大多数人的看法,不再对自己的实验结果做进一步思考.

失去的机遇

德国弗赖堡大学有一位专门从事稀土元素化学分析的年轻的女化学家依达·诺达特(Ida Noddack),曾对费米的实验结论提出一个大胆的假设:可能是中子闯进铀核引起了核分裂. 费米认为这个假设绝不可能. 因为一个中子轰击时只能提供 6 MeV 的能量（1 eV＝1.6×10^{-19} J）,而当时许多物理学家从实验推算,要使核发生变化,需要 10^8 eV 数量级的能量. 这真像需用重磅炸弹才能攻破的堡垒,居然被人用一个棒球就砸开了,怎能令人相信？其实这里正蕴藏着一个伟大的发现,遗憾的是诺达特夫人没有动手去做一下实验.

看来,要检验费米实验中是否真的得到超铀元素,必须弄清楚核反应的产物.

1938年夏,约里奥——居里夫妇和他们的合作者,南斯拉夫的萨维奇(Savitch)重复费米的实验,发现了一种比铀轻的类似于锕的物质,其化学性质与稀土族元素相似,因此他们认为费米的实验中根本没有得到超铀元素. 约里奥——居里夫妇的实验已接近一个伟大发现的边缘,可惜他们也因没有进一步思考而错过了.

哈恩的假设

德国著名分析化学家哈恩(O. Hahn)起初证明了费米实验中得到的物质不是他所发现的91号元素镤,也支持费米"超铀元素"的假设. 后来他的助手施特拉斯曼(F. Strassman)介绍的约里奥——居里夫妇第三篇文章所报道的实验结果,就像一声晴天霹雳把哈恩惊醒了. 哈恩急忙与施特拉斯曼按约里奥——居里夫妇的方法进行实验. 哈恩不愧为欧洲最有名的分析化学家,他很快就确定了费米实验中的产物是钡,并提出了一个大胆的假设:最重的一些元素吸收中子后直接分裂成两个差不多互等的部分,从而产生了一些位于周期表中间的元素.

后来的事实很快证明了哈恩的假设. 铀核在中子轰击下能分裂成多种中等质量的原子核. 它们可能是:钡和氪、锑和铌、氙和锶、锡和铜等. 其中一些核反应方程式为:

$$^{235}_{92}U + ^{1}_{0}n \rightarrow ^{141}_{56}Ba(钡) + ^{92}_{36}Kr(氪) + 3^{1}_{0}n + \Delta E.$$

$$^{235}_{92}U + ^{1}_{0}n \rightarrow ^{93}_{38}Sr(锶) + ^{140}_{54}Xe(氙) + 3^{1}_{0}n + \Delta E.$$

重核裂变的发现是一件具有划时代意义的大事,哈恩也因这一发现荣获1944年度诺贝尔化学奖.

重核裂变的发现为人类找到了一种新的能源——核能. 1942年12月2日,在费米的领导下,美国芝加哥大学建成了世界上第一座原子反应堆(图2.16),人类从此进入了利用原子能的新纪元.

留下的思考

有趣的是,93号元素后来确实按费米的设想,被美国物理学家

E. M. 麦克米伦和 P. H. 艾贝尔森在1939年用中子轰击铀原子核产生了,被命名为镎. 镎还会发射一个β粒子变成94号元素钚. 原来给费米的实验造成困难的是铀元素中含有三种同位素($^{234}_{92}$U、$^{235}_{92}$U、$^{238}_{92}$U),如果当年费米有幸像开普勒那样恰好选中偏心率最大的火星开始研究一样*,用的是铀238,确实会被他首先在实验中制造出新元素. 只是费米万万没有料到的是铀235竟然会核分裂. 费米曾谦逊地谈起这件憾事:"我们当初没有足够的想象力来设想铀会发生一种与任何其他元素都不一样的转变过程. 况且,我们没有足够的化学知识去一个一个地分离铀的转变产物."

重核裂变的发现终于从一个错误假设开始到以诞生一个正确的假设而告终,然而它却给人们留下了长久的思考!

图 2.16　芝加哥大学的第一个原子核反应堆

---

* 参见本丛书《模型》一册.

3 猜想的萌发　假设的形成

任何一个科学猜想或假设,都是以一定的经验材料、实验事实和理论知识为出发点的,都是生产实践和科学实验发展的需要.当新的实验事实超出了原有理论的适用范围时,当发现原有的理论系统有某些方面缺陷或根本无法对新的物理事实做出解释时,往往就需要提出新的猜想,创立新的假设.恩格斯说:"……一个新的事实被观察到了,它使得过去用来说明和它同类的事实的方式不中用了,从这一瞬间起,就需要新的说明方式了……"

由于背景不同,产生猜想和假设的思维方法大致可分为以下几种类型.

3.1 类比推理法

自然界中有许多对象和过程,都具有很好的对应性和相似性,科学研究中常常借助于类比的方法,把陌生的对象与熟悉的对象类比,把未知的东西与已知的东西类比,从中得到启迪而提出猜想、形成假设.

3　猜想的萌发　假设的形成

3.1.1　静电力的平方反比猜想

普利斯特利猜想

库仑定律是静电学中第一个定量的基本规律,它是由法国物理学家库仑(C. A. Coulomb)建立起来的. 实际上,在库仑之前已有许多人开始探讨这个问题.

1750年前后,俄国的埃皮努斯(F. Aepinus)在实验中发现:当发生相互作用的电荷之间的距离缩短时,两者间的吸引力或排斥力便增加. 于是他就提出一个假设:电荷之间的斥力和引力随着带电体之间距离的减小而增大,不过他后来并没有进一步研究.

1766年,美国物理学家富兰克林(B. Franklin)写信给他的德国朋友普利斯特利(J. Priestley),请他验证一些现象——放在金属杯中的软木球是否完全不受金属杯电性的影响. 当年12月21日普利斯特利从一系列实验中证明:中空的金属容器带电时,金属容器内表面没有电荷,它对空腔内部的电荷没有作用力. 联想到牛顿在发现万有引力定律时已经证明:如果引力符合与距离成平方反比的话(即 $F \propto \dfrac{1}{r^2}$),那么中空的球体对球内物体就没有引力作用(见下页附注). 普利斯特利根据电荷跟质点的类比(图3.1),提出一个猜想:电荷之间作用力也遵守与距离平方成反比的关系.

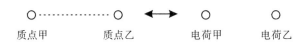

图3.1　普利斯特利的类比

库仑的实验

1785年法国物理学家库仑运用卡文迪许扭秤的原理,自制了一台精巧的扭秤,证明了牛顿的平方反比关系律也在电的吸引和排斥

中适用.并证明了电的作用跟电量的乘积成正比,得到了库仑定律.*

把库仑定律所揭示的电荷之间的相互作用规律跟牛顿的万有引力定律再做一次类比(表3.1),更会惊叹普利斯特利由类比得出的猜想十分成功.

表 3.1

库仑定律	万有引力定律
$F = k\dfrac{q_1 q_2}{r^2}$	$F = G\dfrac{m_1 m_2}{r^2}$
电量 q	质量 m
电荷间作用力	质点间吸引力
适用于点电荷	适用于质点

附注:中空球体对球内质点引力为零的简单证明.

设有一质量分布均匀的薄壁球壳,在球内某处 P 有一质量为 m 的质点(图3.2).以 P 为顶点做两个相对的立体角,顶面积分别为 S_1, S_2,其质量为 m_1, m_2,则

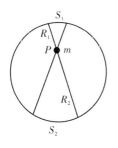

图 3.2

$$\frac{m_1}{m_2} = \frac{S_1}{S_2} = \frac{R_1^2}{R_2^2}.$$

所以这对顶的两个球面对质点 m 的引力之比为

$$\frac{F_1}{F_2} = \frac{m_1}{m_2} \cdot \frac{R_2^2}{R_1^2} = 1.$$

即

---

* 实际上,在库仑之前,英国爱丁堡大学的约翰·罗比森(J. Robison)和后来在剑桥大学的卡文迪许(H. Cavendish)已先后于1769年和1772年用实验做出证明,只是很晚才被人们发现.

3 猜想的萌发　假设的形成

$$F_1 = F_2,$$

或

$$F_合 = F_1 - F_2 = 0.$$

以上表明球内质点 m 受两顶面的引力的合力为零．对球面其他部分可同理类推，由此即得：中空球体对球内物体无引力作用．

3.1.2　惠更斯的波动说

17 世纪后半期，开始了一场关于光的本性的激烈争论，争论的双方都是当时科学界的名流，一方以牛顿为代表，另一方以笛卡儿、胡克、惠更斯为代表，尤以惠更斯最为有力．

牛顿的微粒说

牛顿从光的直进、反射、折射等现象出发提出微粒说，认为光是由发光体发出的一种具有弹性的、直线传播的微粒子流，不同颜色的光有不同颜色的微粒，它们在棱镜中的速度各不一样，紫色微粒的速度最低，红色微粒的速度最高．牛顿用微粒说很成功地解释了光的直进、反射、折射、色散等现象．由于这种学说与当时建立的经典力学体系可以形成一个统一的整体，加上牛顿在科学界的威望，所以很容易被人们接受．

但是微粒说也存在很大的困难．胡克曾质问牛顿：如果你给光以微粒这样有形的性质，那么这些微粒在光束相交时为什么不发生碰撞（即光为什么不被光本身所散射），而仍像没有发生任何力学事件一样，照原样继续前进呢？牛顿对此无法解释．

惠更斯的波动说

惠更斯不迷信牛顿的权威，他说："尽管我们仰慕牛顿的大名，但我并不因此非得认为他是万无一失的……"他从光与水波、声音的类比中提出了波动说，又根据光速的有限性，论证了光是从介质的一部分依次向其他部分传播的一种运动，它和声波一样是球面波．惠更斯说:"我们对声音在空气中传播所知道的一切,可能会帮助我们理解光传播的方式."他进一步解释:"我们知道,声音是借助看不见摸不着的空气向声源周围的整个空间传播的,这是一个空气粒子向下一个空气粒子逐步推进的一种运动.而因为这一运动的传播在各个方向是以相同的速度进行的,所以必定形成了球面波,它们向外越传越远,最后到达我们的耳朵.现在,光无疑也是从发光体通过某种传递媒介物体的运动而到达我们的眼睛……像声音一样,它也一定是以球面波的形式来传播的.我们把它们称为波,是因为它们类似于我们把石头投入水中时所看到的水波,我们能看到水波好像在一圈圈逐渐向外传播出去……"

惠更斯从光是波动的传播这一观念出发,提出了后来以他的名字命名的原理——惠更斯原理:波在其中传播的物质的每一粒子……也必须把一部分运动给予跟它接触的一切其他粒子,于是围绕着每一粒子都形成一个以这个粒子为中心的波.换句话说,在某个瞬间,波所传到的各个质点(如图3.3中所示的质点$a,b,c,d,e,\cdots$),它们都可作为发出一个新的波(子波)的波源,各个子波面的包迹形成的球面称为波前,波就如此向前一圈圈推进.这一原理也正是从水波传播过程中遇到开有小孔的障碍物的类比中得出来的(图3.4).

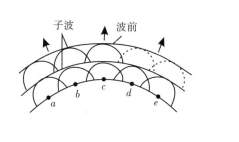

图 3.3

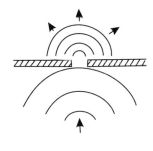

图 3.4

惠更斯通过与水波、声波的类比,"无疑"地确信光也是"像声音一样"是以"波的形式来传播的",他用波动说很成功地解释了光的反射、折射等现象. 1678年,在法国科学院的一次会议上,惠更斯公开向牛顿发起了挑战. 爱因斯坦称颂惠更斯是"第一个提出一个完全新的光的理论的人". 后来,托马斯·杨成功地设计了双缝干涉实验,为波动说奠定了坚实的基础.

 归纳推理法

把在特殊情况下已经被证明无误的规律,或对部分对象(或过程)研究所得的结论,运用归纳推理的方法,推广到一般情况中去,也是提出猜想、形成假设的一种比较重要的方法. 氦的发现就是很成功的一例.

一条新的谱线

1868年,在一次日全食的时候,法国天文学家让逊和英国的洛克尔把分光镜对准太阳,发现在平时属于钠D线附近出现了另外一条明亮的黄色谱线,波长为 $5\,876 \times 10^{-10}$ m. 太阳大气光谱中这条黄色的谱线是什么元素产生的呢? 把当时在任何实验室中能够找到的地球元素所产生的光谱对照一遍,也没有发现任何一种元素的光谱在这个位置上出现黄色的谱线.

物理学家认为,这一定是太阳中存在着的一种在地球上尚未发现的新元素产生的.

为什么物理学家敢于提出这样的预言呢? 这得归功于归纳推理.

夫琅和费暗线的启示

自从1666年牛顿偶然发现太阳光经三棱镜折射能形成彩色光谱后,人们对光谱的研究有了浓厚的兴趣. 德国物理学家夫琅和费(J. V. Franhofer)通过研究发现,在含有微量钠的各种物质中总会出现两

条靠近的橙黄色的亮线,以后称为钠双线(或钠 D 线),如图 3.5 所示. 1814 年,他又发现在太阳光谱的彩色本底上出现 700 多条暗线(后来人们称它们为"夫琅和费暗线"). 夫琅和费用 A,B,C,D,…,H 等 8 个大写英文字母标记其中 8 条较黑的线,如图 3.5 所示.

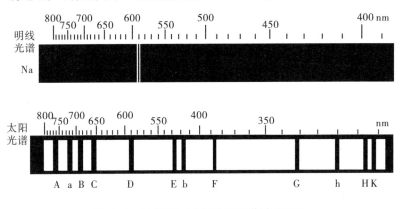

图 3.5　钠双线(上)和夫琅和费暗线(下)

后来,密勒(W. A. Miller)和法国的傅科(J. L. Foucault)证明了钠的明线和太阳光谱中的 D 黑线是严格相符的.

前面已经说过,德国物理学家基尔霍夫(G. R. Kirchhoff)通过实验发现光谱的一个对应关系:每种元素的原子,它的吸收光谱中的每一条暗线都跟这种原子发射光谱中的一条明线相对应. 也就是说,低温气体原子吸收的光恰好是这种原子高温时发出的光. 如果我们在酒精灯火焰上洒些食盐,它受热分解产生钠蒸气,再让弧光灯发出的白光通过温度较低的钠蒸气,就会在原来钠双线的地方出现两条暗线,这就是钠的吸收光谱(图 3.6).

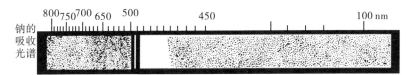

图 3.6　钠的吸收光谱

根据这个对应关系,基尔霍夫得出结论:太阳光谱中的暗线(夫琅和费暗线)是由于太阳火球发出的高温光辐射通过温度较低的太阳大气时,有一部分颜色的光被太阳大气中相应的物质吸收掉了,因此在我们接收到的太阳光谱图上就留下了许多暗线.利用基尔霍夫发现的明线光谱跟吸收光谱一一对应的关系,已成功地判定了太阳大气中存在有钠、镁、铜、锌、钡、镍等元素.

既然对上面部分对象的判定是正确的,于是物理学家们把这一结论推广到一般情况,大胆做出预言,太阳大气中还存在一种地球上尚未发现的新元素.并把这种未知元素命名为"氦",按希腊文,"氦"就是"太阳上的"意思.

约 30 年后,即在 1895 年,人们在地球上找到了氦元素.它也是当时唯一的一种不是先在地球上发现的新元素.

3.3 演绎推理法

演绎推理是把已知的一般原理(理论)运用于某一特殊的具体的场合或对象,并由此提出对未知事件的猜测或假设的一种方法.中微子的发现就是成功地运用演绎推理提出假设,而后被实验证实的一个精彩的例子.

20 世纪 20 年代,核物理学家们发现某些原子核会自发地放射出电子而变成另一种元素的原子核. 例如,钍原子核($^{234}_{90}$Th) 放出一个电子($^{0}_{-1}$e) 变成镤原子核($^{234}_{91}$Pa). 这种衰变称为 β 衰变. 上面这个衰变过程可表示为

$$^{234}_{90}\text{Th} \longrightarrow \, ^{234}_{91}\text{Pa} + \, ^{0}_{-1}\text{e}.$$

众所周知,在原子核内不可能有电子,因此只能认为 β 衰变中所放出的电子一定是临时产生的. 但这样一来,又存在着新的问题

例如,实验中通过云室对某些原子核的β衰变进行观察后发现,电子飞行的方向与剩余核的反冲方向并不严格相反,这就是说,原子核发生β衰变时似乎不遵从动量守恒定律.

更为严峻的事实是出现了能量亏损现象. 因为在β衰变中所辐射出来的电子,可以根据它在已知强度的电场或磁场中留下的痕迹,准确地推算出它的能量. 如图3.7所示,使一个电子(设质量为m、电量为e)垂直射入磁感应强度为 $\boldsymbol{B}$ 的匀强磁场,在洛伦兹力作用下电子沿圆弧轨道运动. 若测得轨道半径为r,则由

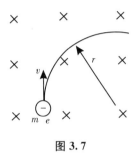

图 3.7

$$F_n = evB = m\frac{v^2}{r},$$

得电子的动能

$$E_K = \frac{1}{2}mv^2 = \frac{m}{2}\left(\frac{eBr}{m}\right)^2 = \frac{e^2B^2r^2}{2m}.$$

这个能量不算则可,一算竟使物理学家们惊呆了——电子从原子核带走的能量竟比原子核损失的能量少. 实验中每次测定,这短少的数值也不相等,即每次β射线的能量并不相同,而呈现一种连续分布的形式.

β衰变中能量的"失窃案"使许多物理学家感到困惑不解. 因为在两个具有确定能量状态的系统之间发生跃迁时所释放出来的能量,也应当具有确定的数值.

调和这种矛盾的一个办法是:放弃能量守恒定律和动量守恒定律,或者,至少在细致的微观水平上放弃它们. 当时著名的丹麦原子物理学家玻尔(N. Bohr)一度也曾这样主张,认为守恒定律仅仅在平均的意义上才成立,对于每一个单独的过程未必成立.

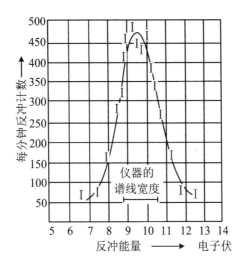

图 3.8 Ar³⁷ 衰变的反冲原子核能谱呈现连续分布的特点

横坐标为反冲能量,纵坐标为每分钟反冲计数.

泡利的假设

玻尔的学生奥地利物理学家泡利(W. Pauli)却与他老师的看法相左. 泡利根据演绎推理方法,坚信已在许多领域中被证明正确的动量守恒定律、能量守恒定律、角动量守恒定律*等在微观领域内同样适用. 尤其是能量守恒定律,更是不可动摇的. 它反映了物质不灭这一基本原理. 物质可以从一种运动状态变为另一种运动状态,但物质不能创造,也不会消灭,它是物理大厦的坚实基础. 泡利根据这三条基本守恒定律和电荷守恒等规律,决定冒一下风险,大胆地提出一个假设:在 β 衰变中不仅仅只放出了电子,还放出另一种未知粒子. 他根据各种守恒定律运用演绎推理得出这种未知粒子一定是中性的,它的能量应该等于原子核所亏损的能量,而且这个粒子一定只

---

* 角动量守恒是指不受外力矩作用时,物体的动量(mv)与其到旋转中心的距离(r)的乘积恒定. 在中子转变成质子和电子的 β 衰变中,质子与电子的自旋角动量之和不等于中子的自旋角动量,明显不遵守角动量守恒. 请参阅本丛书《守恒》一册.

具有运动质量,静止质量几乎为零,有着极强的穿透力.

1930年12月,泡利写信给正在德国杜平根参加会议(泡利当时才30岁,为了参加一个舞会而未出席)的学者,他在信中说:"……我偶然想到一个挽救守恒的非同寻常的办法……这就是可能有一种电中性的粒子存在,我将它称为中子*……如果假定在β衰变过程中每放出一个电子也同时放出一个中子,而电子和中子的能量总和不变,那么连续的β能谱就变得可以理解了."

1931年6月,泡利在美国物理学会的帕萨迪纳会议上重申了他的建议. 但当时由于在某些理论问题上尚有障碍,泡利的建议未能成为物理学家的共识.

1933年10月,在第七届索尔威会议上,泡利正式提出关于中微子存在的建议. 并明确指出:在一切基本过程中,不仅能量守恒,而且动量、角动量和统计性都守恒.

意大利物理学家费米非常赞同泡利这一科学的演绎假设,欣然把这种中性的、质量几乎为零的未知粒子称作"中性小家伙",并根据这个意思,命名为"中微子".

接着,费米根据中微子的假设,提出了β衰变的基本过程,即原子核内的中子转变成质子和电子的β衰变应该表示为

$$n(中子) \longrightarrow p(质子) + e(电子) + \nu(中微子).$$

同样,前面的钍核经β衰变成为镤核的核反应方程应表示为

$$^{234}_{90}\text{Th} \longrightarrow ^{234}_{91}\text{Pa} + ^{0}_{-1}\text{e} + \bar{\nu} \text{**}.$$

---

* 在查德威克发现中子以前,曾把中微子称为中子.

** $\bar{\nu}$ 为反中微子,于1953年从质子的一种反应中发现. 它的自旋与中微子相反:中微子的速度方向与自旋方向符合左手螺旋法则,反中微子的速度方向与自旋方向符合右手螺旋法则. 如图3.9所示.

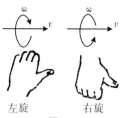

图3.9

3 猜想的萌发 假设的形成

中微子假设的提出,使得经典物理学的三条守恒定律突破重围. 一个小家伙可以挽救三条守恒定律,这实在太神奇了.

中微子的实验验证

在泡利提出中微子假设和费米提出 β 衰变理论以后几年里,人们测量了 β 衰变过程中形成的剩余原子核的反冲方向和速率,于是,关于中微子存在的进一步间接证据开始逐步地积累起来. 然而,中微子是一种难以捉摸的粒子. 由于它不带电,不会引起电离效应;它的静质量几乎为零,引力效应也极微弱,并且中微子大概又是稳定的粒子,因此也无法通过其衰变产物对它进行测量. 泡利自己也深知要验证它的直观存在是很难做到的. 据说,在泡利构想中微子假设的当天,他与著名天文学家巴德共进晚餐. 泡利很神气地说:"今天,我为理论物理学家们出了一大难题,我发现一种实验上永远无法检验的东西."巴德并不认为泡利的话是永远正确的,立即提议以两打香槟酒作为赌注,并认为这种难以捉摸的小家伙总有一天会被实验证实的.

当泡利提出中微子假设时,我国物理学家王淦昌正在德国柏林大学跟随女物理学家迈特纳(L. Meitner)做研究生. 他的课题就是关于 β 能谱的研究. 回国后,他继续关注着 β 衰变和中微子的检验. 1941 年初,34 岁的王淦昌经过深思熟虑后提出一个探测中微子的建议. 由于当时国难当头,不仅无法实验,甚至连其论文都无法在《中国物理学报》上刊出. 后来,于 1942 年 1 月发表在美国《物理评论》杂志上. 同年 6 月,美国物理学家艾伦(J. S. Allen)根据王淦昌的方法做了实验,证实了中微子的存在.

从 1953 年起,美国洛斯阿拉莫斯实验室的两位物理学家雷因斯(F. Reines)和柯恩(C. L. Cowan)领导的实验小组开始了艰难的探测工作. 他们依据的原理是中微子与质子的反应:

$$\nu + p \to e^+ + n.$$

如果能够探测到反应的产物(正电子和中子),并测出确切的中微子与质子的反应截面,就相当于直接验证了中微子的存在*.

实验的装置很复杂.他们用一个大型裂变反应堆作为中微子源,为了防止反应堆或宇宙射线中其他粒子的干扰,整个装置安装在铅屏蔽室内.在实验中应用了很精密的仪器,用于分析测试探测器中发生的反应(图3.10).他们经过3年多艰苦卓绝的努力,终于在1956年成功地捕获到了这个神秘的宇宙"幽灵".当年6月15日,雷因斯和柯恩把实验结果告诉泡利,泡利无比激动并当晚回了电报说:"获悉来电,深表感谢.知道如何等待的人,会等到每一事物."雷因斯也因这个发现荣获1995年度的诺贝尔物理学奖**.

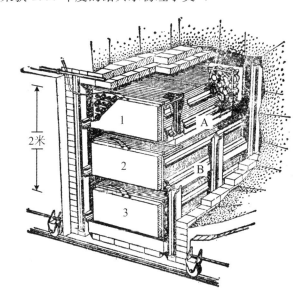

图3.10 中微子探测器

A、B为靶箱,1、2、3为闪烁探测器.

泡利根据演绎推理得到的假设被证实了.当然,他也信守诺言,

---

* 关于探测中微子实验的原理,可参阅2009年江苏省高考物理试题12-C.
** 由于柯恩已经去世,按照诺贝尔奖的规则,不再享受诺贝尔奖.

输给巴德两打香槟酒,也使在场的朋友们一饱口福.

再探中微子

β衰变的疑难解决了,但是中微子这个"中性小家伙"的行为却极为诡异. 我们知道,太阳内部时时刻刻都在进行着激烈的热核反应,在反应中产生大量的中微子向四周辐射,其中有一些就会来到地球. 为了捕获太阳中微子,1968年,美国物理学家戴维斯(R. Davis)等人在地下深1500 m处建造了一个大型中微子探测器,经过多年的实验,发现一个难以理解的现象——来自太阳的中微子只有理论预言的$\frac{1}{3}$. 这个"太阳中微子失踪之谜"又一次难倒了物理学家. 因此,从20世纪60年代起,许多物理学家一直为揭开这个中微子之谜而努力着.

后来,科学家发现中微子有三种类型*,它们在飞行过程中会互相变身,即从这一类中微子变成另一类中微子. 这个现象称为中微子振荡(图3.11). 1998年和2001年,日本科学家梶田隆章和加拿大科学家阿瑟·麦克唐纳(Arthur B. McDonald)分别通过实验终于确认了中微子的振荡(属于第一类、第二类中微子振荡)和中微子具有质量这个事实. 这是对中微子研究的一项极为重大的成果,他们也因此荣获2015年度的诺

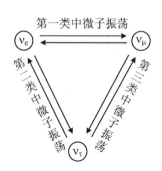

图3.11　中微子振荡的示意图

---

* 中微子的三种类型分别称为电子中微子、μ中微子和τ中微子. 电子中微子飞往地球时会摇身变为μ中微子. 戴维斯当年曾坚持探测30年,但由于那时的探测器只能探测电子中微子,难怪他从实验得到的结论认为到达地球的中微子比理论计算少了. 为了表彰戴维斯在中微子研究上的贡献,他和日本科学家小柴昌俊共同荣获2002年诺贝尔物理学奖.

贝尔物理学奖.我国科学家在中微子研究上也取得骄人的成绩,2012年3月,中国科学院高能物理研究所王贻芳院士在北京向全世界宣布:大亚湾中微子实验厅(图3.12)发现了第三类中微子振荡.这项重大成果被授予2016年国家自然科学一等奖.

图 3.12 大亚湾中微子实验厅

大亚湾中微子实验厅从2007年10月开始建设,2011年8月已开始取数.合作组由来自中国、美国、俄罗斯、捷克的38个研究机构的约270位研究人员组成.

中微子是通过演绎推理作出假设的一个典型事例.但是,由这个假设诞生的"中性小家伙"竟然会引发一连串的事件,这是泡利当年绝对没有想到的.如今,这个"中性小家伙"还有许多谜依然没有解开,正等待着后人继续去探索、研究.

3.4 经验公式法

根据已有的实验或观测数据,运用数学方法处理后,可以找出

(或凑出)经验公式. 前面说过的普朗克为了解决黑体辐射强度的实验值与理论值之间的矛盾,借用内插法得到的公式,就是属于"凑出来"的经验公式.

这种经验公式由于只是根据有限次数的实验或观测取得的,往往会带有很大的局限性. 但是,可以在此基础上做出进一步的猜想或假设,以便为更宽广的实验研究或观测试验,提供新的线索或探测方向. 关于氢光谱规律的巴尔末公式就是经验公式法的又一个典型成果.

氢光谱之谜

19 世纪末期,在对气体放电或火焰中的原子的光谱进行研究时,发现每种元素辐射的光谱都具有一系列分立的谱线,而且每条谱线的波长(或频率)都固定不变. 这种谱线能表征某种元素的特征,好像是人手上的指纹,具有特定的识别功能一样(图 3.13),所以又称之为这种元素的特征谱线.

图 3.13 不同的人指纹不同

例如,氢气放电管放电时用摄谱仪摄得氢原子在可见光区域和近紫外区域的特征谱线,如图 3.14 所示. 谱线的间隔和强度都朝短波方向递减,具有鲜明的阶梯形,一条接一条,非常有规律.

图 3.14 氢光谱

它在可见光区域的四条光谱线分别称为 H_α、H_β、H_γ、H_δ,其波长

和颜色如表 3.2 所示.

表 3.2　氢原子在可见光区域的四条光谱线

谱线名称	H_α(红色)	H_β(深绿色)	H_γ(青色)	H_δ(紫色)
波长 λ/nm	656.28	486.13	434.05	410.17

氢光谱这种有规律排列的原因,当时是一个谜. 因此,摆在物理学家面前的任务就是从中找出规律,进而对光谱的成因做出理论的解释.

巴尔末的发现

当时,有不少物理学家都致力于氢光谱的研究工作,但又往往习惯于用力学系统的方法处理,摆脱不了传统观念的束缚,因此一筹莫展.

让人们感到意外的是,在氢光谱规律的研究上首先打开突破口的不是物理学家,而是瑞士的一位中学教师巴尔末(J. J. Balmer). 他在贝塞尔大学的物理学教授哈根拜希的鼓励下,凭借自己对几何知识特有的素养,借助几何图形领悟到谱线波长趋于某一极限,并从氢光谱的谱线数据中找出一个公因子 $b = 3\,645.6 \times 10^{-10}$. 于是,他把可见光区域内四条光谱线的波长做了拼凑:

$$H_\alpha: 6\,562.8 \times 10^{-10}\text{ m} = 3\,645.6 \times 10^{-10} \times \frac{9}{5}\text{ m}$$

$$H_\beta: 4\,861.3 \times 10^{-10}\text{ m} = 3\,645.6 \times 10^{-10} \times \frac{4}{3}\text{ m}$$

$$H_\gamma: 4\,340.5 \times 10^{-10}\text{ m} = 3\,645.6 \times 10^{-10} \times \frac{25}{21}\text{ m}$$

$$H_\delta: 4\,101.7 \times 10^{-10}\text{ m} = 3\,645.6 \times 10^{-10} \times \frac{9}{8}\text{ m}$$

接着,他又仔细分析上面的分数,发现存在一种平方关系,可分别表示为

$$\frac{9}{5} = \frac{3^2}{3^2 - 4},\ \frac{4}{3} = \frac{4^2}{4^2 - 4},\ \frac{25}{21} = \frac{5^2}{5^2 - 4},\ \frac{9}{8} = \frac{6^2}{6^2 - 4},$$

这样一来,氢光谱在可见光区域内四条谱线的波长可依次表示为
$$\frac{3^2}{3^2-4}b,\frac{4^2}{4^2-4}b,\frac{5^2}{5^2-4}b,\frac{6^2}{6^2-4}b.$$
巴尔末把它们可统一归纳成一个经验公式,即氢光谱波长可表示为
$$\lambda=b\frac{m^2}{m^2-2^2},b=3\,645.6\times10^{-10}\text{ m}.$$

当 m 依次用 3,4,5,6 代入时即得 $H_\alpha,H_\beta,H_\gamma,H_\delta$ 四条谱线的波长. 它们与实验测定比较如表 3.3 所示.

表 3.3

公式计算值	实验测定值	差　　值
$H_\alpha=6\,562.08\times10^{-10}$ m	$6\,562.10\times10^{-10}$ m	$+0.02\times10^{-10}$ m
$H_\beta=4\,860.80\times10^{-10}$ m	$4\,860.74\times10^{-10}$ m	-0.06×10^{-10} m
$H_\gamma=4\,340.00\times10^{-10}$ m	$4\,340.10\times10^{-10}$ m	$+0.10\times10^{-10}$ m
$H_\delta=4\,101.30\times10^{-10}$ m	$4\,101.20\times10^{-10}$ m	$+0.10\times10^{-10}$ m

由此可见,巴尔末公式与实验测定值的偏差最大不超过四万分之一. 这个偏差很可能是观测误差所引起的. 可以说,巴尔末公式与实验已取得完全吻合的理想结果.

巴尔末公式是纯属经验性地凑合出来的结果,但它对原子光谱理论和量子物理的发展有很大的影响. 这个公式打开了光谱奥秘的大门,找到了译解原子密码的金钥匙. 后来,玻尔正是在巴尔末公式的启发下,创造性地提出两个假定,成功地解释了氢光谱的分布规律.

3.5　矛盾推理法

从观察和实验中发现的现象与原有理论产生了矛盾,由此作出猜想和假设的方法,称为矛盾推理法. 前面介绍的狭义相对论的两个

假设也可以看成是爱因斯坦从矛盾推理中得出的非凡结果. 从矛盾推理中获得假设的方法在科学研究中很常见, 下面我们可以从暗物质和暗能量的猜想中体会一下.

3.5.1 关于暗物质的猜想

双星中的问题

先研究一个问题：天文学家将相距较近、仅在彼此引力作用下运行的两颗恒星称为双星. 双星系统在银河系中很普遍, 据称银河系的恒星中大约有四分之一是双星. 假设某双星系统两颗星的质量均为 m, 相距为 L, 它们绕两者连线中点做匀速圆周运动, 试写出其周期的表达式.

这个问题并不困难. 由它们间的万有引力提供每颗星的向心力, 即

$$G\frac{m^2}{L^2}=m\frac{4\pi^2}{T^2}\cdot\frac{L}{2},$$

得周期为

$$T=\pi L\sqrt{\frac{2L}{Gm}}.$$

如果天文学家在观测中发现测量到的运动周期(T')远小于上面计算得到的数值(T), 也就是说, 这两颗星旋转得比计算值更快*. 那么, 你对此有什么想法呢?

天文学家面对这个测量结果和理论计算的矛盾, 通过推理很大胆地作出猜想：在这个双星系统的区域内, 可能存在着一种目前观察不到的物质(暗物质), 由于它对这两颗星产生附加的引力作用, 因此使这两颗星旋转得更快了. 作为一个简化模型, 可以认为这些暗物质

---

* 近几年高考中, 不时出现有关双星系统的问题, 有些结合着对暗物质的猜想等, 如 2008 年宁夏理综、2010 年全国 I 卷、2006 年天津卷等, 读者可以参阅加深体会.

3 猜想的萌发 假设的形成

均匀地分布在以这两颗星的连线为直径的球体内(图 3.15),它们对这两颗星的作用可以等效于将暗物质集中在中心时的作用.当然,也可以作这样的猜想:在这两颗星的连线中心存在着一个黑洞,由于黑洞产生的强大的引力作用加快了这两颗星的旋转.

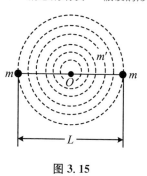

图 3.15

暗物质的猜想

对暗物质存在的猜想,确实也跟对球状星系旋转速度的观测有关.虽然早在 20 世纪 30 年代初,瑞士天文学家弗里兹·扎维奇已经指出过,星系团中有 99% 以上的物质是看不见的,不过当时并没有产生多大的影响.直到 1978 年科学家通过对大型星系团中的星系运动速度的测量,惊奇地发现这个速度竟然是根据其中恒星数量计算得到的值的 100 倍以上,由此推断其中一定存在着某种看不见的物质,才引起科学界的重视.

著名哲学家罗素说过:"科学是一种探究未知的行为,它所借助的工具是对事物的观察及其在观察基础上的推理."弗里兹·扎维奇对暗物质所作出的猜想可以说是实践与理论冲突的结果.可见,在实践与理论矛盾基础上的推理,往往也是提出猜想和假设的一个重要途径.

如今在天文学上,通过对双星系统的观测,确实也是探测、研究暗物质和黑洞的一个重要的手段. 2008 年,通过对 XTEJ 1650 - 500 双星系统的研究所发现的最小黑洞,曾被英国《新科学家》杂志列入该年度世界 8 项科学之最.

那么,什么是暗物质(dark matter)呢?我们知道,通常的物质除了存在引力相互作用外,还存在电磁相互作用.但是,在这种暗物质中却测不出任何电磁相互作用,只能从引力相互作用中去发现它们.所以,暗物质不同于通常的物质.而且,在宇宙中通常物质只占少数,暗物质却占着大多数.据科学家估计,暗物质在宇宙中占有很大的比例.虽然暗物质的概念从提出还只有几十年的时间,但现在可以说已经成为科学家的共识了,都认为它是宇宙的重要组成部分.

暗物质的探测

为了寻找暗物质,1995年,美国麻省理工学院的美籍华人物理学家丁肇中教授提出了建造探测仪器阿尔法磁谱仪的国际合作项目.经过几年的努力,投入达20亿美元,通过来自美、欧、亚三大洲16个国家和地区的56个研究机构(其中包括中科院电工研究所、高能物理所、山东大学、东南大学、中山大学等)的科学研究人员的共同努力,阿尔法磁谱仪终于在2011年5月16日(美国东部时间)上午搭乘"奋进"号航天飞机升空.这一项目是继人类基因组计划、国际空间站计划和强子对撞机计划之后的又一个大型国际科技合作项目.

阿尔法磁谱仪升空至今,已搜集了几百亿个宇宙射线数据,暗物质的特征绝大部分已得到确认,进一步显示了暗物质存在的可能性,

图3.16　阿尔法磁谱仪

阿尔法磁谱仪(简称AMS)重达7500 kg,体积有60 m^3.它是国际空间站上唯一的大型科学实验设备,也是唯一能在太空直接测量带电宇宙线特性的实验设备.从2011年5月19日9时35分起AMS开始收集数据,并在1 s内直接传输至日内瓦的控制中心.

从而将大大地改变我们对宇宙的认识.

对暗物质的探测,目前有三种途径.一是通过引力效应;二是根据理论指出的暗物质相互碰撞会产生过量正电子的原理,阿尔法磁谱仪正是通过探测正电子来寻找暗物质的;三是利用粒子对撞能直接产生暗物质的理论进行探测.

2006 年,美国天文学家利用钱德拉 X 射线望远镜对星系团 1E 0657-56 进行观测,无意间观测到星系碰撞的过程.由于星系团碰撞的威力极为巨大,使得暗物质与正常物质分开,从而发现了暗物质存在的直接证据.我国首个极深地下实验室——四川锦屏地下实验室已于 2010 年 12 月 12 日开始投入使用,其中的一项工作就是开展对暗物质的探测.

但是,暗物质究竟是什么东西?或者说,它是由什么东西组成的?虽然世界上许多国家的科学家通过各种各样的实验——在地下深处、在宇宙线中、在太空深处等——进行探索,至今还是一头雾水!

著名的华裔美籍物理学家李政道教授在一次讲话中,把对暗物质的研究跟对称与破缺、看不见的夸克、巨能的类星体等一起作为当代科学界存在的四大难题.也许,解决四大难题的人就在阅读本书的年轻人中间!

3.5.2 关于暗能量的猜想

对宇宙认识的演变

早在人类文明发源之初,人们就对广袤深邃的星空产生了浓厚的兴趣,形成各种各样的宇宙构想.从科学的意义上说,人们对宇宙的认识大致经历了如下的演变发展过程:

```
┌─────────────┐   ┌─────────────┐   ┌─────────────┐
│托勒密-哥白尼时代│ → │  牛顿时代   │ → │ 爱因斯坦时代 │
│ 有限有边模型 │   │ 无限无边模型 │   │ 有限无边模型 │
└─────────────┘   └─────────────┘   └─────────────┘
```

在 2000 多年前的亚里士多德、托勒密时代，人们只能凭肉眼观察星空，视界非常有限，很自然地认为宇宙是有限的．托勒密构想的"地心说"，认为宇宙是以地球为中心的一系列同心球体系，最外层是恒星天，它们就是宇宙的边界．到了 16 世纪初哥白尼时代，虽然形成了"太阳中心说"，但在宇宙的结构上仍然认为是一个有限有边的模型．

牛顿建立了包括万有引力在内的完整的经典力学体系．同时，由于望远镜的发明和逐渐完善，至 17 世纪末到 18 世纪初，英国天文学家赫歇尔把人们的视界伸展到银河系，人们认识的空间范围大大扩展了，宇宙结构的模型也有了变化．根据牛顿的万有引力理论，任何物体都是相互吸引的，有限的物质均匀分布在一定的空间是不可能稳定的，它们将会在引力的作用下逐渐聚集在整个宇宙的中心，形成一个球体，并最终在引力作用下"坍缩"．所以，根据牛顿力学体系构想的宇宙必须是无限的，也没有边界的．

不过，牛顿的无限无边的静态宇宙模型也带来许多困难．例如，1826 年德国业余天文学家奥伯斯医生提出的"夜黑"问题就难以圆满解释．因为如果认为宇宙是无限的，其中充满着无数个由恒星组成的星系，这些恒星都分布在我们的周围，它们虽然离开地球很远，单个恒星照射的光很弱，但无数恒星的光合起来应该非常明亮[*]．这样，夜晚的天空至少要比一个太阳照耀时亮得多，于是在地球上就不会

---

[*] 若平均光度为 L 的恒星均匀分布在无限静态宇宙中，则在地球上观测到的总亮度为
$$L_{总} = \int_0^\infty n\left(\frac{L}{4\pi r^2}\right)4\pi r^2 \mathrm{d}r = nL\int_0^\infty \mathrm{d}r = \infty.$$
关于奥伯斯佯谬，可参阅《20 世纪物理学概观》（教育部师范教育司组织编写，上海科技教育出版社，1999 年版）第 185 页．

产生"夜黑"了.可是,它与客观事实之间存在着明显的矛盾.这个"夜黑"问题又称为奥伯斯佯谬,已经难倒了牛顿的宇宙模型.

那么,如何解决牛顿宇宙观的困难呢?爱因斯坦创立广义相对论后,在1917年发表了第一篇宇宙学论文《根据广义相对论对宇宙学所作的考察》.爱因斯坦把引力归结为"时空弯曲"——物质周围的引力场越强,那里的时空弯曲得越厉害.他在这篇文章中分析了牛顿无限宇宙的矛盾,根据广义相对论的理论提出了一个"有限无边"的静态宇宙模型.

广义相对论指出,宇宙空间的几何结构或几何性质取决于物质的运动和分布.物质怎样分布,空间就怎样弯曲,因此不能先验性地假定宇宙空间一定是一个三维无限的欧几里得空间.例如,假定物质的某种分布恰好使空间弯曲成一个球的话,那么在这个"球体宇宙"中,如果你开始时一直往西走,顺着空间的弯曲将会不知不觉地拐弯,最后你从东边回来,又走回到出发点.显然,这个"球体宇宙"的体积是有限的,但这个"球体宇宙"的空间是没有边界的.

这就是说,爱因斯坦宇宙模式里的"有限"是指空间体积有限,"无边界"是指这个三维空间并不是另一个更大空间的一部分,它已包括了空间全部,或者说,它就是整个空间.爱因斯坦把对宇宙结构的研究转化为一个引力场的问题,具有非常重要的意义,并由此开创了相对论宇宙学的研究领域.

宇宙减速膨胀还是加速膨胀

托勒密、牛顿、爱因斯坦,他们所提出的宇宙模型都是静态的,这是完全符合当时的科学观测的模型.这个静态的宇宙模型直到20世纪20年代河外星系红移现象的发现才开始动摇.后来,随着哈勃定律的确立和宇宙大爆炸假设为人们所普遍接受,原来的静态宇宙模

型最终被人们彻底放弃,一个新的动态宇宙模型建立起来了*.

科学常常会与人开玩笑,大科学家有时也会被搞得啼笑皆非. 当初爱因斯坦根据广义相对论从全新的角度研究宇宙时,从引力场方程得到的是一个动态宇宙的解. 可是由于当时对动态的宇宙结构没有任何事实基础,爱因斯坦很谨慎地不敢走远,硬是煞费苦心地修改了他的广义相对论引力场方程,完全人为地给它外加了一个宇宙项(称为宇宙学常数),利用它所产生的等效斥力凑出一个静态宇宙模型. 当红移现象发现后,爱因斯坦后悔不已 —— 宇宙膨胀本应该是广义相对论引力场方程的一个自然结果,可惜爱因斯坦竟然自己给放弃了. 许多年后说起这件事,爱因斯坦称这是他"一生中最大的一件错事".

动态宇宙模型提出后,天文学家纷纷进行各种探索. 按照宇宙大爆炸理论,在大爆炸发生之后,随着时间的推移,宇宙的膨胀速度将因为物质之间的引力作用而逐渐减慢. 可是,天文测量的结果却发生了戏剧性的一幕 ——20 世纪末,美国加州大学的萨尔·波尔马特(Saul Perlmutter)和澳大利亚国立大学的布莱恩·施密特(Brian Schmidt)分别领导两个小组,通过对超新星的观测发现,那些遥远星系正在以越来越大的速度远离地球. 这也就是说,宇宙是在加速膨胀的. 这个发现完全颠覆了人们的认识,被《科学》杂志评为当年科学上的突破性进展,震撼了科学界. 2011 年,他们也当之无愧地荣获了该年度的诺贝尔物理学奖.

神秘的暗能量

显然,宇宙在加速膨胀这个结果与原有理论得出的宇宙应该减速膨胀的结论发生了严重的矛盾. 那么,如何解释这个矛盾呢?或者说,从中又可以推理出一个什么样的假设呢?

---

* 参见本书 1.7 节宇宙大爆炸的假设.

3 猜想的萌发 假设的形成

我们知道,要求物体加速运动,必须施加外力,更确切说必须给它输入能量.那么,到底是一种什么样的神秘力量(能量),能够驱使所有的星系或者其他物质加速远离我们呢? 至今人类还无法发现这种神秘的力量(能量).于是,聪明的科学家们把这种与引力作用方向相反的神秘力量(能量)称为"暗能量".这种"暗能量"就是使宇宙加速膨胀的推手,在它的推动下星系天体快速膨胀退行.

关于"暗能量"的性质,目前的认识还很肤浅.与暗物质相比较,暗能量似乎更为奇特,它只有物质的作用效应而不具备物质的基本特征.虽然从理论上说它应该确实存在,并且占据着宇宙组成的绝大部分(图 3.17),但它却不能被人们所感觉,也不能被现在的各种仪器所观测到,因此科学家们还无法在实验室中验证暗能量的存在.目前仍然只能通过天文观测间接地了解它的奥秘.

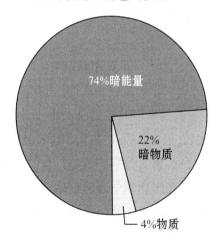

图 3.17 宇宙中的暗能量

标准宇宙模型预言宇宙中仅约 4% 是可以看见的普通物质,绝大部分物质是看不见的.

如今,几乎没有人否认"暗能量"的存在.有些科学家在探索过程中,不禁又想起当年爱因斯坦为得到静态宇宙而引入的"宇宙学常数"(图 3.18). 如果把这个宇宙学常数赋以某种能量形式,恰好就可以产生推动宇宙加速膨胀所需要的作用. 难道爱因斯坦自认为的"一生中最大的一件错事",竟然是他又一个伟大的预言？人们正拭目以待新的发现和理论的验证.

图 3.18 爱因斯坦和宇宙学常数

1998 年 12 月的《科学》杂志封面,爱因斯坦正注视着他的宇宙学常数.

21 世纪之初,美国国家研究委员会发布一份研究报告,列出了 11 个重大的科学问题. 报告认为,暗物质和暗能量应该是未来几十年天文学研究的重中之重,将其分别列为第一位、第二位的重大问题. 诺贝尔物理学奖得主、美国物理学家温伯格曾明确表示,"如果不解决暗能量这个'路障',我们就无法全面理解基础物理学". 著名华裔物理学家、诺贝尔物理学奖得主李政道也断言,暗能量将是 21 世纪物理学面临的最大挑战.

暗物质和暗能量,它们分别是物理学家从天体引力的矛盾和宇宙膨胀的矛盾中引出的两个假设. 它们对于整个宇宙学乃至物理学而言都不啻是一场革命. 本书的读者有兴趣研究的话,将来也许就能成为这场伟大革命的一个旗手！

3.6 直觉思维法

所谓直觉,或者称为灵感,就是偶尔在头脑中闪过的对问题的某种特别具有独创性的设想*. 它往往是人们对某个问题研究已久,绞尽脑汁,冥思苦想不得其解,正当处于"山重水复疑无路"的困境中时,突然因某种刺激而引起联想,得到启发,茅塞顿开,发现端倪或使问题迅速得到解决,呈现"柳暗花明又一村"的景象.

灵感的突然激发,在文学艺术上有许多脍炙人口的例子. 传说宋代著名文人秦少游结婚时,新娘苏小妹(大文学家苏东坡之妹)出了一个上联"闭门推出窗前月",一时难倒了新郎. 秦少游在庭院里来回踱步低头沉思. 苏东坡见状,从地上拾起一颗小石子丢入庭院里的水池中,秦少游立即受到启发,吟出了千古传诵的绝对"投石冲开水底天".

在物理学上也不乏这种例子. 常常被人津津乐道的阿基米德巧称金王冠就是生动的一例.

智测体积

据传说,叙拉古希罗王(King Hiero,前269年—前216年在位)在锡拉丘兹称王以后,为了标榜自己的功绩,决定在一座圣庙内安放一顶金王冠. 金匠根据国王的命令,按时做好一顶精美的王冠. 但有人告发,说金匠贪污了部分金子,掺进了等重的白银或铜. 希罗王感到自己受了骗,是奇耻大辱,但又苦于没有办法查出来,于是就请阿基米德(Archimedes)想办法. 阿基米德虽然苦思冥想,但也没有想出一个好办法来,困难在于难以测出金冠的体积. 一天,阿基米德去洗澡,由于澡盆的水放得太满,他一进澡盆水就溢出. 他发现身体浸

---

* 关于直觉思维较详细的介绍,请参阅本丛书《形象·抽象·直觉》一册.

入水中越多,溢出的水也越多,并且感到水对他身体的托力也越大.他好像发现什么秘密似的,把身子在澡盆里沉下浮起,浮起沉下. 这顿时使他领悟到:一个不规则形状的物体的体积可用它排开的水的体积来测定. 想到这里他竟然忘记了自己是赤身,高兴地跳了起来,冲出浴室,跑上街去,边跑边喊:"攸勒加! 攸勒加!"意思是"我想出来了! 我想出来了!"

阿基米德用排水法巧妙地测出了金王冠的体积,再根据它的重量,终于证实了金匠确实在王冠中掺入了白银. 并在这基础上进一步进行实验研究,发现了以他的名字命名的浮力定律.

杨振宁说:"'灵感'当然不是凭空而来,往往是经过一番苦思冥想后而出现的'顿悟'现象."阿基米德洗澡时的"灵感"正是在他经过了较长时间思考后才会突然迸发出来.

直觉对科学研究极为有用,许多猜想和假设就是在直觉思维支配下,"灵机一动"提出来的*.

上面结合物理学史上的实例介绍了提出猜想与假设的一般方法,但并不能包罗万象. 譬如,对称推理,也是提出猜想与假设的一种极为有效的方法(详见本丛书《对称》一册). 此外,还有因果思维法、分类比较法,等等. 其实,所有这些方法都是不能绝对区分的,其间也没有不可逾越的鸿沟,而是互相渗透、互相影响的. 例如,天体引力的平方反比假设,既包含着与磁力的类比因素和科学家的直觉成分,又有通过向心力公式和开普勒定律演绎推理的因素. 应该知道,在探索科学真理的道路上从来不会有刻板的、统一的模式.

---

* 请参阅本丛书《形象·抽象·直觉》一册.

4 实践是检验和发展猜想与假设的唯一途径

猜想与假设,作为人们的认识接近客观真理的一种方法.一方面,它常常以现有的(或正在创新的)知识作为基础,绝不是一种任意的胡思乱想;另一方面,由于所猜想或假设的基本观念的真实性尚未判定,属于一种有胆识的猜测性(或探索性)的见解.因此,任何一个假设的真理性都不依赖于人们主观的愿望,必须经过实验的检验.美国著名物理学家费曼这样说过:"不论你的想法有多美,不论你多么聪明,更不论你名气有多大,只要与实验不符便是错了.简简单单,这就是科学."

一个假设提出或形成之后,接着便是设计实验.如果得到验证,并且是可重复的实验的验证,这个假设的科学地位就得到确认.所以,科学真理的形成所经历的几个阶段大致可这样表示:

事实或理论背景 → 提出假设 → 实验验证 → 科学理论.

当然,由于人们的认识及实验条件的局限性,实验验证也只是从一定的方面,在一定的确切程度上对假设的真理性所做的检验.为了保证物理理论的纯洁性,物理假设的验证往往不是一次完成的,要不断地接受历史的考验.

下面,我们通过一些假设的实验验证,进一步体会一下从假设到形成理论的历程.

4.1 伽利略的斜面实验

伽利略提出"落体做匀加速运动"的猜测后,就着手考虑实验验证.由于物体下落的速度太快,不易观测,他就设法"冲淡重力"——利用物体沿斜面下降的现象进行研究.他详细地描述了著名的斜面实验:

实验装置

"取一块长约12库比特,宽约半库比特,厚3指的木板,在上面刻一条一指多一点宽的直而光滑的槽,槽内用羊皮纸贴衬,也尽可能弄得光滑.再准备一个硬的、光滑而且非常圆的黄铜球.将木板的一端抬起1或2库比特,使之倾斜,然后使黄铜球沿整个长槽下滚,同时测出下滚的时间."

这里时间的测量是一个很困难的问题,伽利略巧妙地用了一台简陋的"水钟",犹如我国古代计时用的铜壶滴漏.他写道:"为了测定时间,我用了一个大的水桶,并把它架在高处,在桶底安一个小管使有一细小水流从中流出,在每次铜球滚下的时间内都用一个小杯子接下流出的水,然后用一个非常精确的秤称出杯内水的重量,各次水的重量的差别或倍数就给出了各次铜球滚下所用时间的差别或倍数."后人艺术性地再现了伽利略的实验装置,如图4.1所示.

实验结果

伽利略通过反复实验发现,在同一倾角下,铜球只滚下整个槽长的1/4测得的时间都是滚下整个槽长所用时间的一半.改变铜球滚下的距离,如为整个槽长的1/2,2/3,3/4,…或其他分数,再将铜球下滚的时间和滚下整个槽长的时间相比较,发现铜球滚下的距离总是与时间的平方成正比,即

$$\frac{s_1}{t_1^2}=\frac{s_2}{t_2^2}=\frac{s_3}{t_3^2}=\cdots=常数,$$

4 实践是检验和发展猜想与假设的唯一途径

或者写成

$$s \propto t^2.$$

图 4.1 描述伽利略斜面实验的绘画

同时发现,如果铜球通过槽长的距离成 1∶3∶5∶7⋯ 的连续奇数比,那么通过相应各段的时间都相同. 或者说成,铜球沿斜槽由静止滚下时,在连续各相等的时间间隔内通过的距离之比等于从 1 开始的连续奇数比. 现在课本中常表示为

$$s_{\rm I} : s_{\rm II} : s_{\rm III} : \cdots = 1 : 3 : 5 : \cdots$$

接着伽利略又改变斜面的倾角,发现距离与时间平方成正比的关系仍然成立,仅是比例常数 $\dfrac{s}{t^2}$ 的数值发生了变化:斜面倾角逐渐增大时,比例常数的数值也逐渐增大.

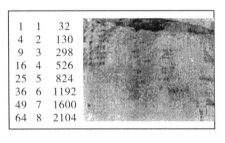

图 4.2 伽利略斜面实验数据手稿 *

图 4.2 所示的是伽利略在 1604 年做实验时的一页手稿照片,照片左侧的三列数据中第二列是时间,第三列是物体沿斜面运动的距

---

* 伽利略的这个实验,也可参阅 2013 年全国高考新课标 Ⅰ 卷和 2008 年上海高考题.

离,第一列是伽利略在分析实验数据时添加的.

根据表中的数据,伽利略得出了物体运动的距离与时间的平方成正比的结论.

伽利略在验证了不同倾角时 $s \propto t^2$ 的关系后,用外推法做出判断:当倾角 $\alpha = 90°$,物体竖直下落时,这个关系也应成立,并且此时 $\frac{s}{t^2}$ 的值最大.由此他导出了自由落体定律:

下落的物体不论其轻重如何,从相同高度落下时,下落的时间均相等.

这样,伽利略就彻底否定了亚里士多德关于轻重不同的物体以不同速度下落的说法,成功地验证了他所做出的猜想.

实验的意义

伽利略斜面实验的成功,不仅导出了落体定律和惯性定律,更重要的是使物理学有了一个良好的开端. 在文艺复兴以前,整个自然科学(包括物理学)和哲学融为一体,使自然科学的研究受着经院哲学的巨大影响,被涂上了迷信和清谈的色彩. 尽管中世纪的实验科学先声培根(F. Bacon)曾谆谆告诫:"证明前人说法的唯一方法只有观察和实验,实验科学胜过各种依靠论证的科学."但是,人们对自然科学的研究仍然习惯于仅通过观察、思考和空洞的辩论,很少有目的地进行实验. 伽利略开创了实验和科学推理之先风,爱因斯坦对此给予了高度评价:"伽利略的发现以及他所用的科学推理方法,是人类思想史上最伟大的成就之一,而且标志着物理学的真正开端."

4.2 万有引力定律的验证

"许多自然科学的理论之所以被称为真理,不但在于自然科学家们创立这些学说的时候,而且在于为尔后的科学实践所证实的时候."牛顿

4 实践是检验和发展猜想与假设的唯一途径

证明了当行星沿椭圆轨道运动时,太阳对行星的引力符合"平方反比"规律,并得出万有引力定律,这在开始时也只能是一个假设,也是在其后一百多年间,由于不断被科学实践所证实,才逐渐得到普遍承认的.

对于万有引力定律最有力的实验验证有以下四方面.

4.2.1 地球形状的预测

对地球形状的揣测

我们生话的世界是什么形状的? 自古以来人们对此就很感兴趣. 汉代著名的天文学家张衡对浑天说有一段著名的话:"浑天如鸡子. 天体圆如弹丸,地如鸡子中黄,孤居于内,天大而地小. 天表里有水,天之包地,犹壳之裹黄……" 意思是说,宇宙好像一个鸡蛋,它呈圆球形如弹子,地球就如其中的蛋黄,孤零零地在宇宙中间,天比

图 4.3　浑天说

地大,天里面有水,天包围着地,就好像蛋壳包裹着里面的蛋黄一样. 表明浑天学家已有地如球形的观念. 西方哲学家认为宇宙万物中以圆(球)形最完美,所以地球也应当是一个圆球形. 16 世纪初麦哲伦(F. de Magellan)率船队费时三年环球航行成功,足以证明地球为一球体. 那么地球是不是一个半径处处相同的圆球体呢? 在无法从地球外(如人造卫星上)观看地球的全貌和没有在地面上进行实际测量时,只能借助某些现象做一些推测.

橘子与柠檬之争

天文观测指出,地球有一种特有的天文现象——岁差. 这就是说,地球沿公转轨道运动时两次经过春分点的时间(365 日 5 时 48 分 46 秒,称回归年)与地球公转 360° 所需要的时间(365 日 6 时 9 分 9

秒,称恒星年)相差20分23秒(图4.4). 这种现象由我国晋代天文学家虞喜在公元330年前后首先发现. 牛顿在用万有引力定律解释"岁差"现象时,大胆推测,由于地球绕轴的自转运动,赤道部分的物质应该向外隆起,使地球成为两极稍扁的扁球体. 犹如一个绕轴自转的弹性圆环会形成椭圆状一样(图4.5). 1671年,法国人里切尔(J. Richer)到赤道附近的卡因岛做天文观测时,发现从巴黎带去的摆钟变慢. 牛顿认为,这是由于赤道处引力场变小,正可作为地球赤道处的半径大于两极半径、地球呈扁球状的一个证据.

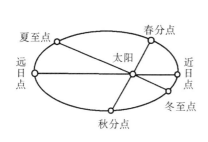

图 4.4　地球的公转轨道

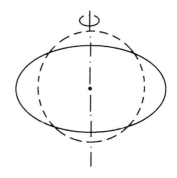

图 4.5　旋转的圆环形成椭圆状

牛顿通过引力理论计算后断定,由于地球赤道隆起部分将使地球有一部分接近太阳和月亮,另有一部分远离太阳和月亮,它们受到的引力作用不同,使太阳和月亮的引力作用不通过地球中心,从而使地球的轴做一种缓慢的圆锥运动,才造成二分点的岁差现象. 牛顿还近似地估算出,地球的扁率为 $1/230^*$.

如果地球并不如牛顿所说的是一个扁球体,则岁差现象来源于

＊ 扁率:是描述地球形状的一个参数. 研究地球形状时,常先确定一个和它最逼近的旋转椭球体(扁球体). 这个扁球体的半长轴(a)与半短轴(b)之差与半长轴的比值 $e = \dfrac{a-b}{a}$,称为扁率.

4 实践是检验和发展猜想与假设的唯一途径

引力的判断就不正确. 因此,地球是否为两极稍扁的扁球体,就成为检验万有引力定律正确与否的一块试金石. 与牛顿的结论相反,笛卡儿根据旋涡假设做出的预言,地球应该是两极伸长的长球体.

如果把牛顿预言的地球形状比喻为一个橘子的话,那么笛卡儿预言的地球形状就像个柠檬. 这里的孰是孰非曾争论了几十年,只能由实际的大地测量做出裁决.

测量的裁决

1735 年,法国科学院派出两个测量远征队,分赴赤道地区的秘鲁(纬度 $\varphi=-2°$)和高纬度处的拉普兰德($\varphi=66°$),1744 年测得两地 1° 纬度之长:赤道处是 110 600 m,两极处是 111 900 m,两者相差约 1 500 m. 1810 年,又测得法国附近纬度 1° 的长度和地球扁率为 $\dfrac{1}{334}$.

经过大地测量,基本证实了牛顿的推测和引力理论的计算. 从此,地球为两极扁平、赤道隆起的扁球状才为人们所普遍接受,牛顿的万有引力定律胜利地经受住了一次考验*.

4.2.2 哈雷彗星的预报

牛顿的引力理论刚提出时,几乎无人问津,连剑桥大学也不讲牛顿的理论. 牛顿的理论被人们所接受要归功于哈雷.

哈雷的预言

哈雷是英国的天文学家,他重点研究彗星. 当时人们视这种"有头有尾有发"的彗星为上天的凶兆(图 4.6)**. 我国古代也流传所谓

---

* 1967 年世界大地测量协会会议确定以卫星资料推算的地球参数是:赤道半径长 6 378.160 km,扁率 $\dfrac{1}{298.25}$. 后来,通过卫星资料的进一步研究结果表明,地球的形状在一个扁的椭球体上略呈"梨形",北极部分高出球面约 10 m,南极部分陷下去约 20 m.

** 彗星通常分为"彗头"和"彗尾"两大部分. 彗头中密集明亮部分叫"彗核". 包围着彗核的外层云雾状部分称"彗发".

"扫帚星"的出现为不祥之兆的说法. 1682 年出现大彗星时,哈雷发现它与 1607 年、1531 年出现的大彗星的轨道基本重合,于是他大胆断言,这三次出现的彗星实际上是同一颗彗星. 接着,他根据万有引力计算出这颗彗星的椭圆轨道,算出它的周期是 76 年,并预言它将在 1758 年再次光临地球. 哈雷本人虽然没有希望目睹未来的盛况,但他希望那时的天文学家不要失去这次宝贵的观测机会. 后来,法国数学家克雷洛(A. C. Clairault)于 1743 年计算了遥远的木星和土星对这颗彗星引力作用的影响后指出,这颗彗星将推迟至 1759 年 4 月中旬才能到达近日点.

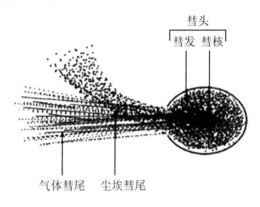

图 4.6 彗星的形状和基本结构

显然,预报彗星的回归又一次成为对牛顿引力理论的严峻考验.

彗星终于按时回归

到了 1758 年底,天文观测仍不见有这颗彗星访问地球的信息. 有的天文学家动摇了对哈雷的信任,并对牛顿引力理论的正确性表示了怀疑. 但不久,哈雷最初的预言和克雷洛更精密的推算终于被证实了. 德国的一个名叫约翰帕尼茨的农民、业余的天文观察者在 1758 年圣诞之夜看到了这颗彗星,成为天文学史上根据预测的回归时间发现周期彗星的第一个人. 翌年 3 月 13 日——与预算日期仅差一个月,这颗彗星通过近日点,光耀夺目. 1759 年 5 月 15 日,哈雷彗

4 实践是检验和发展猜想与假设的唯一途径

星向世人展现出美丽的彗尾. 它成为第一颗被人类确认的周期性彗星,被称为哈雷彗星.

哈雷彗星的按时回归,成为当时破天荒的奇观,人们难以想象,神出鬼没的彗星居然也有稳定的轨道(图 4.7),而且还能被预测到. 仅此一点,就可说是思想史上的一次革命了. 从此学术界也终于在事实面前接受了牛顿的万有引力理论.

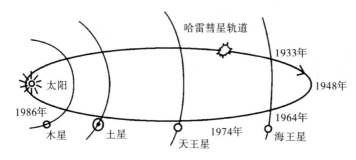

图 4.7 哈雷彗星的轨道

哈雷彗星自那次历史性的回归以来,1835 年、1910 年又出现过*. 最近的一次哈雷回归是1986 年,作者有幸也目睹了这颗著名彗星的动人风采.

4.2.3 万有引力常数的测定

在牛顿提出引力理论 100 多年后,英国物理学家卡文迪许(H. Cavendish) 于 1798 年首次通过地面上的实验为牛顿引力理论提供了直接的证明,完成了万有引力常数的实验测定.

> **牛顿的设想**

牛顿提出了万有引力定律后,曾经设想过两种测定引力常数的方法:第一个方法是在大山旁悬挂的铅垂线下系一个重球,测定它由

---

* 我们的祖先对这颗彗星有着世界上最早和最完整的记录:公元前 611 年记录到第 1 次;公元 1759 年记录到第 29 次. 可惜没有从理论上进行推算.

于受到大山的吸引而使铅垂线发生偏斜的角度,以此来测定山的质量和地球质量的比值,从而计算出引力常数. 第二个方法是直接测定两个不大的物体间的引力. 由于当时仪器的精密度不高加上一般物体间引力的微小,牛顿及同时代许多科学家的探索都没有成功.

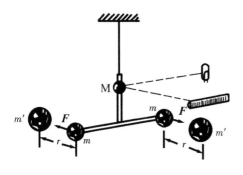

图 4.8 卡文迪许扭秤实验

巧妙的扭秤

直到 1798 年,卡文迪许巧妙地采用了扭秤方法,才完成了万有引力常数的实验测定. 他的实验装置如图 4.8 所示.

实验装置的主要部分是一个长 6 英尺(1 英尺 = 0.3048 米)的 T 形架,倒悬在石英丝下端. T 形架水平部分两端各装一个直径约 2 英寸的质量为 m 的铅球,旁边等距离放上两个质量是 m' 的大球. 由于 m 受到 m' 的吸引,石英丝扭转. 当引力对 T 形架的扭转力矩跟石英丝形变产生的扭转力矩相平衡时,T 形架静止不动. 石英丝的扭转角度可从小平面镜 M 的反射光在标尺上移动的距离求出. 再根据预先测得的石英丝扭转力矩跟扭转角度的关系,就可算出 m' 对 m 的扭转力矩,进而算出 m' 对 m 的引力,确定引力常数.

卡文迪许的实验仪器极其灵敏,测得的引力常数是 6.754×10^{-11} N·m^2/kg^2,现在的公认值取作 $G = 6.67 \times 10^{-11}$ N·m^2/kg^2. 引力常数的测得无疑是对牛顿引力理论的一大直接证明.

4.2.4 海王星的发现*

海王星的发现是牛顿万有引力理论的一个辉煌成就.

---

* 有关海王星发现较详细的阐述参阅本丛书《模型》一书.

4 实践是检验和发展猜想与假设的唯一途径

天王星出轨之谜

1781年英国天文学家赫歇尔(J. Herschel)发现了天王星,这颗行星曾经被认为是太阳系的最后一个成员. 后来,人们发现天王星的实际运动轨道总与理论计算轨道不一致,于是,又有一些人对万有引力产生了怀疑. 因此,解释天王星出轨的原因成了对牛顿万有引力理论的一次关键性的考验.

1843年至1845年间,英国青年亚当斯(J. C. Adams)和法国青年勒维烈(U. J. J. Leverier)各自独立地根据牛顿引力理论和运动定律进行了复杂而困难的计算,预言天王星外有一颗未知行星. 接着,德国柏林天文台的伽勒(J. G. Galle)根据勒维烈指示的方位,发现了海王星,从而使万有引力理论威名大振,即使是那些最顽固的保守派也不得不在事实面前信服了.

恩格斯的评价

恩格斯对这一发现做出了高度的评价:"哥白尼的太阳系学说有三百年之久,一直是一种假设. 这个假设尽管有百分之九十九、百分之九十九点九、百分之九十九点九九的可靠性,但毕竟是一种假设. 而当勒维烈从这个太阳系学说所提供的数据,不仅推算出一定还存在一个尚未知道的行星,而且还推算出这个行星在太空中的位置的时候,当后来伽勒确实发现了这个新行星的时候,哥白尼的学说就被证实了."

 4.3 伦福德实验与焦耳热功当量的测定

热质真像一个幽灵,它"是物质而没有质量". 这确实是很不可思议的! 究竟物体中是否含有这种"热质"呢? 18世纪末的伦福德和戴维实验向这个幽灵发起了挑战.

伦福德实验

1798年英裔物理学家伦福德(C. Rumford)*在慕尼黑兵工厂视察炮筒钻孔时,发现炮筒变得非常热,特别是当钻头变钝的时候更明显.这种情况用热质说无法解释.因为热质说认为摩擦生热是两个物体的"潜热"被挤压出来、物质比热变小的结果.切削下来的碎屑越多,放出的潜热应该越多.按此推理,钻头锋利的时候切削下来的碎屑多,应该比钻头变钝时放出的热量多,但伦福德的观察结果恰好相反.

伦福德还进行了试验.他把炮筒固定在水里,用几匹马带动一个很钝的钻头,使钻头在炮筒内转动钻孔.结果发现,这个钝钻头经过 2 h 45 min 切削下来的铁屑只有 50 g 左右,仅相当于炮筒质量的千分之一,然而却可使18磅(1磅=0.3732 kg)水由 0 ℃ 上升到沸点.这么一小部分铁屑竟能放出那么多的潜热,使人难以理解.伦福德在发表该实验报告时说:"在看到这么大量的凉水($18\frac{3}{4}$磅)在没有任何火加热的情况下被加热并实际上沸腾起来,那些旁观者的面目上表现出来的惊讶诧异是难以形容的……而我也坦率承认,它使我感到孩童般的喜悦……"

这些热究竟是哪里来的呢?后来,伦福德又设计了一系列钻孔的实验.他设法将仪器与外界绝热,然后测量钻孔前后金属的比热.实验结果表明,金属炮筒的比热和切削出来的碎屑的比热完全一样,并没有变化,与热质说产生了严重的矛盾.

伦福德在笔记中写道:"在这些实验中被激发出来的热,除了把它看做是运动以外,似乎很难把它看做其他任何东西."

伦福德还在实验中发现,只要钻头不停地转动,热可以不断地产

---

* 伦福德原名本·汤姆孙(B. Thompson),因"伦福德"伯爵而得此名.

生,像是无穷无尽的.对此,热质说也无法解释.伦福德又写道:"任何与外界隔热的一个物体或一组物体所能无限地连续供给出某种东西,那么这种东西不可能是一种具体的东西;任何东西如果它能够像热在这些实验中那样被激发并传递,那么除非它就是运动……"伦福德的这段话已否认了热质的存在,充分支持了热是运动的观点.

然而,持热质说观点的人仍然站在自己的立场上,对伦福德用"钝钻头实验"揭示的事实又用"热质从外面跑进来了"去解释.

戴维实验

1799年,英国化学家戴维(H. Davy)做了一个极精彩的实验:利用钟摆装置使放在真空中的金属轮子和盘子间发生摩擦,在周围温度0 ℃以下的情况下,盘上事先涂上的蜡却熔化了.他又在温度是0 ℃的露天用两块冰互相摩擦,结果冰也被融化成水.因为水的比热比冰高,这里"热质守恒"就完全被破坏了.由此,戴维断言,热质是不存在的.他认为冰的融化是"摩擦引起了物质微粒的振动,这种振动就是热".

这两个实验,已都能证明热的唯动说假设的正确性,但由于这两个实验还比较粗糙,当时还无法确定机械运动转化为热运动的定量关系,所以还不足击破人们头脑中根深蒂固的热质说的观念,以致当伦福德宣布其实验结果时,人们嗤之以鼻,认为违反了常理.但伦福德坚信着热质说是错误的,1804年他在给日内瓦的朋友的信中说道:"我相信,我将活到足够长的时间,直到高兴地看到热质与燃素一起埋葬在同一个坟墓之中."可惜他的愿望没能实现,热质说又顽抗了半个多世纪.

热功当量的测定

使热质说受到致命打击,把它送进坟墓的是焦耳和迈尔等人的工作,尤其是他们对热功当量的测定.

迈尔(J. R. Von. Mayer)是一位德国医生,他首先比较具体地研究热和功的联系,从1840年起连续发表几篇探讨热的来源的文章,最早提出热功当量的概念,并得出"物体从365 m高的地方落下相当于把等重的水温度升高1 ℃"的关系. 但他由于工作繁忙,未能进一步沿着这条思路继续进行实验研究.

完成精确测定热功当量工作的是英国物理学家焦耳(J. P. Joule). 他从1840年起到1878年的近40年时间里,进行了400多次各种不同的实验,先后采用了从磁电机产生的电流通入导体以产生热量;比较压缩一定量的空气所需的功与压缩所产生的热量;使水通过细管运动而放出热量;划水轮推动流体摩擦等办法. 中学物理课本中介绍的实验,是焦耳在1849年完成的测定热功当量的最著名的实验,其装置如图4.9所示.

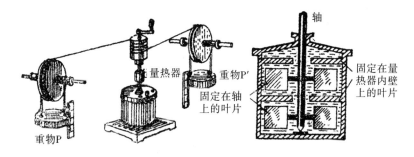

图 4.9　焦耳测量热功当量的实验装置

在金属量热器内装一转轴,轴上带有与轴垂直的叶片,各叶片间互成45°角,共8对. 在侧壁上成辐射状固结着四行金属片,其作用是阻碍水的流动. 为了隔绝热的传导,在露出外面的金属轴的上端装一木筒,再将两根绳子从相反方向绕在上面,并分别向相反方向引出,绳端分别绕在两个定滑轮上,滑轮的轴搁在很轻的小轮上,轴上带着挂有重物的绳索,旁边有测杆可测得重物下落的高度.

设每个重物的质量为m,落下的高度为h,一共下落n次,则重物

做功

$$W = 2nmgh.$$

重物下落带动量热器中的轴转动,轴上的叶片带动周围的水随着转动. 使水的温度由 t_1 升高到 t_2,以 m_1、m_2、c_1、c_2 分别表示水和量热器的质量和比热,则共需吸热

$$Q = (c_1 m_1 + c_2 m_2)(t_2 - t_1).$$

于是得热功当量

$$J = \frac{W}{Q}.$$

焦耳用水、水银、鲸鱼油等不同物质做实验时测得的热功当量平均值为 4.2 J/cal,今天的公认值是 4.18 J/cal.

焦耳在 1850 年写的论文《论热功当量》中指出:能使 1 磅水的温度升高 1 ℃ 的热量,需要消耗相当于使 772 磅重物下落 1 英尺距离的功.

焦耳热功当量的实验雄辩地证明了热不是一种物质流,而是一种传递的能量,热和机械功之间有确定的关系. 根据焦耳的结论,不仅可以很好地解释摩擦生热等现象,从而使得延续一个多世纪以来的热质说终于在实验事实面前被彻底地否定了,而且还奠定了能的转化和守恒定律的基础. 一定热量的产生(或消失)总是伴随着等量的其他形式的能量的消失(或产生);某种形式的能量向其他形式的能量转化在数量上是守恒的,而并不存在单独守恒的热质.

虽然热质说由于它所包含的某些合理的成分也曾促进了量热学的发展,但这一假设终究经受不了实验事实的检验,终于被证明是一个错误的假设而退出历史舞台.

4.4 汤姆孙巧测阴极射线

围绕着阴极射线究竟是波还是粒子的争论持续了几十年,最后

由英国物理学家汤姆孙(J. J. Thomson)一锤定音做出肯定回答:阴极射线是由带负电的粒子组成的,并测出了阴极射线的比荷(e/m).

在查明阴极射线性质的过程中,汤姆孙做了一系列实验.

4.4.1 否定阴极射线是电磁波

汤姆孙在一个长 15 m 的真空管内,用旋转镜测时间差的方法,测得阴极射线在低压气体中的传播速度是 1.9×10^5 m/s,远小于光速. 由此他否定了阴极射线是电磁波的说法,也更坚定了自己认为阴极射线是粒子流的观点.

4.4.2 确定阴极射线粒子的电性

佩兰实验

1895 年,法国物理学家佩兰(J. B. Perrin)设计了一个支持阴极射线是粒子流的实验(图 4.10). 他在阴极射线管内,用金属圆筒 F 对着阴极 C,从阴极发出的阴极射线经小孔 H 进入到阳极的金属筒 F 内,由它收集阴极射线,再用静电计检测电量和电性. 实验结果发现这时的金属筒呈负电性. 接着,佩兰把阴极射线管放在磁场之间,结果阴极射线发生偏转,无法再进入小孔 H,收集器 F 仍保持中性. 佩兰的实验虽为阴极射线是带负电的粒子流提供了证据,但持"振动说"观点的人认为,即使从阴极发出的是带负电的微粒,但它同阴极射线路径重合的证据并不充分. 言下之意就是还不足以证明在磁场

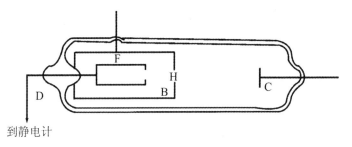

图 4.10 佩兰设计的实验

4 实践是检验和发展猜想与假设的唯一途径

中发生偏转的就是阴极射线.

汤姆孙的改进

为此,汤姆孙对佩兰的实验做了巧妙的改进. 他把阴极和金属筒分别放在各自的管内,只在两个玻璃管的接合处留一狭缝(图4.11). 不加磁场时,根据阴极射线直进的性质,没有射线进入金属筒;当加上磁场至适当值时,把射线引进金属筒,静电计检测到的电荷会猛增. 这个实验无可辩驳地证明了阴极射线和带负电的粒子在磁场作用下遵循同样路径,可见阴极射线确由带负电的粒子组成,从而结束了振动说和粒子说之争.

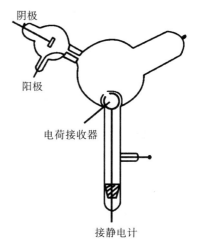

图 4.11 汤姆孙改进佩兰实验

4.4.3 用静电场使阴极射线偏转

德国物理学家赫兹曾做过使阴极射线在电场中偏转的实验,但没有成功. 汤姆孙认为,其失败的原因是真空度不够高,引起残余的气体电离,使静电场建立不起来. 后来,汤姆孙在一名技术精湛的工艺师埃佛勒特(E. Everett)协助下,提高了真空度,重复了赫兹的构想,实现了用静电场使阴极射线发生偏转.

实验装置

如图4.12所示,射线从阴极C发出,穿过阳极A的狭缝和另一接地的金属塞B的第二道狭缝后,从两块长5 cm、宽2 cm、相距1.5 cm的平行铝板D,E间通过,然后到达管端,产生一条狭窄的轮廓清晰的荧光斑. 通过贴在管外的刻度尺可测出荧光斑的偏转.

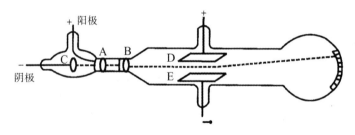

图 4.12　阴极射线在静电场中偏转实验装置

实验结果

实验中发现,当管内达到高真空时,下极板 E 接电源负极,射线就向上偏;上极板 D 接电源负极时,射线就向下偏.并且,偏转的多少与两平行板 D,E 间的电压成正比.

这一实验结果用中学的静电场知识已很容易解释.

设阴极射线粒子的质量为 m、电量为 e,经阳极 A 与阴极 C 之间电压 U_1 加速后的入射速度为

$$v_0 = \sqrt{\frac{2eU_1}{m}}.$$

它进入两平行板间的偏转电场后(图 4.13),在水平方向做匀速直线运动,在竖直方向受恒定的电场力作用做匀加速运动. 设出射时的

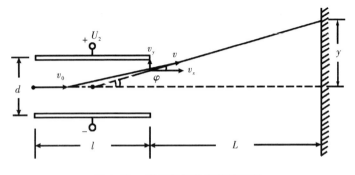

图 4.13　阴极射线静电偏转原理

速度为 v，对入射方向的偏角为 φ，则由

$$v_x = v_0,$$

$$v_y = at = \frac{U_2 e}{dm} \cdot \frac{l}{v_0},$$

得

$$\tan\varphi = \frac{v_y}{v_0} = \frac{el}{dmv_0^2}U_2 = \frac{l}{2dU_1}U_2.$$

因为从偏转板中射出的粒子都好像是从两板中央直接射出的，由图 4.13 可知

$$\tan\varphi = \frac{y}{\frac{l}{2}+L}.$$

联立两式得射线在荧光屏上对入射方向的偏距

$$y = \frac{\left(\frac{l}{2}+L\right)l}{2dU_1}U_2.$$

当 $L \geqslant l$ 时，上式可写成

$$y = \frac{Ll}{2dU_1}U_2.$$

即 $y \propto U_2$。

4.4.4 测定阴极射线粒子的比荷

为了进一步确定阴极射线粒子的性质，汤姆孙又设法算出粒子所带的电荷 e 与其质量 m 的比值（即比荷），并由此推算出粒子的速度.

汤姆孙在《阴极射线》的论文中写道："……既然阴极射线带的是负电荷，所受静电力的偏转跟带负电的物体受磁力作用运动的路径是一样的. 我可以得出结论：阴极射线也是物质的粒子. 其次的问

题就是:这些粒子是什么?它们是原子还是分子,还是更小的物质微粒?我对这些带电粒子的质量与电荷之比进行了一系列的测量.我用了两个独立的方法……"

热学方法

第一个方法是热学方法:考虑一束均匀的阴极射线,令 m 为每个粒子的质量,e 为粒子所带电量,v 为粒子的速度.设在一定时间内穿过某截面的粒子数为 N,则这些粒子所带的总电量

$$q = Ne.$$

如果将阴极射线注入与静电计相连的容器,就能测出 q.

因为射线撞击固体时,运动粒子的动能就转变为热,固体温度会升高.假定运动粒子的动能全部变为热,则测出固体的温升 Δt,又由已知固体的热容 C(热容 C 等于物体质量与比热的乘积),就可以测出粒子的动能 E_K,即

$$Q = C\Delta t = N \cdot \frac{1}{2}mv^2 = NE_K.$$

再使射线在匀强磁场中偏转,依靠洛仑兹力作为向心力,由 $evB = m\dfrac{v^2}{r}$,得 $v = \dfrac{eBr}{m}$.

联立上述三式得

$$Q = N \cdot \frac{1}{2}mv^2 = \frac{q}{e} \cdot \frac{1}{2}m \cdot \left(\frac{eBr}{m}\right)^2 = \frac{qeB^2r^2}{2m}.$$

则

$$\frac{e}{m} = \frac{2Q}{qB^2r^2} = \frac{2C\Delta t}{qB^2r^2}.$$

所以,只需根据实验测出一束阴极射线的电量 q,射线粒子在磁场中的偏转半径 r,固体的温升 Δt,已知固体的热容 C 和磁感应强度 B,即可得到阴极射线粒子的比荷 $\left(\dfrac{e}{m}\right)$.

电场、磁场偏转法

第二个方法是电场、磁场偏转法.即测出阴极射线在均匀电场中穿过一定距离时的偏转和在均匀磁场中穿过一定距离的偏转.

如图 4.14 所示,设均匀电场的强度为 E,阴极射线以速度 v 垂直穿过电场中距离 l 后的偏角为 θ. 由

$$v_x = v, v_y = at = \frac{Ee}{m} \cdot \frac{l}{v},$$

得

$$\tan\theta = \frac{v_y}{v_x} = \frac{Eel}{mv^2}.$$

当偏角 θ 不大时,$\tan \approx \theta$,因此

$$\theta = \frac{Eel}{mv^2}. \qquad (4.1)$$

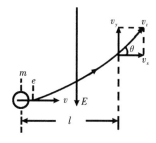
图 4.14　在匀强电场中偏转

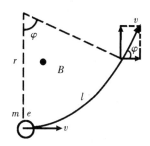
图 4.15　在匀强磁场中偏转

再以磁场代替电场,设它在磁场中受洛仑兹力作用偏转,经过一段弧长 l,出射速度方向对入射方向的偏角为 φ(图 4.15). 则

$$\varphi = \frac{l}{r} = \frac{l}{\frac{mv}{eB}} = \frac{eBl}{mv}. \qquad (4.2)$$

将式(4.1)、式(4.2)联立得

$$v = \frac{\varphi}{\theta} \cdot \frac{E}{B}. \qquad (4.3)$$

再将它代入式(4.2),则

$$\varphi = \frac{eBl}{m\dfrac{\varphi E}{\theta B}} = \frac{eB^2 l\theta}{m\varphi E}.$$

得

$$\frac{e}{m} = \frac{E\varphi^2}{B^2 l\theta}. \tag{4.4}$$

在实验中,常通过调整 B,使得 $\varphi = \theta$,于是式(4.3)、式(4.4) 两式变为

$$v = \frac{E}{B}$$

和

$$\frac{e}{m} = \frac{E\theta}{B^2 l}.$$

因此,已知电场强度 E 和磁感应强度 B,偏转路径(或电场区域宽度) l,测出偏角 θ,即可算出阴极射线粒子的速度及其比荷.

汤姆孙用第一种方法测得值 $\dfrac{e}{m} = (1.7 \sim 2.5) \times 10^{11}$ C/kg;用第二种方法测得值 $\dfrac{e}{m} = 0.7 \times 10^{11}$ C/kg. 与后来的公认值 $\dfrac{e}{m} = 1.76 \times 10^{11}$ C/kg 相比,还是第一种方法较准确. 第二种方法误差较大的原因主要是忽略了平行板以外的场的影响.

汤姆孙再将各种不同气体充入管内,并以多种不同金属作阴极,利用第二种方法更容易实现的可重复性进行了多次测量,结果都大致相同.

由此汤姆孙做出结论:所有这些情况下的阴极射线都由同样的带电粒子组成.

4 实践是检验和发展猜想与假设的唯一途径

电子的诞生

汤姆孙将测得的阴极射线的 $\dfrac{e}{m}$ 值,与当时已由电解中得到的氢离子的 $\dfrac{e}{m}$ 值比较,发现前者比后者大得多. 这只能有三种可能:一是阴极射线粒子的质量 m 极小;二是阴极射线粒子的电量 e 很大;三是上面的两种因素兼而有之. 汤姆孙联想到之前的勒纳德的实验发现:阴极射线能穿透一层薄铝箔(厚度仅为 0.000265 cm),可见它不可能是原子或分子;阴极射线在一般大气压的空气中也能穿透约 0.5 cm,比气体分子在大气中能自由运动的平均路程长得多. 于是汤姆孙断定阴极射线一定是一种远比氢离子小的微粒,它的质量还不到氢离子质量的千分之一.

1897年4月30日,汤姆孙向英国皇家研究院报告了这一成果,证明在物质内部存在着比分子小得多的带电粒子. 以后人们就把组成阴极射线的粒子称为电子[*].

4.4.5 证明电子存在的普遍性

汤姆孙从阴极射线中测出电子的比荷后,为了进一步确证电子存在的普遍性,他又广泛研究了许多现象.

1899年,为测定光电效应产生的带电粒子的比荷 $\dfrac{e}{m}$,汤姆孙设计了一个非常巧妙的实验. 如图 4.16 所示,用一块锌板作光阴极,相距 1 cm 平行放置一块阳极. 两板与静电计及电池相连,板间形成一竖直向下的匀强电场. 整个装置处于匀强磁场中.

锌板在紫外线照射下发射光电粒子,经电场加速向正极板运动,由于受到磁场力的作用使它做圆弧运动. 当磁场足够强时,可使光

---

[*] 电子这个名词是1891年爱尔兰物理学家斯托尼(G. T. Stoney)提出来的,当时只用来表示电荷的最小单位(基元).

电粒子返回阴极,极间电流降为零.

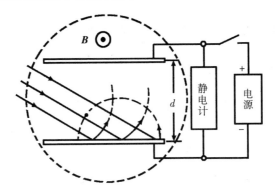

图 4.16 测定光电粒子的比荷

当忽略光电粒子发射的初速度时,由电场加速

$$eU = \frac{1}{2}mv^2,$$

得光电粒子射入磁场的速度

$$v = \sqrt{\frac{2eU}{m}}.$$

以后若撤去电场的作用,只考虑在磁场力作用下的偏转,则由

$$evB = m\frac{v^2}{r},$$

得圆弧轨道的半径

$$r = \frac{mv}{eB}.$$

要求粒子不碰到正极板,需满足条件 $2r \leqslant d$. 在极限情况下,

$$d = 2r = \frac{2m}{eB}\sqrt{\frac{2eU}{m}} = \frac{2}{B}\sqrt{\frac{2mU}{e}}.$$

于是得

$$\frac{e}{m} = \frac{8U}{d^2 B^2}.$$

所以，只要测出极板间电压 U、磁感应强度 B、两板间距 d，即可算出光电粒子的比荷 $\left(\dfrac{e}{m}\right)$. 汤姆孙的实验结果 $\dfrac{e}{m} \sim 0.76 \times 10^{11}$ C/kg，与阴极射线用电场、磁场偏转法测得的 e/m 值相近，从而证明光电效应中发出的也是电子.

汤姆孙以大量实验证明了不论是阴极射线、β 射线还是光电流或是炽热金属发出的带电粒子，它们都是同一种粒子——电子. 可见电子是比原子更基本的物质组成单元. 至此，电本性才大白于天下——所有电现象都是由于电子的重新分布或是电子的运动产生的.

在探索电子存在的过程中，虽然前后有许多物理学家做了不同努力，也取得了不少可喜的成绩，但汤姆孙的成就是最大的，被公认为"电子的发现者".

4.5 劳厄一箭双雕

德国物理学家伦琴（W. K. Röntgen）于 1895 年发现伦琴射线后，虽曾进行过多次试验，但始终未搞清这一射线的性质，因此用数学中的"X"表示，称为 X 射线. 由于 X 射线的奇妙特性，在几个月内就被应用到医疗诊断和金属铸件的检查等方面，同时人们也加紧了对其性质的研究.

几种猜测

当时科学界对伦琴射线有几种猜测，譬如：

德国物理学家勒纳德*和英国物理学家布拉格（W. H. Bragg）根据 X 射线能使原子电离、在电场和磁场中不发生偏转及穿透力极强等事实，猜测 X 射线和 γ 射线一样，是由一种中性粒子组成的粒子流.

德国的索末菲（A. J. W. Sommerfeld）和英国的巴克拉（C. G.

---

* 他在伦琴公布 X 射线前两年曾错过了发现 X 射线的一次良机.

Barkla)根据 X 射线的直进等行为猜测 X 射线是具有类似波的特性的横波.伦琴本人则倾向于认为是某种纵波.

奇妙的是,X 射线的已知性质和它所产生的效应,跟这些猜测中的任何一种都不完全相似.当 X 射线射到物质上时会被散射,就像光被细小的雾珠散射一样,但它却又不像光波一样会发生反射、折射.许多科学家认识到,正像在一个世纪前,杨氏对可见光所认识的,X 射线是否是波的真正试金石是检查它的干涉、衍射效应.

1899 年,哈加(H. Haga)和温德(C. Wind)曾用一个制作精良的三角形缝隙*放在 X 射线管面前,他们认为,如 X 射线确是波,它就会在缝隙边缘发生衍射,从而在缝后的照相底片上形成一个比缝本身更宽的像.可是结果并不理想.不过他们从这个实验做出推断,如果真地存在衍射现象,X 射线的波长必在 10^{-9} cm 以下.

总之,在伦琴发现 X 射线后的 17 年中,许多科学家虽不遗余力地探讨 X 射线的本性,却始终未找到决定性的实验证据.有关 X 射线的性质之谜成了当时科学界的难题之一,X 射线是波还是粒子引起激烈的争论.

合适的缝隙

1912 年,德国物理学家劳厄(M. V. Laue)出人意料地提出一种巧妙的新方法——用晶体作天然光栅.他所做的一箭双雕的著名实验,为波与粒子之争做出了明确的回答.

根据晶体的空间点阵说,组成晶体的物质微粒(分子、原子或离子)在空间构成上呈现有规则的排列.然而这毕竟只是一种假设,虽被一些物理学家所接受,却一直没有被实验所验证,以至某些哲学家始终否认原子的存在.

---

* 选用三角形缝隙有两个原因:第一,由于不知道波长,难以选用合适宽度的直缝;第二,像的变宽在三角形顶点附近比在三角形底部附近更大,容易测定.

4 实践是检验和发展猜想与假设的唯一途径

劳厄原是普朗克的助手. 1909年他回到慕尼黑大学后,受到伦琴的影响,把注意力放在对X射线本性的研究上. 正好此时索末菲把编纂《数学科学百科全书》中"波动光学"条目的任务交给他,促使劳厄去研究光波通过寻常光栅和立体光栅的干涉和衍射理论. 这也直接启发劳厄去分析X射线为何不出现通常光线所具有的干涉、衍射等波动性的缘故——实验中所用的狭缝比X射线的波长大得多. 既然哈加等人已推算出X射线如果是波的话,其波长不会大于10^{-9} cm,那么产生干涉、衍射的缝隙必小于10^{-9} cm. 显然,这是用当时的机械方法无法制作出的精细光栅. 因此,要设法实现X射线的干涉与衍射现象,首先需要像杨氏那样找到一个合适的缝隙.

当时的慕尼黑大学很早就陈列着许多晶体模型. 这所大学的格罗特(P. H. V. Groth)教授是著名的晶体学家,他领导的矿物学与晶体学研究所在学术上处于领先地位,当时正在倡导晶体的空间点阵理论. 劳厄也对晶体结构产生了浓厚的兴趣.

当1912年2月,索末菲的博士生厄瓦尔德(Ewald)偶然与他讨论晶体的光学问题时,提到晶格点阵的距离约为可见光波长的$\frac{1}{1000}$即10^{-10} m,由于劳厄对晶体的空间点阵有着很坚定和深刻的认识,因此他立即敏感地抓住了晶格间距的数量级,认为可以用它做光栅,进行X射线的衍射实验.

劳厄的这一想法,把毫无联系的两件事联系在一起,提出以后,一切竟然显得那么简单、明了,正如哥伦布(C. Colmbus)直立鸡蛋一样. 可是,困难的就是如何首先想到这一点. 普朗克说得对:"劳厄的这种创造性是一种思维逻辑必然产生的结果".

一箭双雕

劳厄在两位年轻的博士生弗里德里克(W. Friedrich)和克尼平(P. Knipping)的协助下完成了用晶体的空间点阵做X射线衍射光

栅的著名实验.

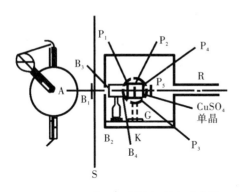

图 4.17 劳厄 X 射线衍射实验装置

图 4.17 中 A 为 X 射线管的阴极，B_1 - B_4 是铅制的准直光栏，使入射的 X 光形成直径小于 1 mm 的细射线束. G 为测角器平台，中心放有单晶体样品（实验中选用硫化铜晶体）.围绕晶体在不同方向和不同距离放有照相底片 P_1 - P_5. 整个装置用铅屏 S 和铅盒保护起来，可以很好地防止外来辐射进入. 管子 R 的作用是可以避免受到落在盒子后壁的辐射所产生的次级辐射的影响.

他们用 X 射线照射单晶片，实验结果显示，除了 X 射线直接射到底片而形成的黑点以外，还有许多不规则的小斑点，如图 4.18 所示.

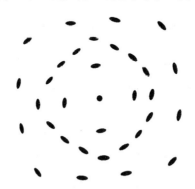

图 4.18 X 射线衍射图样

接着劳厄推导出一系列衍射方程，很好地解释了这些斑点的成因.

1912 年 5 月 4 日，劳厄、弗里德里克和克尼平联合宣布他们的实验取得了成功. 这些图后来被称为劳厄图.

劳厄在自传中深刻地概括了自己的体会,他说:"X 射线干涉的发现史漂亮地阐明了科学假设的价值."因为在他们之前,也有许多人做过用 X 射线照射晶体的实验,可是这些人除了发现晶体会对 X 射线造成减弱外,没有别的明显特点. 劳厄认为:"只有空间点阵的理论才会启发出探讨邻近部位的思想."这里再一次说明了科学假设的作用,但也只有被实验证明了的科学假设才能成为真理.

劳厄的实验不仅证明了 X 射线是一种波长极短的电磁波,从而结束了17年来关于 X 射线性质的波 — 粒之争,而且也肯定了晶体空间点阵理论的正确性. 他在报告中写道:"次级斑点完全对称地分布在未散射束位置的周围 …… 无疑是晶体空间点阵的最美妙的证据,而在这里除了空间点阵以外没有任何别的性质在起作用."劳厄的实验一箭双雕,令人拍案称绝. 爱因斯坦称颂劳厄的实验构想是现代物理学中最漂亮的一个. 劳厄的实验为晶体学的研究开辟了新的途径,使 X 射线衍射方法成为分析晶体结构、揭开物质世界奥秘的锐利武器. 劳厄也因此荣获1914年度诺贝尔物理学奖.

劳厄是一个十分谦逊的人,他曾说:"当 X 射线管发展得越来越强时,总会有这样或那样的机遇,最终还是会发现衍射射线的."

4.6 时空相对性的验证

根据爱因斯坦的时空观,可以找出不同惯性系之间的时间和空间坐标的变换关系,并由此得到两个奇特的效应.

4.6.1 时间延缓效应及其验证

时间测量的相对性公式

假设一艘飞船以速度 v 飞行,根据时空相对性的坐标变换,可以得到一个时间测量的相对性公式

$$t = \frac{t_0}{\sqrt{1-\dfrac{v^2}{c^2}}},$$

式中，c是真空中的光速，t是地面上的观察者观察到的时间间隔，t_0是运动体中的观察者观察到的时间间隔．由于$v<c$，$1-\dfrac{v^2}{c^2}<1$，因此有关系式

$$t > t_0.$$

这就是说，地面上的观察者观察到运动体上的时间进程变慢了，相当于运动物体的时间膨胀了．这个效应就叫做时间延缓（或膨胀）效应，也叫做"动钟变慢"效应．延缓时间的多少跟物体运动的速度大小有关．

时间延缓效应的验证

由于通常物体的运动速度远小于光速，因此在日常生活中很难发现相对论的时间延缓效应．这个效应可以借助于高速运动粒子的衰变进行验证．

例如，加速器中产生的π介子会衰变成μ子和中微子，从产生到衰变的时间（称为"寿命"）跟速度有关．实验中发现，当π介子产生的速度远低于光速时，它的平均寿命是2.6×10^{-8} s；当它的产生速度可与光速比拟，达到$v=0.91c$时，它的平均寿命会达到6.24×10^{-6} s．根据时间测量的相对性公式，可以算出π介子的本征寿命*：

$$t_0 = t\sqrt{1-\dfrac{v^2}{c^2}} = 6.24\times10^{-6}\times\sqrt{1-0.91^2}\text{ s} = 2.58\times10^{-8}\text{ s}.$$

这个结果跟低速时测得的π介子的寿命完全吻合．这个验算也可以说明，π介子的寿命（本征寿命）有确定的值．

---

* 介子的本征寿命就是相对于观察者静止时的介子寿命．本节中例证的数据取自尤广建《爱因斯坦是怎样创建相对论的》一书．

4 实践是检验和发展猜想与假设的唯一途径

1971年,哈夫勒(J. C. Hafele)和基廷(R. E. Keating)用喷气式飞机携带铯原子钟进行环球飞行实验,同样证实了时钟延缓效应.

既然π介子等微观粒子的寿命会随着运动速度的增加而延长,那么,有机生命的人和动物是否也可以通过这个途径延长寿命呢? 从爱因斯坦的相对论效应来看,回答是肯定的. 只是宏观物体(包括人和动物)很难达到这么大的速度,所以,这在现实中还是难以办到的. 我国古代传说中所描写的"洞中方七日,世上已千年",也只能是一种美丽的神话.

4.6.2 长度收缩效应及其验证

长度测量的相对性公式

所谓物体的长度,就是在某个参考系中测量其两端点在同一时刻之间的距离,即两端位置坐标之差. 由于同时是相对的,长度的测量也应该是相对的.

假设一艘飞船停在地面时,用一把刻度尺测得窗口的长度为 l, 起飞后宇航员在飞船上用同样的刻度尺测量窗口的长度为 l_0. 根据爱因斯坦的坐标变换,也可以得到一个长度测量的相对性公式

$$l = l_0 \sqrt{1 - \frac{v^2}{c^2}},$$

式中,v 是飞船的速度,c 是真空中的光速. 由于 $v < c$, $1 - \frac{v^2}{c^2} < 1$,因此有关系式

$$l < l_0.$$

这就是说,地面上的观察者观察到运动物体的长度变短了,相当于飞船中的刻度尺变短了,因此观测到的示数变大.

由此可以得到一个结论:物体沿运动方向的长度比静止时短. 通常把这个效应称为长度收缩(或尺缩)效应,也叫做"动尺变短"效应. 收缩的大小跟物体的运动速度大小有关. 例如,当某个物体以速度 $v = 2.6 \times 10^8$ m/s(约等于光在真空中速度的87%)运动时,原来1

m 长的窗口沿运动方向上测量只有 0.5 m.

不过,这种尺缩效应只发生在沿着物体的运动方向上,垂直于运动方向上的物体长度并不会发生变化. 例如,在惯性系 S 中有一个边长为 l 的正方形,如图 4.19(a)所示,从相对 S 系沿 x 方向以接近光速匀速飞行的飞行器上测得该正方形的图像应该如图 4.19(c)所示,即运动方向上产生收缩,垂直于运动方向上长度不变,即不可能如图 4.19(b)或图 4.19(d)所示.

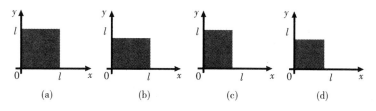

图 4.19　尺缩效应问题*

著名科学家 G·伽莫夫在一本书中引用了一首打油诗,风趣地描写了长度收缩效应:

> 斐克小伙剑术精,
> 出剑迅捷如流星.
> 由于空间收缩性,
> 长剑变成小铁钉.

显然,这种长度收缩效应,仅是时空的一种性质,是时空测量中必然产生的结果,并非物体自身的收缩. 并且,它仅对于高速运动的物体才有意义,对于低速运动的物体是没有意义的.

长度收缩效应的验证

在宏观现象中,由于物体的运动速度远小于光速,直接验证长度收缩效应很困难. 科学家利用某些微观粒子衰变的实验,可以反过

---

* 本节中图 4.19 的内容取自 2008 年江苏高考物理试题.

4 实践是检验和发展猜想与假设的唯一途径

来巧妙地证明长度收缩.

假设在某核反应中发射出一个本征寿命 $\tau_0 = 2.6 \times 10^{-8}$ s 的 π 介子,它以速度 $v = 0.91c$ 向前运动,测得其平均寿命 $\tau = 6.24 \times 10^{-6}$ s.

当以 π 介子为参考系时,实验室就沿着它的反方向以速度 $v = 0.91c$ 运动. 因此,从 π 介子产生到衰变的时间里,实验室相对于它移动的距离,就等于实验室相对于它的速度与其本征寿命的乘积,即

$$l = v\tau_0 = 0.91c \times 2.6 \times 10^{-8} \text{ m} = 7.1 \text{ m}.$$

从实验室参考系测量 π 介子在其生存期间运动的距离,应该等于运动速度与其生存时间的乘积,即

$$l_0 = v\tau_0 = 0.91c \times 6.24 \times 10^{-6} \text{ m} = 17 \text{ m}.$$

根据爱因斯坦的长度相对性公式

$$l = l_0 \sqrt{1 - \frac{v^2}{c^2}} = 17 \times \sqrt{1 - 0.91^2} \text{ m} = 7.05 \text{ m}.$$

两者符合得很好,证明了爱因斯坦长度收缩效应的正确性.

从爱因斯坦创建狭义相对论以来,人们对于根据同时相对性所得到的这两个效应进行过许多次的检验,所有实验都证明了公式的正确性,从没有发生过相反的例证. 爱因斯坦的理论折服了所有物理学家.

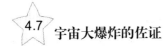 4.7 宇宙大爆炸的佐证

探索宇宙的武器

俗话说:"不入虎穴,焉得虎子."为了探索宇宙的形成,天文学家必须把观察的触角延伸到宇宙深处.

19 世纪以前,天文学家传统的探索手段是"看天",依靠光学望远镜接收遥远天体发出的可见光,从而获得宇宙的信息. 由于可见光的范围很狭窄,而且遥远天体发出的光到达地球时已经十分微弱,因此天文观测受到很大的限制.

后来随着电磁学的发展,人们知道了光也属于电磁波的范畴,而且遥远的天体并非只是发射出普通的光,它还会辐射出红外线、紫外线、X射线、γ射线和其他各种不同波长的电磁波. 由于任何温度高于绝对零度的天体都会辐射电磁波,因此,只要能接收到遥远天体发射的电磁波,就可以获得有关它的信息了.

20世纪60年代,依赖着突飞猛进的无线电技术,研制成功了大型射电望远镜. 它是由无线电接收天线、信号接收机和电子计算机等三大部分组成. 从此,天文学家不需要直接"看天",通过巨大的天线阵列接收遥远天体发出的电磁波信息,就能够对天体进行分析研究. 射电望远镜成为天文学家观测和研究天体、探索宇宙奥秘的一个强有力的武器. 宇宙大爆炸的有力佐证,也是依靠射电望远镜才获得的.

2016年,我国在贵州省平塘县的喀斯特洼坑中建成了一座口径达500米的球面射电望远镜(简称FAST),并于同年9月25日开始启用. 这是当今世界上口径最大、最具威力的单天线射电望远镜,其灵敏度比号称"地面最大的机器"德国波恩的100米望远镜提高了约10倍,比美国Arecibo的300米望远镜提高了约2.25倍,被誉为"中国天眼". 它由中国科学院国家天文台主持建设,耗时22年,具有自主知识产权. 从理论上说,"中国天眼"能接收到137亿光年以外的电磁信号. 它的启用,将为我国在基础研究的众多领域(例如宇宙大尺度物理学、物质深层次结构和规律等方面)提供发现和突破的机遇,也将在日地环境研究、国防建设和国家安全等方面发挥不可替代的作用. 预计在未来20~30年内,"中国天眼"将保持世界一流设备的地位,并成为国际天文学术交流中心.

伽莫夫的预言

人们常说"人过留踪,雁过留声". 如果形成宇宙时发生了这么大的爆炸,那么是否也会留下什么蛛丝马迹呢? 伽莫夫和阿尔菲、赫尔曼等人提出宇宙大爆炸假设时,曾经预言,作为大爆炸的遗迹,可能至今还应该存在着一种充满整个宇宙的均匀的电磁辐射.他们认为,这是一种各向同性的辐射,其频率属于微波范围,也称为微波背景辐射.因此,微波背景辐射就成为一种比遥远星系所能提供的更为古老的信息.

图 4.20 "中国天眼"

他们根据大爆炸宇宙学说,假设宇宙最初的温度约为十亿度(发生大爆炸时宇宙的温度是极高的),那么经过了约 150 亿年,慢慢冷却到现在,可以估算出宇宙中还会残留着温度为 $5 \sim 10$ K 的辐射.以后,他们通过计算后又把残留的温度修订为 3 K.

显然,能否检测到宇宙中残留的微波背景辐射,将是宇宙大爆炸理论正确性的重要佐证.不过,当时的天文学家们提出的宇宙大爆炸的理论,一直被看做是一种猜想或假设,他们的预言也没有能够引起人们应有的重视.

1964 年,前苏联、英国以及美国等国家的多位科学家经过研究,做出了同样的预言,他们认为宇宙中应当残留有温度为几开尔文的背景辐射,并且认为,这种宇宙背景辐射,最重要的特征应该是可以被直接观测到的;它的另一特征是具有高度各向同性的性质,也就是

说,在各个不同方向上,在各个相距非常遥远的天区之间,应当存在着相互的联系.

工程师的发现

不同国家的许多科学家这些言之凿凿的观点,终于重新引起了国际学术界对宇宙背景辐射的重视. 此后,美国的狄克、劳尔、威尔金森等人就开始着手制造一种低噪声的天线来探测这种辐射.

科学的探索有时很会作弄人,真可谓"有意栽花花不开、无心插柳柳成荫",最终幸运地捕捉到这个创世时的信息的,并不是天文学家,也不是物理学家,而是两位无线电工程师.

1964 年,美国贝尔实验室的工程师彭齐亚斯(Arno A. Penzias)和威尔逊(Robert W. Wilson)为跟踪一颗卫星而架设了一台很灵敏的喇叭形状的接收天线系统. 为了检测这台天线的噪声性能,他们将天线对准天空方向进行测量. 这种测量的最大困难是,怎样才能将有用的信号与来自大气干扰、天线结构及放大电路的各种噪声信号区分开来. 后来,他们采用了种种降低噪声的措施后,打算先验证一下,在 7.35 cm 波长上忽略天线自身的噪声后,再去观测星系的射电波. 但是,出乎预料的事发生了—— 在 7.35 cm 波长上,他们收到了相当强的与方向无关的微波噪声. 起初他们怀疑这个信号来源于天线系统本身,于是他们对天线进行了彻底的检查,还清除了天线上的鸽子窝和鸟粪,但是依然有着消除不掉的背景噪声.

在这个偶然的发现以后,他们通过在一年多时间里的继续实验,进一步发现这种微波噪声既不随时日变化,也不随季节涨落,因而可以判定它与太阳无关也与地球的公转和自转无关. 这种无法清除的噪声,显然不是来自银河系,而似乎来自更为广阔的宇宙背景.

无线电工程师很习惯用"等效温度"来描写无线电噪声的强度. 彭齐亚斯和威尔逊发现他们收到的微波射电噪声的等效温度大概在 $2.5 \sim 4.5$ K 之间. 但是,当时他们并不清楚自己的这个发现具有多

4 实践是检验和发展猜想与假设的唯一途径

么重要的意义. 于是,他们在《天体物理学报》上发表了一篇论文,正式宣布了这个发现.

与此同时,在普林斯顿大学由狄克、劳尔和威尔金森领导的一个科学家小组,也正在设计一台搜索大爆炸残留辐射的探测器. 因此,当他们听到了从贝尔实验室传来的消息后,精神振奋,立即着手对这些波长为7.35 cm的微波噪声进行研究,并解释为是起源于大爆炸的残余辐射,称为微波背景辐射. 1992年,通过对宇宙背景探测卫星(COBE)(图4.22)摄下的全天空微波背景辐射照片的分析(图4.21),进一步支持了这个观点.

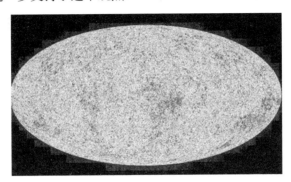

图 4.21　宇宙微波背景辐射照片

这种辐射,称得上是宇宙中"最古老的光",或者说,这就是一种创世时的信息. 发生大爆炸后,它穿越了漫长的时间与空间,最后成为充盈在整个宇宙空间里、相当于在电磁波谱的微波部分波长为7.35 cm的某种无线电波. 由于它的来源在各个方向都一样,好比宇宙的"背景",因此也称为宇宙背景辐射. 这种背景辐射所具有的能

图 4.22　微波背景辐射探测器

量就相当于温度为2.7 K的一个黑体的热辐射.显然,这个数值与伽莫夫等科学家很早就提出过的预言非常接近.

重大的意义

宇宙微波背景辐射的发现,在近代天文学上具有非常重要的意义,它给了宇宙起源的大爆炸理论有力的证据.因此,天文学家把它与类星体、脉冲星、星际有机分子的发现,并称为20世纪60年代天文学上的"四大发现".

如果说,哈勃的发现使人们认识到了宇宙的动态特性,那么,彭齐亚斯和威尔逊的发现则使人们认识了宇宙的起源,从而为科学家打开了宇宙整体物理演化的大门。后来,世界各国科学家经过十多年的反复验证,终于完全确认了微波背景辐射.彭齐亚斯和威尔逊也因发现了宇宙微波背景辐射而获得1978年的诺贝尔物理学奖.瑞典皇家科学院在颁奖决定中指出:"这一发现,使我们能够获得很久以前宇宙创生时期所发生的宇宙过程的信息."

宇宙微波背景辐射的发现,使人们在认识宇宙的起源与演化的道路上前进了一大步.但是,人们对宇宙的认识依然很肤浅,前方还有着更为漫长的路,等待着人们一步步地去探索.

有人这么说:"生活在宏大宇宙中一个极普通的恒星周围的一颗小小地球上的人类,居然能够用自己发明的数学、物理方法确切地探索宇宙的起源和演化,这本身就是一个奇迹."

让我们用自己的智慧,使这个奇迹更加辉煌吧!

5 中学物理中常见的几种假设

中学物理中,在揭示现象的因果关系或探究物理规律时和在分析研究具体的物理问题或实验结果时,也常常需要用到假设. 虽然从含义上说,这也带有某种猜测性的成分,但它与前面介绍的有所不同. 科学研究中的假设,往往是针对某种未知事件或未知规律而言的,是作为理论的先导的,是对未知世界的一种粗线条的描绘. 中学物理中的假设,只是用前人已总结得出的规律而采用的一些解决具体问题的手段. 它的知识层次浅,适用面狭窄,是以思维训练为目的的. 掌握这种较低层次上的猜想与假设,有利于今后做出较高层次的猜想与假设.

中学物理中的假设,大体可以分为以下这几种情况.

5.1 物理条件的假设

给研究对象假设一些外部的或内部的条件,设想某些状态,这是常用的一种假设法. 如假设是均质物体、不计摩擦、物体受恒力作用、悬线不可伸长、气体的质量一定等等. 可以说,物理学的所有规律实际上都是通过对有关条件做了某些假设后取得的. 例如,在重力场中的抛体运动,我们把物体运动的外部空间看做是一个大小、方向均匀的重力场,且不考虑运动过程中空气的阻力,于是得出结论:

物体在重力场中的斜抛运动是一种匀变速运动,其轨迹是抛物线.并由此得到斜抛物体的射程和射高公式

$$X = \frac{v_0^2 \sin 2\alpha}{g},$$

$$Y = \frac{v_0^2 \sin^2 \alpha}{2g}.$$

我们常根据这两个公式计算炮弹的运动.实际情况中,由于空气阻力的影响,炮弹的轨迹不是抛物线,而是一条弹道曲线,如图 5.1 所示.不过,这并不影响我们对假设条件后所得结论的"信任感".因为从理想条件下得到的结论,再结合实际因素做出修正,正是运用物理学基本规律指导实践的一个准则.

图 5.1 弹道曲线

在分析研究具体物理问题时,也可以对研究对象先假设某些条件,然后通过对这个假设条件下得到的结果的分析,或与假设原来的条件对照比较,就可以较方便地做出正确的判断.

这种假设法的主要作用有两个方面:

(1) 通过假设的条件,使问题中描述的现象明朗化或使问题中互相牵制的因素简单化,便于找到解题的入口,迅速得出结果.

(2) 通过假设的条件,使问题中的物理状态发生转化,便于应用物理规律.

下面,通过几个实际问题进一步体会条件假设法的主要作用.

例 5.1 如图 5.2 所示,将两个质量均为 m 的小球 a, b 用细线相连后悬挂于 O 点,用力 F 拉小球 a,使整个装置处于平衡状态,此时悬线 Oa 与竖直方向间的夹角为 $\theta = 30°$,则 F 的大小(   ).

A. 可能为 $\dfrac{\sqrt{3}}{3}mg$ 　　　　B. 可能为 $\dfrac{\sqrt{3}}{2}mg$

C. 可能为 mg 　　　　D. 可能为 $2mg$

分析与解答　假设只挂一个质量为 $M=2m$ 的大球,根据三力平衡条件,用力三角形方法画出矢量图(图 5.3). 那么,立即可以知道拉力 F 的最小值为

$$F_{\min}=Mg\sin\theta=2mg\sin30°=mg.$$

所以小于 mg 的都错,正确的是 C、D.

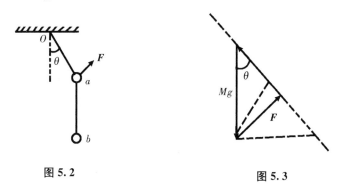

图 5.2　　　　　　　　　　图 5.3

说明　本题的干扰因素是连接着两个小球,采用假设法把两个小球合成为一个大球,消除这个干扰因素后,整个问题就变得十分明朗了. 类似这样用假设法将物理条件进行变换的问题很常见,如下列两题,请同学们解答后互相交流体会.

练习题 1(2013 广东)　如图 5.4 所示,物体 P 静止于固定的斜面上,P 的上表面水平. 现把物体 Q 轻轻地叠放在 P 上,则(　　).

A. P 向下滑动

B. P 静止不动

C. P 所受的合外力增大

D. P 与斜面间的静摩擦力增大

练习题 2(2008 全国)　如图 5.5 所示,一固定斜面上两个质量相

同的小物块 A 和 B 紧挨着匀速下滑,A 与 B 的接触面光滑. 已知 A 与斜面之间的动摩擦因数是 B 与斜面之间动摩擦因数的 2 倍,斜面倾角为 α. B 与斜面之间的动摩擦因数是(　　).

A. $\dfrac{2}{3}\tan\alpha$　　　B. $\dfrac{2}{3}\cot\alpha$　　　C. $\tan\alpha$　　　D. $\cot\alpha$

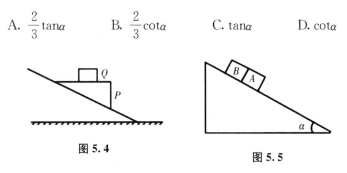

图 5.4　　　　　　　　　　图 5.5

例 5.2(2001 上海)　图 5.6(a)是在高速公路上用超声波测速仪测量车速的示意图. 测速仪发出并接收超声波脉冲信号,根据发出和接收到的信号间的时间差,测出被测物体的速度. 图 5.6(b)中 p_1,p_2 是测速仪发出的超声波信号,n_1,n_2 是 p_1,p_2 由汽车反射回来的信号. 设测速仪匀速扫描,p_1,p_2 之间的时间间隔 $\Delta t = 1.0$ s,超声波在空气中传播的速度是 $v = 340$ m/s,若汽车是匀速行驶的,则根据

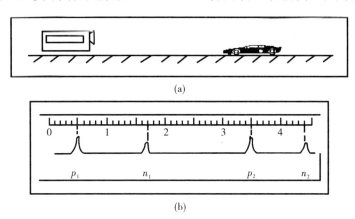

图 5.6　超声波测速

5 中学物理中常见的几种假设

图 5.6(b) 可知,汽车在接收到 p_1,p_2 两个信号之间的时间内前进的距离是 _____,汽车的速度是 _____ m/s.

分析与解答 根据题意和标尺比例可知:发出超声波的时间间隔 $t=1.0$ s,回波 n_1,n_2 的时间间隔 $t'=\dfrac{27}{30}t=0.9$ s. 接着,可以采用将研究对象"变动为静"的假设法,使物理状态发生转化.

如图 5.7 所示,假设汽车接收到第一个超声波 p_1 后始终停在位置 A,那么测速仪收到两个回波的时间间隔一定也等于 1.0 s. 现在测速仪收到回波的时间间隔减少了($t'<t$),说明汽车在趋近超声测速仪.

假设汽车接收到第二个超声波 p_2 后停在位置 B(图 5.7),因此接收回波间隔的减少时间 $\Delta t=t-t'=0.1$ s,应该等于超声波在 A、B 两位置间往返的时间,所以汽车在接收到 p_1,p_2 两个信号的时间内前进距离

$$s_{AB}=v\cdot\dfrac{\Delta t}{2}=340\times 0.05\text{ m}=17\text{ m}.$$

由于信号 p_2 是汽车在 B 点接收到的,比它在 A 点接收到晚了 0.05 s,可见信号 p_1,p_2 分别在 A,B 两位置与汽车相遇的时间间隔为 $\Delta t_x=(1-0.05)$s. 根据上面已经算出的汽车在接收到 p_1,p_2 两个信号的时间内前进距离,于是立即可得汽车的速度

$$v_x=\dfrac{s_{AB}}{\Delta t_x}=\dfrac{17}{0.95}\text{ m/s}\approx 17.9\text{ m/s}.$$

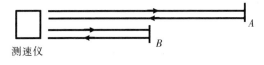

图 5.7

说明 这是首次出现在高考中的超声波测速问题. 虽然只是属于一个匀速运动的范畴,但由于涉及两个运动对象,超声波又有了往返,当时难倒了一大片学生. 采用上面这样的假设法,就变得非常容

易理解. 当然,也可以直接利用标尺:汽车接收到 p_1,p_2 两个信号的时刻分别对应于 p_1n_1 和 p_2n_2 的中点,其间有 28.5 小格,因此汽车接收到 p_1,p_2 两个信号的时间间隔为 $\Delta t_x = 28.5 \times \dfrac{1}{30}$ s $= 0.95$ s,由此同样可以算出车速.

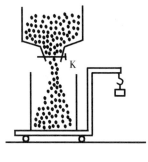

图 5.8

例 5.3 如图 5.8 所示为粮食商店常用的自动称米机的示意图. 打开放米阀 K,米从漏斗落下,当达到一定数量时,关闭 K. 一位顾客买米时与营业员发生了争论.

顾客:米落下去的时候,会对容器产生一个冲力,称出的分量比实际的少,吃亏了.

营业员:秤面指示足够分量,关闭 K 时,还有一些米在空中,实际给顾客的只会多了,顾客没有吃亏.

双方的说法似乎都有道理. 请对此争论做出评价.

分析与解答 为了能够做出量化的评价,需要假设一些条件:设打开放米阀 K 后,米粒均匀流下,流量 $\dfrac{\Delta m}{\Delta t}$ 恒定;关闭 K 后,继续流下的米都做自由落体运动,并且落到下面的高度 h(即时间 t)都相同(即忽略下方米粒堆积的影响).

设关闭 K 时,已在容器中米的质量为 M_1. 显然,给予顾客的米包括两部分:一部分已在容器中,另一部分正在空中下落. 它们的重力分别为

$$G_1 = M_1 g.$$

$$G_2 = \left(\dfrac{\Delta m}{\Delta t}\right) \cdot tg = \dfrac{\Delta m}{\Delta t} \cdot \sqrt{\dfrac{2h}{g}} \cdot g = \dfrac{\Delta m}{\Delta t}\sqrt{2gh}.$$

所以,顾客购得的米的重力为

$$G = G_1 + G_2 = M_1 g + \frac{\Delta m}{\Delta t}\sqrt{2gh}.$$

台秤的示数也包括两部分:一部分是已在容器中的米所产生的压力,设为 F_1;另一部分是下落的米流对台秤产生的冲力,设为 F_2. 其中

$$F_1 = G_1 = M_1 g.$$

由于米均匀流下,在时间 t 内流下的米的质量为 $\left(\frac{\Delta m}{\Delta t}\right)t$,落到米堆上后速度从 $\sqrt{2gh}$ 变化到零. 设想把均匀下落的这些米看成整体一起下落,下方米堆对其产生作用力为 F'_2,并以向上为正方向,由动量定理得

$$F'_2 t = 0 - \left[-\left(\frac{\Delta m}{\Delta t}\right)\cdot t\sqrt{2gh}\right] = \left(\frac{\Delta m}{\Delta t}\right)\cdot t\sqrt{2gh}.$$

即

$$F'_2 = \frac{\Delta m}{\Delta t}\sqrt{2gh}.$$

因此,流下的米对台秤产生的冲力大小为

$$F_2 = F'_2 = \frac{\Delta m}{\Delta t}\sqrt{2gh}.$$

台秤的示数为

$$F = F_1 + F_2 = M_1 g + \frac{\Delta m}{\Delta t}\sqrt{2gh}.$$

可见

$$F = G.$$

这就是说,用自动称米机售米,顾客不会吃亏,商店也没有占便宜,是十分公正的.

说明 这是一个来源于生活的问题,只有通过对现象的仔细观察和思考,才能产生这样饶有趣味的争论. 为了进行探讨,必须要假设一定的条件,从而使问题明朗化,并能运用中学物理的知识展开.

如果不懂得做这些假设,也就难以讨论了.

必须注意,对具体问题做出物理条件的假设时,不应违背物理原理,否则,会导致得出错误的结果.

例 5.4 一个质量为 m 的车厢,质心 C 在对称轴上离轨道水平面高 h 处,两轨间距为 l(图 5.9).当这节车厢以速度 v 沿半径为 R 的水平圆弧形轨道右转弯运动时,两轨对车厢的支持力多大?

分析与解答 车厢沿圆弧轨道运动时,它有一种离开中心的倾向,使外轮压紧外轨,于是由外轨对车厢产生一个水平方向的侧压力 F,提供车厢做圆弧运动的向心力,其受力情况如图 5.10 所示.

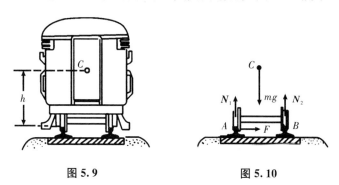

图 5.9   图 5.10

接着,一些同学假设以通过外侧车轮与外轨接触处的 A 为转动轴,由车厢的力矩平衡方程

$$mg \cdot \frac{l}{2} - N_2 l = 0,$$

得

$$N_2 = \frac{1}{2}mg.$$

又由车厢竖直方向力平衡条件

$$N_1 + N_2 = mg,$$

得

$$N_1 = mg - N_2 = \frac{1}{2}mg.$$

得出的结果是转弯时两轨对车厢的支持力大小相等,均为$\frac{1}{2}mg$.

这样就错了. 因为做圆弧运动的车厢,处于加速运动状态,不是处于平衡状态. 车厢的运动不能单纯看做一个绕固定转动轴的平衡问题. 也就是说,上面解答中把车厢看成绕假想的转动轴 A 的力矩平衡违背了物理原理.

本题中,应该把车厢看做质心为 C 的匀速圆周运动和绕质心的力矩平衡问题. 正确的运动方程应是

$$N_1 + N_2 - mg = 0,$$

$$F = m\frac{v^2}{R},$$

$$N_1 \cdot \frac{l}{2} - N_2 \cdot \frac{l}{2} - Fh = 0.$$

联立三式得

$$N_1 = \frac{1}{2}mg + \frac{mv^2h}{Rl},$$

$$N_2 = \frac{1}{2}mg - \frac{mv^2h}{Rl}.$$

即转弯时外轨的支持力增大(车厢对外轨的压力增大),内轨的支持力减小(车厢对内轨的压力减小).

5.2 物理过程的假设

物理过程是指研究对象(一个或几个物体,某部分液体或气体等)从一个状态到另一个状态所经历的变化. 在研究对象和始末两状态都确定时,所经历的中间过程往往不是唯一的. 我们不妨做一个小实验:取两根相同的铁棒,一根用酒精灯烘烤,另一根用绳子缠绕后快速牵引(图 5.11),使两根铁棒的温升差不多. 如果你事先没

有看见哪一根铁棒是被烘烤升温的,哪一根铁棒是被绳子牵引升温的,你能把它们区分出来吗?

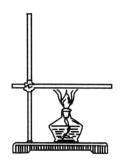 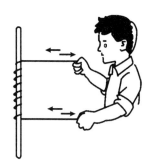

图 5.11

物理学做为最公正的裁判会告诉你,无法分辨. 因为两根相同的铁棒,无论是通过热传递或是做功,在引起铁棒内能的改变上(主要表现为升温)是完全等效的. 所以,我们将难以从物体的最终状态判断它们是经过怎样的物理过程从初始状态变化来的.

这个事实也启发了我们,既然研究对象从一个确定的状态变化到另一个确定的状态时,中间过程可以有不同的形式,那么,为了研究问题的需要,我们也可以对物体所经历的过程做不同的假设.

譬如,在研究一定质量理想气体从初态(T_1, p_1, V_1)变化到终态(T_2, p_2, V_2)的状态变化规律时,可以假设它经历不同的中间过程. 反映在 p-V 图(或 p-T 图、V-T 图)上,相当于从一个点过渡到另一个点可以走不同的路径. 如图 5.12 所示,从状态 A 变化到状态 B 的过程可以是:$A—C—B$,$A—D—B$,$A—C_1—B$,$A—D_1—B$,…. 推导状态方程时,较方便的是选取两个等值过程.

对 $A—C—B$ 过程,设中间态 C 的状态是 (T_1, p_2, V_0),由玻意耳定律和盖·吕萨克定律,有

$$p_1 V_1 = p_2 V_c,$$

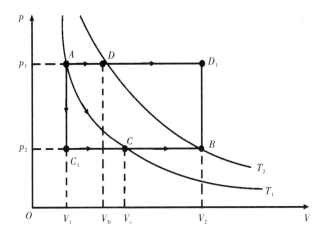

图 5.12

$$\frac{V_c}{V_2} = \frac{T_1}{T_2}.$$

联立得

$$\frac{p_1 V_1}{T_1} = \frac{p_2 V_2}{T_2}.$$

对 $A—C_1—B$ 过程,设中间态 C_1 的状态是 (T', p_2, V_1),由查理定律和盖•吕萨克定律,有

$$\frac{p_1}{p_2} = \frac{T_1}{T'},$$

$$\frac{V_1}{V_2} = \frac{T'}{T_2},$$

联立后同样得到状态方程.

物理过程的假设,在中学物理解题研究中应用很普遍. 归纳起来,它的具体表现形式主要有以下这三方面.

5.2.1 分解过程

慢动作

我们知道,实际的物理过程往往都是连续发生的,有时甚至是瞬间完成的(如电荷的转移、核反应等). 为了便于研究,可以将复杂的过程按时间或空间的先后顺序分解成若干个"子过程",或者把瞬间完成的过程人为地延缓、放大,其效果很像电影特技中的"慢动作". 这种分解过程的假设方法,处理综合题时常常会应用.

例 5.5(2013 浙江) 山谷中有三块石头和一根不可伸长的轻质青藤,其示意图如图 5.13 所示. 图中 A、B、C、D 均为石头的边缘点,O 为青藤的固定点,$h_1=1.8$ m,$h_2=4.0$ m,$x_1=4.8$ m,$x_2=8.0$ m. 开始时,质量分别为 $M=10$ kg 和 $m=2$ kg 的大、小两只滇金丝猴分别位于左边和中间的石头上. 当大猴发现小猴将受到伤害时,迅速从左边石头的 A 点水平跳至中间石头. 大猴抱小猴跑到 C 点,抓住青藤下端,荡到右边石头上的 D 点,此时速度恰好为零. 运动过程中猴子均可看成质点,空气阻力不计,重力加速度 $g=10$ m/s². 求:

(1) 大猴从 A 点水平跳离时速度的最小值;

(2) 猴子抓住青藤荡起时的速度大小;

(3) 猴子荡起时,青藤对猴子的拉力大小.

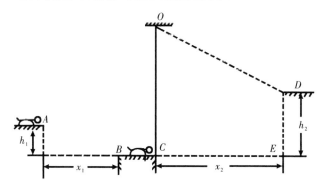

图 5.13

分析与解答 大猴的整个运动过程可以分为几部分:水平跳出(平抛运动)——抱起小猴沿中间石头运动——抓住青藤荡起(圆弧运动)——到达 D 点.

(1) 设大猴从 A 水平跳出的最小速度为 $v_{\min}$,根据平抛运动规律有

$$h_1 = \frac{1}{2}gt^2,$$

$$x_1 = v_{\min}t.$$

联立两式得最小速度

$$v_{\min} = x_1\sqrt{\frac{g}{2h_1}} = 4.8\sqrt{\frac{10}{2\times 1.8}} \text{ m/s} \approx 8 \text{ m/s}.$$

(2) 大猴抓住青藤荡起过程中,只有重力做功,机械能守恒。设在 C 点荡起时的速度为 v_C,由

$$\frac{1}{2}(m+M)v_C^2 = (m+M)gh_2,$$

得

$$v_C = \sqrt{2gh_2} = \sqrt{2\times 10\times 4.0} \text{ m/s} \approx 9 \text{ m/s}.$$

(3) 设青藤对猴子的拉力为 F,刚荡起时相当于圆周运动的最低点,设青藤长为 l,由关系式

$$F - (m+M)g = (m+M)\frac{v_C^2}{l},$$

$$l^2 = x_2^2 + (l-h_2)^2,$$

得青藤长

$$l = \frac{x_2^2 + h_2^2}{2h_2} = \frac{8.0^2 + 4.0^2}{2\times 4.0} \text{ m} = 10 \text{ m}.$$

所以拉力

$$F = (m+M)\left(g + \frac{v_C^2}{l}\right) \approx (2+10)\left(10 + \frac{9^2}{10}\right) \text{ N} \approx 216 \text{ N}.$$

说明 本题以"保护动物＋亲情关系"为线索,结合着物理原理,解题时倍感亲切。潜移默化地渗透着爱护野生动物、保护弱小的美好情操,构思十分巧妙。

隐蔽与交接点

在分解物理过程时,应该认清各个不同研究对象所经历的过程. 有些过程是很隐蔽的,不能忽略放过. 特别要注意两个过程之间的"交接点",在这个点上往往会隐含着物理量的突变,必须对交接点的受力情况、状态特征等相关物理条件进行分析,才不会落入题中的陷阱.

例 5.6 放射性同位素钋($^{210}_{84}$Po)的半衰期 $\tau=138.4$ d. 现在一只容积 $V=1$ L 的铅盒中放入质量 $m_0=420$ g 的钋,并加以密闭隔热,此时盒内稀薄气体的压强可忽略. 那么经过时间 $t=276.8$ d,并将盒升温到 $T'=300$ K 后,盒内气体的压强多大?

分析与解答 题中表面上只有一个研究对象(钋),仿佛只经历一个过程(衰变). 实际上,由于钋的衰变,盒内会充满着氦气,这些氦气在温度升高时经历了有关气体的状态变化过程. 所以解题中应该先从钋的放射性着手,然后转化为一个气体的状态变化问题.

放射性元素钋经过 $t=276.8$ d 后剩余的质量为

$$m = m_0\left(\frac{1}{2}\right)^{t/\tau} = m_0\left(\frac{1}{2}\right)^2 = \frac{1}{4}m_0,$$

即发生衰变的钋的质量为 $\frac{3}{4}m_0$.

钋衰变时放出 α 粒子变成稳定的铅,核反应为

$$^{210}_{84}\text{Po} \longrightarrow {}^{206}_{82}\text{Pb} + {}^{4}_{2}\text{He}.$$

原有钋 $m_0=420$ g 相当于 2 mol,现有 1.5 mol 的钋发生衰变,共放出 1.5 mol 的 α 粒子.

放出的 α 粒子会使盒中原有的稀薄气体发生电离,俘获电子后产生氦气,因此盒内共有氦气 1.5 mol. 这些氦气在标准状况下($T=273$ K,$p=1$ atm)的体积为

$$V = 1.5 \times 22.4 \text{ L} = 33.6 \text{ L}.$$

把这些气体看成理想气体,根据理想气体状态方程,得升温后的

压强为
$$p' = \frac{VT'}{V'T}p = \frac{33.6 \times 300}{1 \times 273} \times 1 \text{ atm} = 36.9 \text{ atm}.$$

说明 本题除了过程比较隐蔽外,还有许多细节,如需要使稀薄气体电离、俘获电子生成氦气、把氦气看成理想气体等,都考查了考生综合掌握知识的情况.

例5.7 如图5.14所示,两平行板相距d,两板电压为U,板间用长为l的绝缘细线悬挂一个质量为m的带负电小球.小球静止在位置A时悬线与竖起方向成$45°$角.现把球拉到B点,使线伸直与竖直方向成$60°$角,然后轻轻释放.当小球运动到O点正下方的C点时,悬线的拉力多大(取$g = 10 \text{ m/s}^2$)?

分析与解答 根据小球在位置A的平衡条件(图5.15),可知重力与电场力的关系,即
$$mg = qE.$$

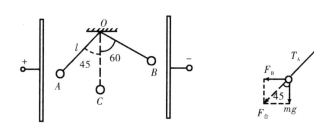

图5.14　　　　　图5.15

拉到B点时,重力—电场力的合力与竖直方向的夹角也是$45°$,与悬线的夹角为$75°$,因此刚释放时悬线并不处于张紧状态,线中张力为零.小球在重力—电场力的合力作用下沿着$45°$的倾斜方向做匀加速直线运动.直到D点细线被拉直,此时细线与竖直方向间夹角为$30°$(图5.16).

设小球在D点的速度为v_D,把它分解成垂直细线和沿着细线的

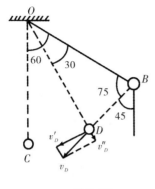

图 5.16

两个分速度 v'_D 和 v''_D(图 5.16). 其中分速度 v'_D 由于细线拉紧瞬间的冲量作用很快减小到零;小球从 D 点开始以 v'_D 为初速度,在重力和电场力共同作用下做变速圆周运动.

小球落至最低点 C 时,设其瞬时速度为 v_C. 根据向心力条件,即可列出有关细线拉力的表达式.

由此可见,这个问题中包含的过程和状态如下:

位置 A 力平衡 $\longrightarrow$ $B \longrightarrow D$ 匀加速运动 $\longrightarrow$ 转折点 D 速度突变 $\longrightarrow$

$D \longrightarrow C$ 变速圆周运动 $\longrightarrow$ 最低点 C 瞬时特性.

明白了这里的物理过程和状态特点,特别是认识了转折点 D 后,就容易列式求解了. 下面,请你帮助完成解答.

(参考答案:$T = 3.63$ mg)

$B \rightarrow D$

$v_D \rightarrow v'_D$

$D \rightarrow C$

位置 C

5.2.2 并合物理过程

许多问题中,需要把原来一个个分立研究对象发生的过程并合起来,或者将一个研究对象一连串依次发生的过程并合起来,可以称为"动态的全过程方法". 例如,在处理有关摩擦力功的时候,常常可以将分段的过程并合起来;在研究有关带电粒子穿越磁场(或电场)的问题时,有时可以将不连续的过程连接起来;在处理流体运动的时候,往往可以将分立的流体质点作为整体考虑;在涉及有关能量转换的时候,更是经常可以不必细分各个局部过程,而从整个过程出发考虑. 这样的处理方法往往会显得比较方便.

例 5.8 用锤击钉,如钉子受到木板的阻力与钉子进入木板的深度成正比,每次锤击打时对钉子做的功相同. 设第一次击钉时,钉子进入木板 1 cm,则第二次击钉时,钉子进入木板的深度为( ).

A. 1 cm   B. 0.5 cm   C. $\dfrac{\sqrt{2}}{2}$ cm   D. $(\sqrt{2}-1)$ cm

分析与解答 设木板的阻力 f 与钉子进入深度 x 的关系为 $f=kx$,则击钉时做的功可以表示为

$$W = \overline{f}x = \frac{1}{2}kx^2.$$

设第一次击钉和第二次击钉后,钉尖深度分别为 x_1 和 x_2(图 5.17),则击第一次时做功和连击两次做功有关系式

$$W_0 = \frac{1}{2}kx_1^2,$$

$$2W_0 = \frac{1}{2}kx_2^2.$$

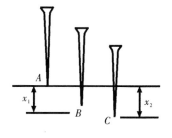

图 5.17

两式相比得

$$x_2 = \sqrt{2}\,x_1.$$

所以击第二次时进入木板的深度为

$$\Delta x = x_2 - x_1 = (\sqrt{2}-1)x_1 = (\sqrt{2}-1) \text{ cm}.$$

(D 正确)

说明 上面解答中把两次击钉看成一个过程,直接把钉尖从板

面击至深度 x_2 处,不仅简化了计算,而且能避免分别计算每次做功取平均值时容易发生的错误. 同学们可自行对比体会.

例 5.9 回旋加速器的工作原理如图 5.18 所示. 置于高真空中的 D 形金属盒半径为 R,两盒间的狭缝为 d,磁感应强度为 B 的匀强磁场与盒面垂直,A 处粒子源产生的粒子的质量为 m、电量为 $+q$,在加速器中被加速,加速电压为 U. 加速过程中不考虑相对论效应和重力作用. 求粒子从静止开始加速到出口处所需的时间 t.

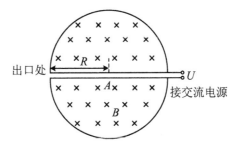

图 5.18

分析与解答 粒子从静止开始加速到出口处所需的时间 t 应该包括两部分,即在磁场中回旋的时间(t_1)和在狭缝中加速的时间(t_2).

设粒子从 A 处发射到出口处经历了 n 圈,出口处的速度为 v,则由狭缝的加速条件和磁场内运动的向心力条件知

$$2nqU = \frac{1}{2}mv^2, \quad qvB = m\frac{v^2}{R}.$$

联立两式,可得回旋圈数为

$$n = \frac{qB^2R^2}{4mU}.$$

因为回旋加速器中的粒子在磁场中每次回旋一周时间相同,均为

$$T = \frac{2\pi m}{qB},$$

所以粒子在磁场中的运动时间为

$$t_1 = nT = \frac{\pi BR^2}{2U}.$$

粒子在狭缝中每次运动的时间不同,但加速度都相同.因此,为了计算在狭缝中的运动时间,可以采用过程假设的方法,将原来分段的运动合并为一个连续的直线运动,得加速运动的时间为

$$t_2 = \frac{v - v_0}{a},$$

式中 $v_0 = 0, v = \frac{qBR}{m}, a = \frac{qU}{dm}$,代入上式得

$$t_2 = \frac{dBR}{U}.$$

所以,粒子从静止开始加速到出口处所需的总时间为

$$t = t_1 + t_2 = \frac{\pi BR^2}{2U} + \frac{dBR}{U} = \frac{BR}{U}\left(\frac{\pi R}{2} + d\right).$$

说明 通常情况下,由于两个 D 形盒之间的狭缝很小,带电粒子穿过的时间可以忽略*,因此,许多同学对粒子通过狭缝的时间从未思考过如何计算的问题.显然,如果逐次计算,那是非常烦琐的.本题采用了合并运动过程的假设方法,用连续的运动代替分段的运动,显得非常巧妙、简便.

例 5.10 在水龙头上,用橡皮管接头连接一根玻璃管,玻璃管长 $l = 1$ m,内截面 $S = 0.3$ cm^2,下端弯成直角(长度略去不计),如图 5.19 所示.若水流速度 $v = 2$ m/s,玻璃管质量 $m = 80$ g,求玻璃管偏离竖直方向的角度(不计橡皮管弹力).

分析与解答 水的流动是一个连续的过程,水从管口喷出时,由于反冲作用,持续对管形成一个垂直于管长方向的推力 F,使管偏

---

* 如 2009 年江苏省高考物理试卷第 14 题中第(2)部分.

离竖直方向,设其夹角为 α,如图 5.20 所示. 为了便于研究这种连续过程的作用,可采用假设法,把某段时间 Δt 内连续流出的水看做是同样时间内一次完成的.

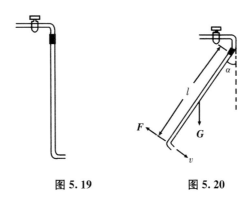

图 5.19　　　　图 5.20

设在时间 Δt 内一次流出的水的质量
$$m=\rho\Delta V=\rho v S\Delta t.$$
这部分水在垂直管长方向的动量变化
$$\Delta p=\Delta m v=\rho v S\Delta t\cdot v=\rho v^2 S\Delta t.$$
这部分水喷出时对管的推力
$$F=-\frac{\Delta p}{\Delta t}=\rho v^2 S.$$
玻璃管连同管内的水的重力
$$G=(m+\rho S l)g.$$
稳定时,推力 F 和重力 G 对以玻璃管上端为固定轴的力矩互相平衡(就像一个支点在一端的杠杆),即满足条件
$$Fl=G\cdot\frac{l}{2}\sin\alpha,$$
得
$$\sin\alpha=\frac{2Sv^2\rho}{(m+\rho Sl)g},$$
即

$$\alpha = \sin^{-1}\frac{2Sv^2\rho}{(m+\rho Sl)g}$$
$$= \sin^{-1}\frac{2\times 0.3\times 10^{-4}\times 2\times 2\times 1\times 10^3}{(80\times 10^{-3}+1\times 10^3\times 0.3\times 10^{-4}\times 1)\times 9.8}$$
$$= 12.85°.$$

例 5.11(2016 天津) 如图 5.21 所示,方盒 A 静止在光滑水平面上,盒内有一个小滑块 B,盒的质量是滑块质量的 2 倍,滑块与盒内水平面间的动摩擦因数为 μ. 若滑块以速度 v 开始向左运动,与盒的左右壁发生无机械能损失的碰撞,滑块在盒中来回运动多次,最终相对盒静止. 则此时盒的速度大小为 _____;滑块相对盒运动的路程为 _____.

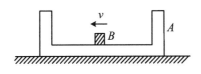

图 5.21

分析与解答 设滑块的质量为 m,则盒的质量为 $2m$. 把滑块与盒看成一个系统,它们在水平方向不受其他外力作用,因此相互作用的整个过程中总动量守恒. 由

$$mv = 3mu$$

得滑块与盒相对静止时的速度大小为

$$u = \frac{v}{3}.$$

由于滑块与两壁的碰撞没有机械能损失,整个系统的机械能损失仅是滑块与盒内表面的摩擦产生的. 假设把滑块的来回运动看成单方向的运动,则由能量关系知

$$\frac{1}{2}mv^2 - \frac{1}{2}(3m)u^2 = \mu \cdot mgs,$$

得滑块相对盒的运动路程为

$$s = \frac{v^2}{3\mu g}.$$

说明 这里将滑块的来回运动转化为单向的运动,就是一种合并运动过程的假设方法.这样的方法在一些能量转换问题中很常用,注意体会.

5.2.3 调整、变换物理过程

有的时候,为了便于研究,可以将研究对象所经历的客观过程,根据需要重新组合或设想一些其他的过程做等效代替.相比于前面所说的分解过程和并合过程这两种假设方法,调整、变换物理过程的思维要求更高,假设性更鲜明,自然也更富有创新的意义,显得更巧妙. 不仅能使难题化易,甚至还能跨越无法求解的障碍.

例 5.12 在一个倾角为 α 的很长的山坡下,以初速度 v_0 向山坡上发射一颗炮弹,要求炮弹在山坡上有最大的射程,发射时的方向角为多少? 最大射程为多少?

分析与解答 这是一个斜面上的斜抛问题,通常都以水平方向或沿着斜面方向为 x 轴,建立直角坐标系,列出两个分运动的方程求解. 采用变化物理过程的方法,可以把炮弹沿抛物线的运动分成两截:先沿着初速度方向做匀速直线运动,到达顶点后再做自由落体运动.

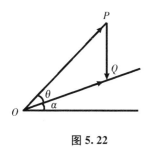

图 5.22

设炮弹发射时与斜面的夹角为 θ,运动时间为 t,画出矢量三角形 OPQ,如图 5.22 所示. 其中

$$OP = v_0 t,$$
$$PQ = \frac{1}{2}gt^2.$$

OQ 就是在斜面上的射程,令 $OQ = s$,由正弦定理知

5 中学物理中常见的几种假设

$$\frac{v_0 t}{\sin(90°+\alpha)} = \frac{\frac{1}{2}gt^2}{\sin\theta} = \frac{s}{\sin[90°-(\alpha+\theta)]}.$$

先由前面的比例关系求出运动时间

$$t = \frac{2v_0 \sin\theta}{g\cos\alpha},$$

再利用前后两项,并结合三角公式,即可求得斜面上的射程

$$s = \frac{v_0 t \cos(\alpha+\theta)}{\cos\alpha} = \frac{2v_0^2 \sin\theta \cos(\alpha+\theta)}{g\cos^2\alpha}$$

$$= \frac{v_0^2}{g\cos^2\alpha}[\sin(\alpha+2\theta) - \sin\alpha].$$

由此可见,当 $\alpha+2\theta=90°$,即 $\theta=45°-\dfrac{\alpha}{2}$ 时,山坡上的射程有最大值. 其值为

$$s_{max} = \frac{v_0^2(1-\sin\alpha)}{g\cos^2\alpha}.$$

例 5.13(2009 海南) 一辆卡车拖挂一台相同质量的拖车,在水平直道上以 $v_0=12$ m/s 的速度匀速行驶,其所受阻力可视为与车重成正比,与速度无关. 某时刻,拖车脱落,并以大小为 $a=2$ m/s² 的加速度减速滑行. 在拖车脱落 $t=3$ s 后,司机才发觉并紧急刹车,刹车时阻力为正常行驶时的 3 倍. 假设刹车前牵引力不变,求卡车和拖车都停下后两者之间的距离.

分析与解答 设卡车与拖车的质量均为 m,匀速行驶时卡车的牵引力 $F=k \cdot 2mg$(式中 k 为比例系数). 脱钩后,拖车以 $a=2$ m/s² 做匀减速滑行,卡车由于牵引大小不变,牵引的质量减半,将以 $a'=2a=4$ m/s² 做匀加速运动. 经 $t=3$ s 后,卡车紧急刹车,受到正常行驶时 3 倍阻力($3 \cdot kmg$)作用下匀减速滑行,直到停止. 整个运动过程的示意图如图 5.23 所示.

由于这里有两个研究对象,分别做着两种不同的运动,常规的列式计算比较复杂(参考说明中标准答案的解法). 如果采用假设的方法,将物理过程重新安排,解答可以大为简化.

假设当拖车脱钩时同时撤去牵引力,则卡车和拖车同时做匀减速滑行,一起停止. 然后再假设对卡车施以原来的牵引力 F,作用时间 $t=3$ s 后任其滑行至停止,设与拖车相距为 Δs. 显然,在这个过程中,牵引力对卡车在 $t=3$ s 内做的功,应该被卡车所受到的阻力在位移差 Δs 中做的功完全抵消. 运动示意图如图 5.24 所示.

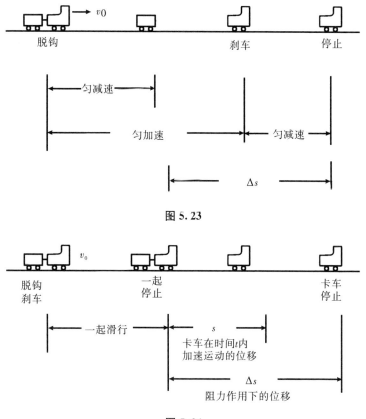

图 5.23

图 5.24

5 中学物理中常见的几种假设

根据上述道理,则

$$s = v_0 t + \frac{1}{2}a't^2 = 12 \times 3 \text{ m} + \frac{1}{2} \times 4 \times 3^2 \text{ m} = 54 \text{ m},$$

于是由

$$Fs = f\Delta s,$$

即

$$k \cdot 2mg \cdot s = 3 \cdot kmg \cdot \Delta s.$$

立即可得两者都停止时相距为

$$\Delta s = \frac{2}{3}s = \frac{2}{3} \times 54 \text{ m} = 36 \text{ m}.$$

说明 下面是标准答案的解法:设卡车的质量为 M,车所受阻力与车重之比为 μ,刹车前卡车牵引力的大小为 F,卡车刹车前后加速度的大小分别为 a_1 和 a_2. 重力加速度大小为 g. 由牛顿第二定律有

$$F - 2\mu Mg = 0, \qquad ①$$
$$F - \mu Mg = Ma_1, \qquad ②$$
$$\mu Mg = Ma, \qquad ③$$
$$3\mu Mg = Ma_2. \qquad ④$$

设拖车脱落后, $t = 3$ s 内卡车行驶的路程为 s_1,末速度为 v_1,根据运动学公式有

$$s_1 = v_0 t + \frac{1}{2}a_1 t^2, \qquad ⑤$$
$$v_1 = v_0 + a_1 t, \qquad ⑥$$
$$v_1^2 = 2a_2 s_2. \qquad ⑦$$

式中, s_2 是卡车在刹车后减速行驶的路程. 设车厢脱落后滑行的路程为 s,有

$$v_0^2 = 2as. \qquad ⑧$$

卡车和车厢都停下来后相距

$$\Delta s = s_1 + s_2 - s. \qquad ⑨$$

由 ① 至 ⑨ 式得

$$\Delta s = -\frac{v_0^2}{3a} + \frac{4}{3}v_0 t + \frac{2}{3}at_2. \qquad ⑩$$

代入题给数据得

$$\Delta s = 36 \text{ m}. \qquad ⑪$$

两种解法相比较,可以充分体会到采用假设运动过程的方法更加巧妙、简洁!

例 5.14 两个相同的线圈从同一高度自由下落,途中在不同高度处通过两个宽度相同、磁感应强度相等的匀强磁场区域后落到水平地面上(图 5.25),则两线圈着地时动能 E_{Ka},E_{Kb} 的大小和运动时间 t_a,t_b 的长短关系是( )。

A. $E_{Ka} = E_{Kb}$,$t_a = t_b$

B. $E_{Ka} > E_{Kb}$,$t_a > t_b$

C. $E_{Ka} > E_{Kb}$,$t_a < t_b$

D. $E_{Ka} < E_{Kb}$,$t_a < t_b$

E. $E_{Ka} < E_{Kb}$,$t_a > t_b$

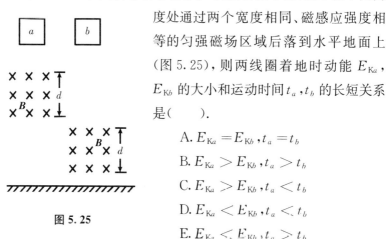

图 5.25

分析与解答 线圈进入磁场后,下底边切割磁感线产生感应电流,使线圈除受到重力外,还受到一个向上的磁场力(安培力)。由于两线圈通过磁场区域时的运动情况未知,因此,从动态特性上做一般讨论,已超出中学物理知识范畴。为此,进入磁场后的运动状态转化,我们可将它们假设为一匀速运动过程。

由题设条件知,两线圈进入磁场时的速度 $v_a < v_b$。假设进入磁场后由于受到安培力的作用,线圈做匀速运动,则通过磁场区域时,克服磁场力的功

$$W_B = F_B s = IlBs = \frac{Blv}{R}lBs = \frac{B^2 l^2 s}{R}v.$$

在磁感应强度(B)、线圈边长(l)、电阻(R)和通过磁场区域时安培力作用的位移(s)一定时,克服磁场力的功与线圈进入磁场的速度大小成正比.由于b线圈进入磁场时的速度大,可见,b线圈克服磁场力所做的功多些.

由能的转化和守恒知,线圈落地时的动能
$$E_K = E_P - W_B,$$
因此
$$E_{Ka} > E_{Kb}.$$
(可排除 A、D、E 三个选项).

为了比较两线圈的运动时间,可定性画出它们的 v-t 图(图 5.26).两线圈在磁场外时,都只受重力作用,加速度为 g,在 v-t 图上的斜率相同.由于 b 线圈进入磁场时的速度较大,b 线圈 v-t 图的水平部分在上面,其末速度(即着地速度)$v'_b < v'_a$.由于两线圈的位移相同,因此速度图线下方与 t 轴间的面积大小应该相等,必然要求运动时间 $t_b < t_a$.所以,正确答案为 B.

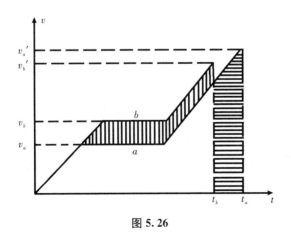

图 5.26

说明 物理过程的假设在本题中表现得很充分,把原来的变速运动转化为匀速运动,就可以做定性比较了,否则难以求解,请注意体会.

必须注意,上面把过程假设分成这样三方面并不是很严格的,实际应用中更不要去生搬硬套. 假设,本是一种很灵活的设想,通过对物理过程的假设或虚拟一些过程,希望能有利于问题的解决或解决得更顺利些. 呆板的划分,教条的对照,有悖于假设的本意. 需要强调的仅仅是:任何过程的假设都必须遵循一个原则——符合物理原理.

5.3 矢量方向的假设

我们先来研究这样一个问题:有人说,匀加速运动中,速度的大小随时间均匀增加,$v_t > v_0$,加速度 a 一定是正值;匀减速运动中,速度的大小随时间均匀减小,$v_t < v_0$,加速度 a 一定是负值. 这种说法对不对?

回答是:不一定.

速度和加速度都是矢量,对某个确定的运动物体来说,它们在空间有客观的方向. 但速度和加速度的正负却与人为假设的正方向有关.

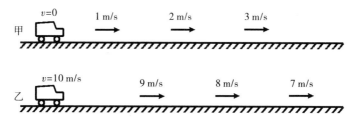

图 5.27

如图 5.27 所示,甲车从车站出发沿平直公路向右行驶,速度逐渐增加. 乙车经过车站继续右行,速度逐渐减小.

若规定向右的方向为正方向,甲车速度为正($v_甲 > 0$),且 $v_t - v_0$

>0,加速度 $a_甲 = \dfrac{v_t - v_0}{t} > 0$,即 $a_甲$ 也为正;乙车速度为正($v_乙 > 0$),但 $v_t - v_0 < 0$,加速度 $a_乙 = \dfrac{v_t - v_0}{t} < 0$,即 $a_乙$ 为负.

若规定向左的方向为正方向,甲车速度为负($v_甲 < 0$),且 $v_t - v_0 < 0$,加速度 $a_甲 = \dfrac{v_t - v_0}{t} < 0$,即 $a_甲$ 也为负;乙车速度为负($v_乙 < 0$),但 $v_t - v_0 > 0$,加速度 $a_乙 = \dfrac{v_t - v_0}{t} > 0$,即 $a_乙$ 为正.

由此可见,仅从加速度的正负上是无法判定物体做加速运动还是减速运动的,必须联系正方向的规定后才有意义.但不论正方向的规定如何,加速运动中,加速度的方向一定与速度方向相同;减速运动中,加速度的方向一定与速度方向相反.

在实际物理问题中,涉及矢量(位移、速度、加速度、力、动量、冲量、电场强度、磁感应强度等)及其规律(如 $s = v_0 t + \dfrac{1}{2} at^2$,$v_t = v_0 + at$,$F = ma$,$Ft = \Delta mv$ 等)时,必须先规定一个正方向. 对于在同一直线上的矢量,就可冠以正负号后按代数方法运算. 如解答结果为正,表示这个未知矢量的方向与规定的正方向同向;反之,如解答结果为负,表示这个未知矢量的方向与规定的正方向反向.

物理问题中关于矢量方向的假设,主要有这样几种情况.

(1)以物体的运动方向(速度方向)或某阶段的运动方向假设为矢量的正方向.

这种情况多数用于直线运动中. 如物体沿水平路面运动或做竖直上抛、下抛;两物体沿平直轨道运动发生正碰或沿直线往返运动等.

(2)以物体的加速度方向或受力方向假设为矢量的正方向.

对于能直观判断出加速度方向的问题,常取加速度方向为正方向,这样可避免在牛顿第二定律公式 $F=ma$ 的右方出现负号,会有利于减少解题中的某些失误. 对于加速度方向不明显的情况,常改取某个力的方向作正方向.

(3) 对于几个矢量的方向互相牵制时(如洛仑兹力中的 v,B,F 等),可先任意假设某一个矢量的方向为正方向.

下面,通过几个具体例题,说明不同情况下矢量方向的假设方法.

例 5.15 两个质量分别为 M 和 m 的物块 A,B,叠放在一起后置于倾角为 θ 的固定斜面上,如图 5.28 所示. 物块 A 与斜面间的动摩擦因数为 μ_1,B 与 A 之间的动摩擦因数为 μ_2. 已知两物块都从静止起以相同的加速度滑下,则物块 B 受到的摩擦力的大小与方向是(   ).

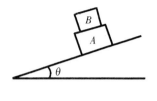

图 5.28

A. $\mu_2 mg\cos\theta$

B. $\mu_2 Mg\cos\theta$

C. $\mu_1 mg\cos\theta$

D. $\mu_1 Mg\cos\theta$

分析与解答 由于 A,B 两物块的加速度相同,可以作为一个整体,由

$$(M+m)g\sin\theta - \mu_1(M+m)g\cos\theta = (M+m)a,$$

得

$$a = g\sin\theta - \mu_1 g\cos\theta.$$

再以物块 B 为对象,由于其所受摩擦力方向难以判断,可采用假设的方法. 设物块 B 所受摩擦力沿斜面向上,由

$$m_B g\sin\theta - f = m_B a_B,$$

即
$$m_B g\sin\theta - f = m_B(g\sin\theta - \mu_1 g\cos\theta),$$
得
$$f = \mu_1 mg\cos\theta.$$
(C 正确).

说明 假设物块 B 所受摩擦力方向沿斜面向上或向下是任意的. 如果计算得到的摩擦力为负值,表示其实际方向与假设的方向相反.

例 5.16 如图 5.29 所示,在水平面上放置着一个倾角 $\theta=45°$ 的斜面,斜面上有一个质量为 m 的物块 A. 当对斜面施加一个水平向左的力,使其沿水平面以 $a_0=12\ \text{m/s}^2$ 的加速度带着物块一起向左运动时,试确定斜面对物块的摩擦力方向.

分析与解答 假设没有摩擦,那么物块随斜面左移时仅受重力和支持力作用. 由
$$mg\tan\theta = ma$$
得
$$a = g\tan\theta = 10\ \text{m/s}^2 < 12\ \text{m/s}^2.$$

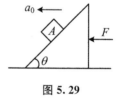

图 5.29

可见斜面对物块的摩擦力方向一定向下,才能由其分力补充物块产生加速度所需要的力.

说明 本题也可以先任意假设摩擦力方向沿斜面向上或向下,如果由此算出的摩擦力为正值,表示假设的方向是正确的;如果由此算出的摩擦力为负值,表示实际摩擦力方向与假设的方向相反.

例 5.17(2009 江苏) 航模兴趣小组设计出一架遥控飞行器,其质量 $m=2\ \text{kg}$,动力系统提供的恒定升力 $F=28\ \text{N}$. 试飞时,飞行器从地面由静止开始竖直上升. 设飞行器飞行时所受的阻力大小不变,g 取 $10\ \text{m/s}^2$.

(1) 第一次试飞,飞行器飞行 $t_1=8\ \text{s}$ 时到达高度 $H=64\ \text{m}$,求飞

行器所受阻力 f 的大小;

(2) 第二次试飞,飞行器飞行 $t_2=6$ s 时遥控器出现故障,飞行器立即失去升力,求飞行器能达到的最大高度 h;

(3) 为了使飞行器不致坠落到地面,求飞行器从开始下落到恢复升力的最长时间 t_3.

分析与解答 (1) 设第一次试飞的加速度为 a_1,以竖直向上为正方向. 根据牛顿第二定律和运动学公式,有
$$F-mg-f=ma_1,$$
$$H=\frac{1}{2}a_1t_1^2,$$

联立两式,得阻力
$$f=F-mg-\frac{2mH}{t_1^2}=\left(28-2\times10-\frac{2\times2\times64}{8\times8}\right)\text{N}=4\text{ N}.$$

(2) 设第二次试飞失去动力时的速度为 v_1,对应的高度为 h_1,在这个过程中由匀加速运动公式知
$$v_1=a_1t_2,$$
$$h_1=\frac{1}{2}a_1t_2^2.$$

失去动力后,飞行器以速率 v_1 向上做匀减速运动,设加速度为 a_2(方向向下),继续上升的高度为 h_2. 以竖直向下为正方向,同理由牛顿第二定律和运动学公式,有
$$mg+f=ma_2,$$
$$h_2=\frac{v_1^2}{2a_2}.$$

联立四式,并代入加速度值,有
$$a_1=\frac{2H}{t_1^2}=2\text{ m/s}^2,$$
$$a_2=\frac{mg+f}{m}=\frac{2\times10+4}{2}\text{ m/s}^2=12\text{ m/s}^2,$$

得飞行器能达到的最大高度

$$h = h_1 + h_2 = \frac{1}{2}a_1 t_1^2 + \frac{(a_1 t_2)^2}{2a_2} = \frac{1}{2} \times 2 \times 6^2 \text{ m} + \frac{(2 \times 6)^2}{2 \times 12} \text{ m} = 42 \text{ m}.$$

(3) 设失去动力后从最高点下降的加速度为 a_3（方向向下），对应的运动时间为 t_3，速率为 v_3. 以向下为正方向，根据牛顿第二定律和运动学公式，有

$$mg - f = ma_3,$$

$$v_3 = a_3 t_3.$$

此后飞行器恢复升力，继续向下做匀减速运动的加速度为 a_4（方向向上），软着落到达地面时的速率恰好为零. 以向上为正方向，同理由牛顿第二定律和运动学公式，有

$$F + f - mg = ma_4,$$

$$h = \frac{v_3^2}{2a_3} + \frac{v_3^2}{2a_4},$$

由此得

$$a_3 = \frac{mg - f}{m} = \frac{2 \times 10 - 4}{2} \text{m/s}^2 = 8 \text{ m/s}^2,$$

$$a_4 = \frac{F + f - mg}{m} = \frac{28 + 4 - 2 \times 10}{2} \text{ m/s}^2 = 6 \text{ m/s}^2,$$

$$v_3 = \sqrt{\frac{2a_3 a_4 h}{a_3 + a_4}} = \sqrt{\frac{2 \times 8 \times 6 \times 42}{8 + 6}} \text{ m/s} = 12\sqrt{2} \text{ m/s}.$$

所以飞行器从开始下落到恢复升力的最长时间为

$$t_3 = \frac{v_3}{a_3} = \frac{12\sqrt{2}}{8} \text{ s} = \frac{3}{2}\sqrt{2} \text{ s} \approx 2.1 \text{ s}.$$

说明 本题的每个小题，都涉及力和加速度的方向，必须规定正方向. 尤其是第(2)、第(3)两问，包含着加速度方向相反的两个过程，尤应注意方向的规定. 解答时，如果能画好如图 5.30 所示的示意图，标出每个阶段的加速度方向和相关位置的速度方向，列式时就不

容易犯错.

例 5.18 一根长 $l=1$ m 的细直轻杆,一端固定一个质量 $m=1$ kg 的小球,并可以另一端为轴在竖直平面内转动. 当杆竖直悬挂时给球一个冲量,使它获得初速度 $v_0=10$ m/s 开始转动. 试求小球转到最高点时杆对球的作用力 ($g=10$ m/s^2).

分析与解答 球在最高点共受两个力: 重力和杆的作用力,并由这两个力提供小球做圆运动的向心力. 重力的方向竖直向下,杆对球的作用力方向未知,因此需对它做一假设.

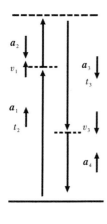

图 5.30

设球在最高点时速率为 v,由于球在转动过程中,只有重力做功,机械能守恒,取最低点为重力势能的零位置,由

$$\frac{1}{2}mv_0^2 = \frac{1}{2}mv^2 + mg \cdot 2l,$$

得

$$v = \sqrt{v_0^2 - 4gl}$$
$$= \sqrt{10 \times 10 - 4 \times 10 \times 1} \text{ m/s}$$
$$= \sqrt{60} \text{ m/s}.$$

假设球在最高点时杆对球的作用力竖直向上(图 5.31),在该位置时以向心加速度方向为正方向,则由圆运动的特性知

$$mg - N = m\frac{v^2}{l},$$

得

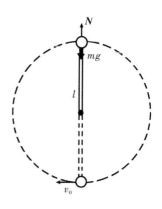

图 5.31

$$N = mg - m\frac{v^2}{l}$$
$$= \left(1 \times 10 - 1 \times \frac{60}{1}\right) \text{N}$$
$$= -50 \text{ N}.$$

解得结果为负值,表示最高点杆对球的作用力的方向与假设的正方向相反,即沿杆指向中心. 也就是说,在最高点杆对球施以拉力,此时由球的重力和杆的拉力共同提供球的向心力.

5.4 临界状态的假设

什么叫临界状态?我们先举一个例子说明. 大家知道,用一个慢中子去轰击铀 235 原子核($^{235}_{92}\text{U}$)时,铀核会裂变成两块,同时放出 2~3 个中子. 这些中子可以作为新的"炮弹"再引起其他铀核裂变. 这样,就可使裂变不断进行下去,在极短时间内放出巨大的能量. 这种反应称为链式反应(图 5.32).

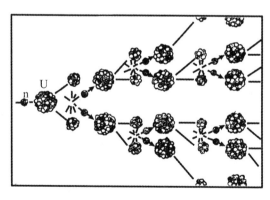

图 5.32 链式反应

物理学家研究发现:要使链式反应进行下去,铀块必须足够的大. 如铀块不够大,铀核裂变放出的中子就会逸出铀块,从而中断反应. 能够使铀块发生链式反应的最小体积(或对应的最小质量)就称

为它的临界体积(或临界质量).制造原子弹时,需要设计一种装置,能够把平时分成几小块、小于临界体积的铀块在引爆时自动合成一块大于临界体积的铀块.就此,历史上还曾发生过一起极为惊险的事故.

1945年春,美国对原子弹的研制工作进入最后阶段.一位年轻的加拿大物理学家斯罗廷负责承担投掷装置和引爆机构的试验任务.那时,没有机械手.没有电子计算机,更没有代替人作业的机器人,一切都靠物理学家双手操作.斯罗廷用两把螺丝刀在导轨上拨弄两块半球形铀块,使它对合起来刚好达到临界质量,观察链式反应.这工作十分危险,无异于"虎口拔牙".1946年5月,斯罗廷到比基尼岛参加第二次水下原子弹爆炸试验.他再次拿起螺丝刀做引爆机构测试时,不幸失手,螺丝刀滑掉了,两个半球形铀块眼看就要滑到一起达到临界质量,一场灾难性的核爆炸事故即将发生.在这千钧一发之际,斯罗廷以惊人的镇定和大无畏的勇气,用双手掰开了即将碰撞在一起的铀块.一场核灾难避免了,可是斯罗廷已受到了致命的核辐射的照射,9天之后就去世了.

从铀核裂变的临界质量可以知道,临界概念是指事物发展变化过程中的某一"关节点",当到达这个"关节点"时会引起物质的物理状态或某些物理性质的质的变化.例如,每种气体都有一个临界温度,在这个温度以上,无论怎样增大压强,气体也不会液化.要使气体液化,必须设法使气体的温度低于临界温度.如氮气、氢气、氦气的临界温度分别为$-147\ ℃$,$-240\ ℃$,$-268\ ℃$.所以在低温技术不够发达时,这些气体曾被认为是无法液化的"永久气体".后来随着低温技术的发展,到1908年,氦气最后也被液化了.

又如光从光密介质射向光疏介质时存在一个临界角.当入射角等于临界角时,折射角恰为$90°$,入射角超过临界角,就发生了全反射现象(图5.33).

5 中学物理中常见的几种假设

某些金属、合金和化合物,当温度低于某个值时,它们的电阻会突然减小为零.这种现象就是超导现象.使这些材料电阻率突变为零的温度也是一种临界温度,通常称为转变温度.

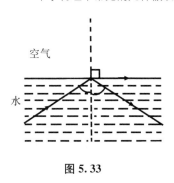

图 5.33

有些物理概念前面虽然未冠以"临界"两字,但它们都包含有临界的意义.例如,热学中的熔点(或凝固点)、沸点;电容器的耐压值;晶体二极管的反向击穿电压等,它们都是物质的状态或某些物理性质突变的关节点.

临界状态的含义还可延伸到各种临界问题——凡是在物体的运动变化过程中存在着能使它发生突变或使某些物理量取特殊值的关节点的问题,我们都称之为临界问题.如使两物体保持相对静止的最大加速度、火车沿弯道安全行驶的最大车速、发生状态变化中的最低温度、能使电子穿过平行板的最大电压等.在物理中广泛存在着各种临界问题.

由于临界状态是物体运动变化过程中的一个"关节点",在这个点前后往往会形成两个明显的阶段,物体的运动状态、受力特征、某些物理性质或某个物理量都会发生突变.因此,处理可能存在有临界状态的问题,关键是分析清楚物理过程,注意临界前后的不同特征.

例 5.19(2007 江苏) 如图 5.34 所示,光滑水平面上放置质量分

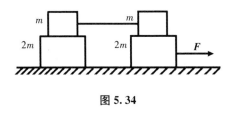

图 5.34

别为 m 和 $2m$ 的 4 个木块,其中两个质量为 m 的木块间用一根不可伸长的轻绳相连,木块间的最大静摩擦力是 μmg.现用

水平拉力 F 拉其中一个质量为 $2m$ 的木块,使 4 个木块以同一加速度运动,则轻绳对 m 的最大拉力为( ).

A. $\dfrac{3}{5}\mu mg$ B. $\dfrac{3}{4}\mu mg$

C. $\dfrac{3}{2}\mu mg$ D. $3\mu mg$

分析与解答 4 个木块一起做加速运动,必须要求相互间不打滑. 为此,可以先假设某处将开始打滑,求出由最大静摩擦力所能产生的加速度,这就是一个临界条件. 然后,再假设另一处打滑,同理求出由最大静擦力产生的加速度得到又一个临界条件. 最后,取其中较小的值为准,就可以确定轻绳对 m 的最大拉力.

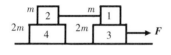

图 5.35

为了方便起见,将 4 个木块分别编号(图 5.35). 先设木块 2,4 间不打滑,1,3 间刚开始打滑,表示其间的摩擦力达到最大静摩擦. 把木块 1,2,4 看成一个整体,对应的加速度为

$$a_1 = \dfrac{f_{\max}}{m+m+2m} = \dfrac{\mu mg}{4m} = \dfrac{1}{4}\mu g.$$

再假设木块 1,3 间不打滑,2,4 间刚开始打滑. 同理,把木块 1,2,3 看成一个整体,则木块 4 能获得的最大加速度为

$$a_2 = \dfrac{f_{\max}}{2m} = \dfrac{\mu mg}{2m} = \dfrac{1}{2}\mu g > a_1.$$

因此,为保证 4 个木块能够一起做加速运动,其加速度只能为

$$a = a_1 = \dfrac{1}{4}\mu g.$$

以木块 2,4 为研究对象,得轻绳的最大拉力

$$f_{\max} = (m+2m)a_1 = \dfrac{3}{4}\mu mg.$$

所以选项 B 正确.

说明 一些学生受思维定势的影响,看到"4 个木块以同一加速度运动",立即把 4 个木块看成一个整体,求出加速度,然后再隔离木块 2、4 计算轻绳的拉力,却因没有此答案茫然若失. 可见,解题时思想上绝对不能有"框框". 本题中轻绳的最大拉力跟何处出现打滑有牵连关系,当事先不知道何处先出现打滑时,假设法就成为非常有效的手段.

例 5.20 如图 5.36 所示,一根光滑的斜轨道与一个竖直放置的、半径为 R 的光滑半圆形轨道相连接. 现将一个小球从斜轨道上高 $h=2.4R$ 处由静止释放,下列判断中正确的是( ).

A. 小球恰好能沿半圆轨道运动到最高点,然后自由下落
B. 小球从半圆轨道的最高点水平抛出,做平抛运动
C. 小球从半圆轨道的上半部分脱离,做斜上抛运动
D. 小球从半圆轨道的下半部分脱离,做斜上抛运动

分析与解答 由于小球进入半圆形轨道后,可能在不同位置脱离轨道,为此,可以先假设它在顶端脱离且处于临界状态,即此时轨道与小球之间没有相互作用. 设小球到达顶点的速度为 v,由向心力条件,有

$$mg = m\frac{v^2}{R} \Rightarrow v^2 = Rg.$$

设对应于这个临界速度的释放高度为 h',由机械能守恒,有

$$mgh' = mg \cdot 2R + \frac{1}{2}mv^2,$$

将 $v^2 = Rg$ 代入后得

$$h' = 2.5R.$$

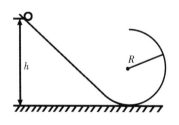

图 5.36

由于 $h' > h > R$,可见小球不能到达最高点,并将在半圆轨道的上半部分脱离后做斜上抛运动.

正确的是 C.

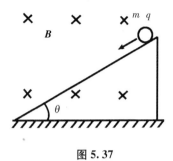

图 5.37

例 5.21 在垂直纸面向里的匀强磁场(磁感应强度为 B)中固定一个倾角为 θ 的光滑斜面,一个质量为 m、电量为 q、带负电的小球,从斜面顶端由静止下滑(图 5.37),它能在斜面上滑行的最大距离是多少？设斜面足够长。

分析与解答 小球刚释放时受到两个力：重力 mg、斜面支持力 $N(N=mg\cos\theta)$,在这两个力的合力作用下加速下滑。一经滑动获得沿斜面向下的速度,立即受到一个垂直斜面向上的洛仑兹力,从而减小了球对斜面的压力,斜面的支持力相应减小。随着小球下滑速度的增大,洛仑兹力增大,球对斜面的压力进一步减小,斜面的支持力跟着减小。当小球下滑的速度增大到使斜面的支持力为零时,小球就会脱离斜面。

由于小球在斜面上滑行的最大距离对应着斜面支持力为零的临界条件,由

$$N = mg\cos\theta - qvB = 0,$$

得小球脱离斜面时的下滑速度为

$$v = \frac{mg\cos\theta}{qB}.$$

因为小球沿斜面下滑的加速度恒定,恒为

$$a = g\sin\theta,$$

由

$$v^2 = 2as,$$

得小球沿斜面滑行的最大距离

$$s_m = \frac{v^2}{2a} = \frac{m^2 g\cos^2\theta}{2q^2 B^2 \sin\theta}.$$

例 5.22(2012 海南) 一赛艇停在平静的水面上,赛艇前端有一标记 P 离水面的高度为 $h_1 = 0.6$ m,尾部下端 Q 略高于水面;赛艇正前方离赛艇前端 $s_1 = 0.8$ m 处有一浮标,如图 5.38 所示. 一潜水员在浮标前方 $s_2 = 3.0$ m 处下潜到深度为 $h_2 = 4.0$ m 时,看到标记刚好被浮标挡住,此处看不到船尾端 Q;继续下潜 $\Delta h = 4.0$ m,恰好能看见 Q. 求

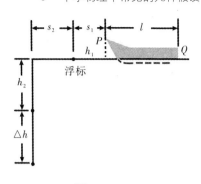

图 5.38

(1) 水的折射率 n;

(2) 赛艇的长度 l(可用根式表示).

分析与解答 (1)设深度 h_2 的位置为 A,则 P— 浮标 —A 恰好是挡住标记的临界光线,如图 5.36 所示. 设入射角和折射角分别为 α 和 β,由几何关系知

$$\sin\alpha = \frac{s_1}{\sqrt{s_1^2 + h_1^2}} = \frac{4}{5},$$

$$\sin\beta = \frac{s_2}{\sqrt{s_2^2 + h_2^2}} = \frac{3}{5}.$$

根据折射定律,得水的折射率

$$n = \frac{\sin\alpha}{\sin\beta} = \frac{4}{3}.$$

(2)设继续下潜 Δh 的位置为 B,由题意知,QB 的连线就是从水面掠入射的临界光线. 设对应的临界角为 C(图 5.39),则

$$\sin C = \frac{1}{n} = \frac{3}{4}.$$

由几何关系知

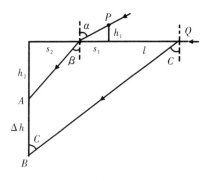

$$\tan C = \frac{l + s_1 + s_2}{h_2 + \Delta h}.$$

利用三角变换,从 $\sin C$ 算出 $\tan C$ 的值,代入 s_1, s_2, h_2 和 Δh 的数据,就可以算出赛艇的长度

$$l = \left(\frac{24\sqrt{7}}{7} - 3.8\right) \text{m} \approx 5.3 \text{ m}.$$

图 5.39

5.5 极端情况的假设

　　什么叫极端情况的假设? 我们先从一个生活事例说起. 某星期天,几位学生到老师家去做客,大家一起包饺子. 老师一边和学生说笑,一边指着已和好的面粉和一大盆肉馅,提出了这样一个问题:在面粉数量已确定时,饺子皮儿小些用去的肉馅总量多? 还是皮儿大些用去的肉馅总量多? 学生们争论开了:皮儿小时,只数多,每只能包的馅却少;皮儿大时,只数虽少,不过每只能包的馅多,双方似乎都有道理,可都又没有充分的理由说服对方. 于是大家向老师求助. 老师没有直接回答,只是启发学生从饺子皮儿的大小向两头延伸 —— 一种是把饺子皮儿切得小些再小些,做成许许多多极小极小(无限小)的饺子,试想它能包多少馅? 另一种是把饺子皮儿擀得薄些再薄些,皮儿增大再增大,可以把和好的面粉只擀成一个极大极大(无限大)的皮儿,它又能包进多少馅? 老师的话音刚落,学生们很快得出结果:"大肚能容天下",饺子皮儿越大,用去的肉馅总量越多.

　　一般地说,当研究物理问题时,将其中的某些物理量取它们的极端值或对这个问题做一些极端情况(包括物理条件、状态或过程等)的设想,这样的思维方法,就称为极端假设法,或极端情况假设推理方法.

　　极端假设法在研究物理问题中有很重要的价值,现结合具体问题做较详细的说明如下.

5.5.1 极端假设法的作用

极端假设法的主要作用可概括为以下三个方面.

化难为易

利用极端假设法可以化难为易,便于判断变化趋势或找出有关结果.尤其是当某些问题中从自变量和应变量的函数出发考虑比较困难、关系比较隐蔽,难以判断或需要通过计算(有时还是较复杂的计算)时,采用极端假设法往往具有神奇的作用.

例 5.23 如图 5.40 所示,弹簧测力计下端悬挂一个滑轮,跨过滑轮的细线两边有 A,B 两物体,$m_B=2$ kg,不计线、滑轮质量和它们之间的摩擦,则弹簧测力计示数的可能值是( ).

A. 40 N B. 60 N
C. 80 N D. 100 N

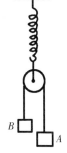

图 5.40

分析与解答 本题很开放,完全跳出了常规习题的框框.题中物体 A 的质量未知,初看觉得无从着手,仔细分析后,可以根据 A(或 B)向上(或向下)运动时加速度的取值情况,采用极端假设法确定.

当 $m_A=0$ 时,相当于右边不挂物体,物体 B 的加速度为 $a_B=g=10$ m/s^2. A,B 两物体悬线中的力 $T=0$,所以测力计的示数 $F=0$.

当 $m_A \to \infty$ 时,两物体的加速度和悬线中张力分别为

$$a = \frac{m_A - m_B}{m_A + m_B} g \approx g,$$

$$T = m_B(g+a) \approx 2m_B g,$$

则

$$F = 2T \approx 4m_B g = 80 \text{ N}.$$

可见,弹簧测力计示数范围应为 $0 < F < 80$ N,所以 A、B 正确.

说明 本题很好地考查了学生的思维能力.原以为很困难的问题,由于利用了极端假设方法,就可以巧妙地化解困难,轻松地求出结果,值得好好体会.

检验结果

利用极端假设法可以对计算结果(或已知取值)做初步检验.方法是对计算结果(或已知取值)取自变量的极端值(或特殊值)代入检验,如结果是合理的,可初步判断所得结果(或一般表达式)是准确的.

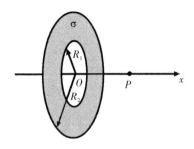

图 5.41

例 5.24(2009 北京) 图 5.41 所示为一个内、外半径分别为 R_1 和 R_2 的圆环状均匀带电平面,其单位面积带电量为 σ.取环面中心 O 为原点,以垂直于环面的轴线为 x 轴.设轴上任意点 P 到 O 点的距离为 x,P 点电场强度的大小为 E.下面给出 E 的四个表达式(式中 k 为静电力常量),其中只有一个是合理的.你可能不会求解此处的场强 E,但是你可以通过一定的物理分析,对下列表达式的合理性做出判断.根据你的判断,E 的合理表达式应为( ).

A. $E = 2\pi k\sigma \left(\dfrac{R_1}{\sqrt{x^2 + R_1^2}} - \dfrac{R_2}{\sqrt{x^2 + R_2^2}} \right) x$

B. $E = 2\pi k\sigma \left(\dfrac{1}{\sqrt{x^2 + R_1^2}} - \dfrac{1}{\sqrt{x^2 + R_2^2}} \right) x$

C. $E = 2\pi k\sigma \left(\dfrac{R_1}{\sqrt{x^2 + R_1^2}} + \dfrac{R_2}{\sqrt{x^2 + R_2^2}} \right) x$

D. $E = 2\pi k\sigma \left(\dfrac{1}{\sqrt{x^2 + R_1^2}} + \dfrac{1}{\sqrt{x^2 + R_2^2}} \right) x$

分析与解答 已知题中的 σ 为单位面积带电量,其单位为 C/m^2. 对照点电荷的电场强度公式,场强单位(量纲)与 $(k\sigma)$ 相同,而选项 A,C 的单位显然不符合,所以 A,C 都错.

当 $x \to \infty$ 时,由常识可知,P 点的电场强度 $E \to 0$. 此时式中
$$x^2 + R_1^2 \approx x^2 + R_2^2 \approx x^2.$$
因此对 B,D 两选项分别有
$$E = 2\pi k\sigma \left(\frac{1}{\sqrt{x^2 + R_1^2}} - \frac{1}{\sqrt{x^2 + R_2^2}} \right) x \to 0,$$
$$E = 2\pi k\sigma \left(\frac{1}{\sqrt{x^2 + R_1^2}} + \frac{1}{\sqrt{x^2 + R_2^2}} \right) x \to 4\pi k\sigma \neq 0.$$
所以选项 D 错,B 正确.

说明 判断解答结果常用的方法有单位(量纲)分析法、特殊值法等. 常用的特殊值是 0、∞ 或其他能使结果有确定意义的值,这就是一种极端推理的方法.

本题中如令 $R_1 = 0$,则原来的圆环变成一个带电圆盘,中心轴上的场强 $E > 0$,而选项 A 为负值,显然错了.

合理外推

利用极端假设法做合理外推,可得出实现条件较难或现实中根本无法实现的某些问题的客观结果.

这种情况在科学发现、物理实验和中学物理问题的研究等方面都很常见. 有时,还是一种难以替代的、很有效的研究和处理物理问题的方法.

特别是在那些由于现有的实验条件和观测范围的限制,而无法直接观测的领域(如对天体的研究),科学家们常常只能将在地球实验室中很小的时空范围内得到的结论加以外推,然后再通过进一步的观测去进行检验.

例如,伽利略通过斜面实验,得到小球沿光滑斜面下滑时做匀加

速运动的结论后,巧妙地把它外推到斜面倾角 $\theta=90°$ 的情况,从而成功地验证了他的猜想:下落物体的速度是随着时间均匀增加的.这样,伽利略不仅彻底推翻了亚里士多德关于落体运动的错误论断,而且得到了落体运动的规律.

1802 年,盖·吕萨克(J. L. Gay-lussac)对一定质量气体保持压强不变时的热膨胀现象进行研究,得到一个规律:每升高 1 ℃,气体体积的增加是 0 ℃ 时体积的 $\frac{1}{273}$*,用公式表示为

$$\frac{V_t - V_0}{t} = \frac{1}{273} V_0,$$

或

$$V_t = V_0 \left(1 + \frac{1}{273} t\right).$$

这就是盖·吕萨克定律,其关系图如图 5.42 所示.

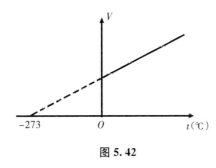

图 5.42

如果我们把这个结果向低温的极端情况外推,就可得到永远无法实现的气体体积为零的温度——绝对零度**.

在中学物理实验中有对电池电动势和内阻的测量.由于无法测出电流等于零时的路端电压和不允许让电池短路,所以实验中通过测量一系列的电流、电压值,作出 U-I 图像(图 5.43),然后将图像向两端延伸,根据它与两个

---

* 盖·吕萨克当初测得的体膨胀系数是 $\frac{1}{266.66}$. 50 年后,雷诺(H. V. Regnoult)测得为 $\frac{1}{273.15}$,便使用它取代盖·吕萨克的数值. 通常取为 $\frac{1}{273}$.

** 绝对零度的概念早在 1702 年法国的阿蒙顿(G. Amontons)已经提出. 盖·吕萨克定律提出后,得到物理学家的普遍承认. 1848 年,威廉·汤姆孙(W. Thomson)即开尔文勋爵(L. Kelvin)建立热力学温标时,重新提出绝对温度是温度下限的观点.

坐标轴的交点确定电动势和内阻. 这个实验,可以说是极端推理方法在中学物理中的一个典型应用.

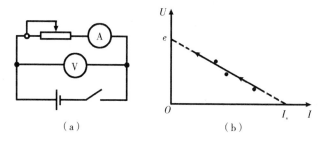

图 5.43

5.5.2 极端假设法的取值原则

在许多情况下,利用极端假设法是为了较快地做出判断,因此取极端值的基本原则是要能使问题的处理简化. 代入极端值后的结果应该是熟知的,以便一目了然地做出判断. 一般情况下,对于数值中的 $0, \infty$;角度中的 $0°, 90°, 180°$;加速运动时 $a=0, a=g$;电路中断路 ($R \to \infty$),短路($R=0$);研究光的传播时入射角 $i=0°, i=90°$;凸透镜成像中 $u=f, u \to \infty$ 等,都是较常选取的极端值或极端情况.

例 5.25(2011福建理综) 一不可伸长的轻质细绳跨过定滑轮后,两端分别悬挂质量为 m_1 和 m_2 的物体 A 和 B,如图 5.44 所示. 若滑轮有一定大小,质量为 m,且分布均匀,滑轮转动时与绳之间无相对滑动,不计滑轮与轴之间的摩擦. 设细绳对 A 和 B 的拉力大小分别为 T_1 和 T_2,已知下列 4 个关于 T_1 的表达式中有一个是正确的,请你根据所学的物理知识,通过一定的分析,判断正确的表达式是( ).

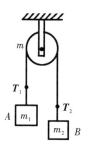

图 5.44

A. $T_1 = \dfrac{(m+2m_2)m_1 g}{m+2(m_1+m_2)}$ B. $T_1 = \dfrac{(m+2m_1)m_2 g}{m+4(m_1+m_2)}$

C. $T_1 = \dfrac{(m+4m_2)m_1 g}{m+2(m_1+m_2)}$ 　　　　D. $T_1 = \dfrac{(m+4m_2)m_2 g}{m+4(m_1+m_2)}$

分析与解答　本题表面看来,很像是一个常见的应用牛顿第二定律的问题. 但由于增加了滑轮质量这个因素,在中学物理范围内变得无法求解. 如果采用极端思维方法,先假设滑轮质量为零,然后通过对解答结果的比较,就可以选出正确的表达式.

假设滑轮质量为零,那么两边绳中拉力必定相等. 令绳中为 T, 由牛顿第二定律,有

$$T - m_1 g = m_1 a,$$
$$m_2 g - T = m_2 a,$$

联立得

$$a = \dfrac{m_2 - m_1}{m_1 + m_2} g,$$

$$T = \dfrac{2m_1 m_2}{m_1 + m_2} g.$$

以滑轮质量 $m=0$ 代入题中 4 个选项,可以看到,只有选项 C 才跟上述结果相符,所以正确的是 C.

说明　同样道理,也可以假设 $m_1 = m_2$ 进行判断,请自行练习.

例 5.26(2012 安徽)　如图 5.45(a) 所示,半径为 R 均匀带电圆形平板,单位面积带电量为 σ,其轴线上任一点 P(坐标为 x)的电场强度可以由库仑定律和电场度的叠加原理求出为

$$E = 2\pi k\sigma \left[1 - \dfrac{x}{(R^2+x^2)^{1/2}}\right],$$

方向沿 x 轴. 现考虑单位面积带电量为 σ_0 的无限大均匀带电平板,从其中间挖去一半径为 r 的圆板,如图 5.45(b) 所示. 则圆孔轴线上任意一点 Q(坐标为 x)的电场强度为(　　).

A. $2\pi k\sigma_0 \dfrac{x}{(r^2+x^2)^{1/2}}$ 　　　　B. $2\pi k\sigma_0 \dfrac{r}{(r^2+x^2)^{1/2}}$

C. $2\pi k\sigma_0 \dfrac{x}{r}$ D. $2\pi k\sigma_0 \dfrac{r}{x}$

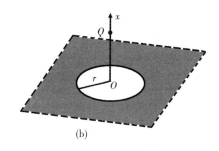

图 5.45

分析与解答 当 $R \to \infty$ 时,表达式中

$$\frac{x}{(R^2+x^2)^{1/2}} \to 0,$$

则

$$E = 2\pi k\sigma_0.$$

这就是无限大的均匀带电平板所产生的场强. 当在无限大均匀带电平板中挖去半径为 r 的圆板后,它产生的场强应该减去这个圆板所对应的场强,即

$$E' = 2\pi k\sigma_0 - 2\pi k\sigma_0\left[1 - \frac{x}{(r^2+x^2)^{1/2}}\right] = 2\pi k\sigma_0 \frac{x}{(r^2+x^2)^{1/2}}.$$

所以 A 正确.

5.5.3 极端假设法的适用条件

极端假设法是通过对自变量取某些极端值时,比较应变量的大小确定其变化趋势或得出变化规律的. 它只有在一定条件下才适用. 从物理意义上说,所研究的问题应该有"终端"或"始端"可觅,也就是说,所研究物理现象的条件或所显现的程度存在有一定的边界或存在有几种可能的极端值. 从数学上说,通常只适合于所研究的过程(或区域)内,函数是单调递增或单调递减的. 如果所研究的函

数在某个区域内不是单调递增或递减的,那么应用极端推理方法或采用特殊值方法进行判断时,往往就会发生错误。实际使用中,对于二次函数和三角函数尤应谨慎.

例如,某函数的图像如图 5.46 所示,在区间 $[x_1,x_2]$ 内先递增,后递减,假如在判断中只根据函数 $f(x_1)>f(x_2)$,认为自变量从 x_1 变化到 x_2 的过程中,函数值始终是递减的,那么就错了.

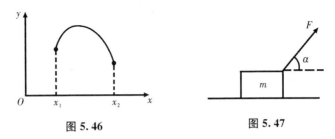

图 5.46　　　　　　　　图 5.47

例 5.27　如图 5.47 所示,质量为 m 的木块在拉力 F 作用下沿水平地面向右做匀加速直线运动. 已知拉力的大小 $F=mg$,它与水平地面间的夹角 $\alpha=53°$. 木块与地面间的动摩擦因数 $\mu=\dfrac{3}{4}$. 如果保持拉力 F 的大小不变,使它与地面间的夹角 α 逐渐减小到零,那么在这个过程中,木块加速度大小的变化情况是(取 $\sin 53°=0.8$,$g=10 \text{ m/s}^2$)(　　).

A. 逐渐减小　　　　　　　　B. 逐渐增大
C. 先减小,后增大　　　　　D. 先增大,后减小

分析与解答　通过对木块的受力分析,根据牛顿第二定律不难得到木块的加速度

$$a=\dfrac{F\cos\alpha-\mu(mg-F\sin\alpha)}{m}=g(\cos\alpha+\mu\sin\alpha)-\mu g.$$

当 $\alpha=53°$ 时,加速度 $a_1=4.5 \text{ m/s}^2$;当 $\alpha=0°$ 时,加速度 $a_2=2.5 \text{ m/s}^2$. 如果解题时只根据夹角 α 这两个特殊值得到的加速度值,立

刻做出判断:木块的加速度随夹角 α 的减小而减小,认为选项 A 正确,那么就正好中了题设的圈套,落入了陷阱.

为了看出加速度随夹角变化,令 $\mu = \tan\beta$,将上式变换为

$$a = g\left(\cos\alpha + \frac{\sin\beta}{\cos\beta}\sin\alpha\right) - \mu g = \frac{g}{\cos\beta}\cos(\alpha - \beta) - \mu g.$$

已知 $\mu = \frac{3}{4}$,则 $\beta \approx 37°$,$\cos\beta \approx 0.8 = \frac{4}{5}$,于是得

$$a = \frac{5}{4}g\cos(\alpha - 37°) - \frac{3}{4}g.$$

由此可见,当夹角 α 从开始时的 $53°$ 减小到 $37°$ 的过程中,加速度逐渐增大;当夹角 α 从 $37°$ 减小到 $0°$ 的过程中,加速度逐渐减小. 当 $\alpha = 37°$ 时,加速度有极大值为 $a_{\max} = \frac{1}{2}g = 5 \text{ m/s}^2$. 显然,题中木块的加速度随夹角 α 的减小做非线性变化,正确的是 D.

例 5.28 图 5.48 所示电路中,电源电动势 $E = 6$ V,内阻 $r = 1$ Ω,L_1,L_2 是两个相同的小灯,每灯电阻 $R = 10$ Ω. 滑线变阻器的最大阻值 $R_0 = 100$ Ω. 试问:当合上 S、滑动触头 P 从 A 向 B 滑动的过程中,小灯 L_1 的亮度( ).

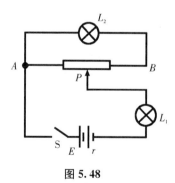

图 5.48

A. 变亮

B. 变暗

C. 先由暗变亮再由亮变暗

D. 先由亮变暗再由暗变亮

分析与解答 一些学生机械地照搬极端假设法,把滑动头 P 在 A,B 两端时的电路等效成如图 5.49 和图 5.50 所示的电路.

在图 5.49 中小灯 L_1 两端电压

$$U_1 = \frac{R}{R+r}E = \frac{10}{10+1} \times 6 \text{ V} = 5.45 \text{ V},$$

在图 5.50 中小灯 L_1 两端电压

$$U'_1 = \frac{R}{r + R + \frac{R_0 R}{R_0 + R}} E = \frac{10}{1 + 10 + \frac{100 \times 10}{100 + 10}} \times 6 \text{ V}$$

$$= 2.99 \text{ V}.$$

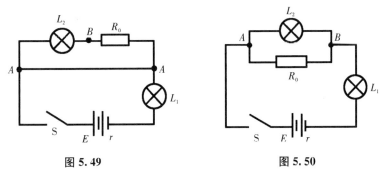

图 5.49　　　　　　　图 5.50

说明滑动头 P 从 A 滑向 B 时，小灯 L_1 两端电压在减小，所以小灯 L_1 变暗，于是选择答案 B．

实际上，这个答案是错的．因为滑动头 P 从 A 滑向 B 时外电阻不是单调变化的．设 P 滑到某位置时 AP 段电阻为 R_x，电路可简化为如图 5.51 所示．外电路 AP 部分的电阻为

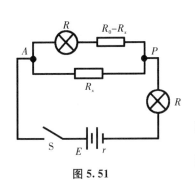

图 5.51

$$R_{AP} = \frac{R_x[(R_0 - R_x) + R]}{R_x + (R_0 - R_x) + R}$$

$$= R_x\left(1 - \frac{R_x}{R_0 + R}\right).$$

当 $R_x = 0$（滑动头 P 在 A 端）时，$R_{AP} = 0$，$U_1 = \frac{R}{R+r}E$，小灯 L_1 两端电压最大，L_1 最亮．

5 中学物理中常见的几种假设

当 $0 < R_x < \dfrac{R_0+R}{2}$ 时，R_{AP} 随 R_x 的增大逐渐增大，U_1 随着减小，小灯 L_1 逐渐变暗．

当 $R_x = \dfrac{R_0+R}{2}$ 时，R_{AP} 增大到最大值 $\dfrac{R_0+R}{4}$，电压 U_1 达最小值，L_1 最暗．

当 $\dfrac{R_0+R}{2} < R_x < R_0+R$ 时，R_{AP} 随 R_x 的增大而减小，U_1 逐渐增大，L_1 由暗变亮．

当 $R_x = R_0$ 时，滑动头 P 在 B 端，电压 U_1 继续增大，L_1 继续变亮．

所以，当滑动头 P 从 A 滑向 B 端时，小灯 L_1 先由亮变暗，再由暗变亮．正确答案为 D．

必须注意，极端假设法虽然是一种很有用的思维方法，但并不是万能的，更不要因此把思路引向"极端化"．解决问题的最终途径还是遵从客观物理规律．

6 猜想与假设在中学物理学习中的指导作用

猜想与假设是一种重要的思维方法. 从前面所介绍的许多物理学史实中可以体会到,它往往会给科学研究工作注入新的活力. 正当"山重水复疑无路"之际,一个新的假设,便使研究工作峰回路转,出现一片新的曙光,进入"柳暗花明又一村"的境界. 而如果拘泥于旧模式,便会陷入更大的困难. 普朗克突破传统的连续性框架,提出了分立的量子假设,终于敲开了量子世界大门. 小居里夫妇束缚于一时的定见,缺乏提出新的假设的敏感性,三次走到了伟大发现的门口而错失良机. 这正如牛顿所说的:"没有大胆的猜想,就没有伟大的发现."

了解和领会猜想与假设这一种重要的思维方法,对学习和运用物理学知识同样有着很重要的指导作用,大体上可以概括为以下三方面.

6.1 发展想象力的有效途径

科学离不开想象. 科学上的任何一种学说、一种理论,技术上的任何一项发明,它们的萌芽过程无不滋润着想象的雨露. 科学家面对着从实际观察或实验中发现的问题,为了解决问题和寻求答案,必须展开无拘无束的想象. 从奔放的思潮中捕捉到某些智慧的火花,形成猜想或提出假设. 它反映了在科学探究活动中的一种积极进取的态度,而不是人云亦云或消极地等待事实的积累和结论的出现. 因此,猜想与假设跟科学家的想象力有着密切的联系,它们是想象的结晶,想象力又赋予它们勃勃生机,使它们活跃于科学的舞台上. 爱因斯坦说:"想象力比知识更重要,因为知识是有限的,而想象力概括着世界上的一切,推动着进步,并且是知识进化的源泉. 严格说,想象力是科学研究中的实在因素." 爱因斯坦的话对今天的科学家是很有益的,对于明天的科学家、对于明天的建设者 —— 今天的中学生 —— 则更为迫切. 因为要想有所发现、有所发明、有所创造、有所进步,走前人没有走过的路、做前人没有做过的事,就离不开想象.

猜想与假设,正是丰富和发展想象力的有效途径.

譬如,在学习中常可设想让"时光倒流",把自己置身于历史上的各个时期,针对当时涌现的种种问题,也展示一下自己的猜想 —— 看到落体的运动猜测它的快慢跟什么因素有关? 它应该是怎样的一种运动? 地面上空落体的运动和挂在高空的月球的运动乃至茫茫太空中天体的运动可能会有什么样的本质联系? 看到食盐或雪花的晶粒所呈现的美丽规则的外形,猜测它内部物质微粒有怎样的分布? 一个铁针放在磁体附近被磁化,又能对它的内部结构做怎样的猜测? ……尽管这里有许多问题前辈们已做出了定论,但仍然够我们去做种种"历史性的猜想",从而培养自己思考的习惯,丰富想象的内容.

2013年6月20日,我国神舟十号女航天员王亚平,在两位同伴的协助下,在距离地面300多千米的"天宫一号"实验舱里,对全国几千万中、小学生太空授课约50分钟.

王亚平演示了在太空中如何测量物体的质量、摆球的圆周运动、陀螺的旋转、神奇的水膜和水球实验等. 这次太空授课,不仅使同学们直观地认识了微重力环境下的一些神奇现象,更可贵的是极大地激发了同学们的想象力. 在同学们与宇航员的对话中,提出了许多很有意义的问题. 例如:

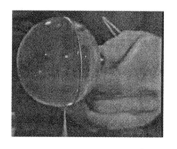

图 6.1 微重力下由于表面张力形成的漂亮的水球

有同学问:在太空中有上下的方位感吗?——王亚平在指令长聂海胜的帮助下做了悬空横卧和倒立表演,并解释道,航天员在太空中无所谓上和下的方位区别,只是为了便于工作和生活,人为定义了"天宫一号"中的上和下.把朝向地球的一侧定义为下,并专门在"下方"铺设了地板.

有同学问:在天上看到的窗外景色与地面有什么不同?星星会闪烁吗?能看到 UFO 吗?——王亚平微笑着回答,透过舱窗,可以看到美丽的地球,也可以看到日月星辰,但是到目前为止还没有看到过 UFO. 由于没有大气对光的散射作用,看到的太空不是蓝色的,而是深邃的黑色. 同样由于没有大气的阻挡和干扰,看到的星星格外明亮,但是不会闪烁. 她还告诉同学们一件奇妙的事情,每天可以看到 16 次日出,因为每 90 分钟绕地球转一圈.

有同学问:在天上的生活用水是从地面上带到天宫一号去的吗?可以循环使用吗?

有同学问:能看到太空垃圾吗?天宫一号是否有应对太空垃圾的防护措施?

有同学问:在太空中采取哪些措施对抗失重对人体的不利影响?

图 6.2 授课结束航天员挥手道别,勉励同学们:"飞天梦永不失重,科学梦张力无限"

有位同学看了"太空授课"中的单摆运动和质量测量实验后提

出了两个问题:这个单摆转动一周的时间是多少? 还有其他方法能在太空中测量物体的质量吗?

虽然这些问题并不很深奥,也并没有什么惊人之处,却都是同学们在自由的畅想下迸发出来的宝贵的思维火花,是十分可喜的. 猜想与假设的前提本就是不受任何羁绊和束缚的,是自由的、主观的,但它同时又是理性的,以一定的物理背景为依托的.

从古至今,人们对浩瀚宇宙的感觉最为神秘莫测,年轻人往往对其充满热情的向往.

广袤无垠的未知世界,正是想象力可以自由驰骋的天地,能令人沉醉于构思自己独特的猜想与假设的喜悦之中——宇宙大爆炸究竟是怎么回事? 地球和其他天体是如何演化来的? 宇宙会不断膨胀下去吗? 它有没有边界? 暗物质和暗能量是怎么回事? 能否架设"太空电梯"直达月球? 是否存在时空隧道? 是否存在外星人?

近年的高考中也常常渗透着鼓励学生大胆猜想和假设的一些问题. 例如,根据地球的自转在逐步变慢的事实,假设这种趋势持续下去,要求学生探讨一下对地球同步卫星的影响(2014年天津高考物理试题);为了缓解宇航员长期处于零重力环境下引起的不适,设想在航天器上加装"旋转舱",使宇航员感受到与站在地面时同样的支持力(2015年天津高考物理试题);当地球自转周期变小时,仍然用三颗同步卫星实现地球上任意两点无线电通信的问题(2016年新课标Ⅰ卷物理试题);等等.

爱因斯坦回忆发现相对论的过程时曾说起,他从16岁(1895年)就开始思考这样一个问题:"如果我以光速追逐光波,将会看到什么?"正是由于爱因斯坦的这种超于常人惯性思维的惊人的想象力,才促使他能大胆地提出光速不变的假设,使他能于26岁时就完成了相对论的开创性工作.

我们面前永远有一个未知世界,而对未知世界规律的探求同样

也得从猜想与假设起步.

6.2 体验科学探究

当前,科学探究已经成为中学物理教学的一个重要组成部分.猜想与假设就是科学探究中的一个要素*.理解和领会这种思维方法,也就是在体验着科学探究的过程.

我们知道,在科学探究中能够提出一个有价值的问题非常可贵.但是,如果仅仅是提出问题,而对问题中事物的因果性、规律性不去做进一步的猜测或试探性解释的话,不仅可能会丧失发现真理的机会,而且有时也会淹没了原有问题的光辉.爱因斯坦在16岁时能够提出"追光"问题当然可贵,然而更可贵的是他能够不断地探索,并以超出惯性思维的思想和非凡的勇气,大胆地提出新的假设,才成就了26岁时创建相对论的开创性工作.

学习物理知识的过程,跟科学家探索未知世界规律性的过程有一定的相似性,既要仔细地捕捉新问题,也要具有对新问题做出猜想与假设的勇气. 其实,这种发现问题并让你展示出猜想与假设勇气的机会,在学习过程中随处可见. 例如:

研究物体的加速度与它受到外力和物体质量的关系时,从生活经验可以知道:用不同的力作用于同一个物体,作用力越大时物体的速度增加得越快,即加速度越大;用同样的力作用于质量不同的物体,质量越大的物体越不容易改变运动状态,即加速度越小. 那么,物体的加速度究竟与它受到的外力和物体的质量有什么关系呢?进行实验探究之前,不妨尝试着猜想一下——$a \propto F$ 或 $a \propto F^2$,$a \propto \dfrac{1}{m}$

---

* 科学探究中的七个要素:提出问题、猜想与假设、制订计划与设计实验、进行实验与搜集证据、分析与论证、评估、交流与合作.

或 $a \propto \dfrac{1}{m^2}$……最后,当实验证明了你的某个猜想时,这种喜悦有时可能会让你铭记终身.

学习了电阻定律,并通过实验测量了导体的电阻后,如果看到如图 6.3 所示的一段圆柱形导体*,你能够对影响其电阻的因素做些猜想或假设吗?

研究电磁感应现象时,常常会做如图 6.4 所示的实验. 用条形磁棒的 N 极或 S 极分别插入线圈或从线圈中抽出时,感应电流的方向不同. 那么,对于其中的规律,你在学习过程中只是跟随着老师的授课进程?还是自己先做过什么猜想呢? 如果你做过猜想,说明已经在体验科学探究过程了;如果你根据所做的猜想,主动地进行实验验证,还记录下一组组不同的结果,进一步尝试着归纳出一个结果——哪怕是一个毫无意义的结果,甚至是一个错误的结果,都说明你"好伟大",已经在进行着探究未知世界规律的科学研究了!

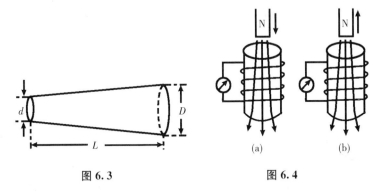

图 6.3 图 6.4

在实验探究中对猜想与假设的鼓励,也可以直接演化为设问.

例 6.1(2007 宁夏理综) 由绝缘介质隔开的两个同轴的金属圆筒构成圆柱形电容器,如图 6.5 所示. 试根据你学到的有关平行板电

---

* 参见 2009 年江苏省高考物理第 10 题.

容器的知识,推测影响圆柱形电容器电容的因素.

课本中,只学习过平行板电容器,通过实验探究知道平行板电容器的电容量跟两板的正对面积、间距以及板间的介质有关. 对于如图 6.5 所示的圆柱形电容器,表面看来,完全超越了教材要求,但如果从纵向切剖后展开,也就成了平行板电容器. 由此可以做出猜想:圆柱形电容器的电容量也应该与其正对面积、板间距离、极板间的介质有关,即跟图中的物理量 H,R_1,R_2 以及 ε 有关.

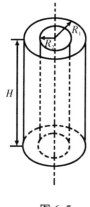

图 6.5

例 6.2(2013 浙江理综) 与通常观察到的月全食不同,小虎同学在 2012 年 12 月 10 日晚观看月全食时,看到整个月亮是暗红的. 小虎画了月全食的示意图(图 6.6),并提出了如下猜想,其中最为合理的是(   ).

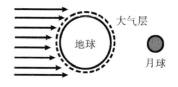

图 6.6

A. 地球上有人用红色激光照射月球

B. 太阳照射到地球的红光反射到月球

C. 太阳光中的红光经地球大气层折射到月球

D. 太阳光中的红光在月球表面形成干涉条纹

发生月全食的光路示意图如图 6.7 所示. 太阳光被地球所遮挡,无法直接反射到月球(选项 B 明显错). 激光的平行度很好,即使地球与月球相隔遥远,从地球射向月球的激光形成的光斑并不很大,要求整个月球都被激光照射,需要许多巨大功率的激光源同时照射,估算也不可能(A 也错). 形成干涉条纹,需要两束相干光,这里显然无法满足(D 也错).

由于此时月球处于太阳的本影区域,虽然根据光的直线传播原理,地球上的人是无法看到月球的,但由于地球大气层的存在,一部

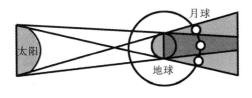

图 6.7

分太阳光经过地球大气层的折射和散射后,波长较短的紫光大部分被吸收了,而波长较长的红光射向月球表面,并被月球反射,因此在地球上的人看到的月球是红色的(C 正确).

说明　这个问题,根据对月全食的仔细观察,提出了几种不同的猜测性解释,涉及的知识面广.启发同学们要培养对自然现象的观察力和做出猜想的勇气.

深化对物理原理的认识

对物理问题的未知结果先做些猜想与假设,并非只是局限在实验探究中.在学习和生活中,也经常会出现各种新鲜、活跃的问题,同样可以根据其演化的可能方向,先做些试探性的猜想与假设,这会有利于深化认识.下面,通过平时练习、生活和实验研究中发现的三个问题加以说明.

例 6.3　在静电场中经常会遇到三个点电荷系统的问题:如图 6.8 所示,在相距 $2l$ 的两处,放置两个带有 $+q$ 的点电荷 a,b.在它们连线的中点,放有一个质量为 m、带有 $-q$ 的点电荷 c.开始时,整个系统处于静止状态.现将点电荷 c 垂直于连线方向稍稍移过距离 x_0,试判断它的运动状况.

面对这样的问题时,完全可以利用原有的知识基础,凭借着直觉先做一下猜想——由于点电荷 c 受到 a,b 两电荷库仑力的合力方向,指向其原来的位置,可以猜想点电荷 c 在原来的平衡位置附近振

动,进一步还可以假设它做简谐运动.

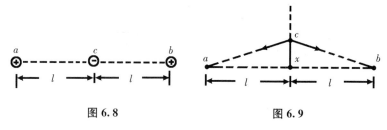

图 6.8　　　　　　　　图 6.9

为了验证这个猜想与假设,可以取点电荷 c 在运动过程中某位置考虑,假设它相对平衡位置的位移为 x,通过画出的矢量图可知(图 6.9),点电荷 c 所受到的指向平衡位置的力的大小为

$$F = 2k\frac{q^2}{l^2+x^2} \cdot \frac{x}{\sqrt{l^2+x^2}} = \frac{2kq^2}{(l^2+x^2)^{3/2}}x.$$

根据题设条件,x 应该是一个很小的量,即 $x \ll l$,因此上式可取近似

$$F \approx \frac{2kq^2}{l^3}x.$$

这就是说,点电荷 c 偏离平衡位置后受到的回复力的大小与其位移成正比,方向与位移方向相反,即指向平衡位置.可见,点电荷 c 确实在平衡位置附近做简谐运动.

如果这个结论是在自己先做了猜想或假设后,再经过计算论证后得到的,那不仅会有一种成就感,而且对这个问题也会有着更深入的认识.

例 6.4*　　下雨天看到大小不同的雨滴下落,有人好奇地提出这样的问题:大雨滴落得快,还是小雨滴落得快?你可能会凭着直觉做出猜想:大雨滴比小雨滴落得快.也就是说,如果大雨滴和小雨滴在同一云层形成后同时下落,那么大雨滴将会先落到地面上.

为了验证这个猜想,可以先假设一些条件.由于这个问题必然

---

*　本题取自 2010 年海南省高考物理题.

要考虑到阻力的因素,可以假设雨滴下落时所受到的空气阻力与雨滴的速度有关(令 $f \propto v$),雨滴速度越大,它受到的空气阻力越大.此外,当雨滴速度一定时,雨滴下落时所受到的空气阻力还与雨滴的大小有关,可以假设阻力与雨滴半径的 α 次方成正比($1 \leqslant \alpha \leqslant 2$).于是,可以把雨滴所受的阻力表示为

$$f = kvR^\alpha,$$

式中,k 为比例系数.

雨滴从云层下落后,在重力和阻力共同作用下的动态方程为

$$mg - f = ma,$$

式中,$m = \dfrac{4}{3}\pi R^3 \cdot \rho$($\rho$ 为雨滴密度). 由此得雨滴下落的加速度

$$a = g - \dfrac{3kv}{4\pi\rho R^{3-\alpha}}.$$

当雨滴下落速度 v 一定时,加速度与其半径有关,雨滴的半径 R 越大,$R^{3-\alpha}$ 也越大,下落的加速度 a 越大.

当雨滴下落的高度足够大时,必然会达到雨滴的重力与阻力平衡的状态,大雨滴和小雨滴最终都匀速下落. 根据假设的阻力形式,由雨滴匀速下落的条件

$$mg = f \Rightarrow \dfrac{4}{3}\pi R^3 \cdot \rho g = kvR^\alpha.$$

得

$$v = \dfrac{4\pi\rho g}{3k}R^{3-\alpha}.$$

已知 $1 \leqslant \alpha \leqslant 2$,则 $1 \leqslant 3-\alpha \leqslant 2$,也就是说,雨滴最后做匀速运动的速度与其半径有关,雨滴的半径越大,匀速运动时的速度也越大.

由于大雨滴和小雨滴都从同一云层同时下落,它们到达地面的位移相同,可近似画出它们运动的 v-t 图像(图 6.10). 由此可见,大

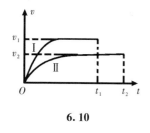

6.10

雨滴落到地面所用的时间少,即大雨滴先落到地面.

一个生活中很常见的现象,从好奇地提出问题——做出猜想——通过假设某些条件——运用已知的物理知识进行论证,通过这一过程,不仅能够很深入地理解这个现象中所蕴含的物理意义,而且也是经历了一次极有意义的科学探究(理论探究)活动.

例 6.5 在光电效应的学习中,非常强调"入射光子与光电子之间的对应关系",也就是说,当入射光的频率满足条件 $\nu > \nu_0$(极限频率)时,一个光子只能打出一个电子. 有个学生提出疑问:如果一个电子吸收了一个光子的能量后尚不足以克服逸出功飞出金属表面的话,那么为什么它不能吸收两个(或两个以上)的光子呢?

这是一个很有意义的问题. 由于中学物理仅研究表面光电效应,所以入射光子与光电子才有这样一一对应的关系. 为了理解这个问题,可以通过对一个具体问题的估算进行说明.

假设功率 $P_0=1$ W 的光源,发出波长 $\lambda = 589$ nm 的单色光,照射距离光源 $r=3$ m 处的某金属薄片. 为了判断能否实现双光子吸收,需要考虑打到金属板上每两个光子的时间间隔. 显然,这与光子在空间的分布有关. 为此,可以假设光源所辐射的光能均匀分布在一个球面上,然后根据金属板每单位面积在单位时间内接收的光子数,推算出每个原子截面积上接收的光子,接着,根据每两个光子到达的时间间隔就可以做出判断了.

离开光源 $r=3$ m 处的金属板每单位时间内单位面积上接收到的光能为

$$P = \frac{P_0 t}{4\pi r^2} = \frac{1 \times 1}{4\pi \times 3^2} \text{ J/(m}^2 \cdot \text{s)} = 8.9 \times 10^{-3} \text{ J/(m}^2 \cdot \text{s)}$$

$$= 5.56 \times 10^{16} \text{ eV}/(\text{m}^2 \cdot \text{s}).$$

因为每个光子的能量为

$$E = h\nu = \frac{h}{\lambda}c = \frac{6.63 \times 10^{-34} \times 3 \times 10^8}{589 \times 10^{-9}} \text{ J} = 3.377 \times 10^{-19} \text{ J}$$

$$= 2.11 \text{ eV},$$

所以单位时间内金属板单位面积上接收的光子数

$$n = \frac{P}{E} = \frac{5.56 \times 10^{16}}{2.11} (\text{m}^2 \cdot \text{s})^{-1} = 2.64 \times 10^{16} (\text{m}^2 \cdot \text{s})^{-1}.$$

每个原子的截面积为

$$S_1 = \pi r_1^2 = \pi (0.5 \times 10^{-10})^2 \text{ m}^2 = 7.85 \times 10^{-21} \text{ m}^2,$$

假设金属板上的原子是密集排列的,因此每个原子截面上每秒内接收到的光子数为

$$n_1 = nS_1 = 2.64 \times 10^{16} \times 7.85 \times 10^{-21} \text{ s}^{-1} = 2.07 \times 10^{-4} \text{ s}^{-1},$$

所以,两个光子落在同一个原子上的时间间隔为

$$\Delta t = \frac{1}{n_1} = \frac{1}{2.07 \times 10^{-4}} \text{ s} = 4\,830.9 \text{ s}.$$

这是一个相当长的时间. 由于金属内电子的碰撞十分频繁,两次碰撞之间的时间只有 10^{-15} s 左右,金属表面的一个电子接收一个光子后如果不能立即逸出,来不及等到接收第二个光子,它所额外增加的能量就早已在不断的碰撞中消耗殆尽了. 可见,通常在金属的表面光电效应中是难以实现双光子吸收的.

说明 上面对这个问题的估算,可以说完全建立在一系列假设的基础上——光源位于一点,是理想的点光源;光源向四周空间的辐射是均匀的;金属板表面的原子间没有空隙,是均匀密集排列的等等. 虽然假设了许多条件,但计算的结果很有意义,可以比较具体地解释在通常情况下,无法实现双光子吸收的原因.

在学习中的这种猜想与假设,通常都以一定的问题为背景,并以自己原有的知识作基础,势必会对自己思维能力的发展、科学探究素

养的提高有很大的好处.实际上,即使在一定时期被称为脱离实际的"胡思乱想",同样也是十分可贵的.试想,如果在学习中只是墨守成规,唯书本知识为是,不敢越出"雷池"一步,连猜想与假设的勇气都没有,今后怎么会做出创新的成果?

请记住爱因斯坦的话:"唯有那些异想天开的人,才能做到不可能的事."

7 猜想与假设在中学物理解题中的应用

物理学规律具有高度的概括性和简洁性,有着丰富的内涵和极大的灵活性. 一个 $F=ma$ 的公式,可以综合着动力学(包括带电粒子在电场、磁场中的运动)的许多问题. 不少初学者往往发出感慨:"物理学有趣,可是题目难做."究其原因,除了对物理学的基本概念、基本规律没有真正理解外,缺少灵活正确的思维方法也是其中一个重要因素. 比较起学习的热情来说,他们普遍缺少的是对物理问题做多种假设的勇气和方法,以致常会找不到入口,不知从何突破.

在解题中利用假设法,在主导思想上同样主张读者把思维的触角尽量向各个方向延伸,鼓励读者大胆地做出多种可能的猜测和假设. 但假设的提出应该有理性的思想基础,以物理原理或现象与实验为依托. 在解题中应用时的基本思路大体是:

分析题意 —→ 做出假设 —→ 运用规律 —→ 对照比较 —→ 确定结果.

也就是说,先根据题意从某个假设着手,然后根据物理规律得出结果,再跟原来的条件或原来的物理过程对照比较,从而确定正确的结果. 这样就容易找到入口,突破难点,很多时候还能有效地提高解题速度,并对结果做出检验. 当然,具体解题过程中也并不是一定需要"亦步亦趋"对照上述思路进行的.

为便于结合学习内容,下面按知识块分成几节,进行多方面具体例题的分析、演解,希望读者有所领会.

7.1 力学问题中的应用

牛顿运动定律

例7.1(2016 海南) 如图7.1,在水平桌面上放置一斜面体P,两长方体物块a和b叠放在P的斜面上,整个系统处于静止状态.若将a与b、b与P、P与桌面之间摩擦力的大小分别用f_1、f_2和f_3表示,则( ).

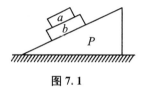

图 7.1

A. $f_1=0, f_2 \neq 0, f_3 \neq 0$
B. $f_1 \neq 0, f_2=0, f_3=0$
C. $f_1 \neq 0, f_2 \neq 0, f_3=0$
D. $f_1 \neq 0, f_2 \neq 0, f_3 \neq 0$

分析与解答 把物块a、b和斜面体P看成一个整体(图7.2(a)),它在竖直方向上受到重力和地面支持力作用,如果P与地面间存在摩擦力,则整体就无法平衡,所以$f_3=0$. 把物块a、b看成一个整体,由受力分析知(图7.2(b)),它有着沿斜面下滑的趋势,b与斜面体之间必然存在摩擦力,即$f_2 \neq 0$. 对物块a进行受力分析(图7.2(c)),同理知$f_1 \neq 0$. 所以,正确的是C.

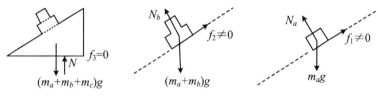

图 7.2

例7.2(2008 宁夏理综) 一有固定斜面的小车在水平面上做直线运动. 小球通过细绳与车顶相连. 小球某时刻正处于图7.3所示

状态. 设斜面对小球的支持力为 F_N,细绳对小球的拉力为 F_T. 关于此时刻小球的受力情况,下列说法正确的是( ).

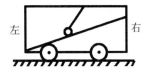

图 7.3

A. 若小车向左运动,F_N 可能为零
B. 若小车向左运动,F_T 可能为零
C. 若小车向右运动,F_N 不可能为零
D. 若小车向右运动,F_T 不可能为零

分析与解答 为了便于判断,可以把选项作为假设的条件:

假设支持力 F_N 为零,此时小球仅受重力和细绳拉力,根据其合力方向可知(图 7.4),小车的加速度方向一定水平向右,即小车只能向右做加速运动或向左做减速运动.

假设拉力 F_T 为零,同理可知,小车的加速度方向水平向左,小车只能向左做加速运动或向右做减速运动(图 7.5).

综上所述可知,正确的是 A,B.

说明 假设是很灵活的,本题采用"逆向假设法",比依次按题设选项顺向判断容易得多,注意体会.

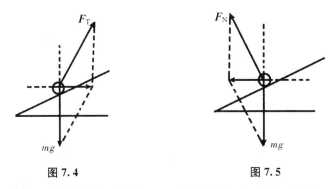

图 7.4   图 7.5

例 7.3 在倾角为 α 的斜面上,放有用细杆相连的两木块 A,B,它们与斜面间的动摩擦因数分别为 μ_A 与 μ_B(图 7.6). 当它们一起沿斜面下滑时,杆中是否会有弹力?

分析与解答 杆中是否有弹力,决定于杆在运动过程中是否发生形变.在无法直接观察到杆的形变时,就得根据两木块运动情况的分析,通过比较它们加速度的大小,确定杆是否处于被挤压状态或拉伸状态,从而判断弹力的有无及受到的是拉力还是压力.由于两木块的运动情况又与杆中的受力情况有关,相互牵连,给问题的判断带来困难.采用条件假设法,就可突破难点.

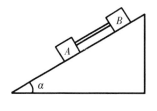

图 7.6

假设杆无弹力,A,B 两木块就像两个独立下滑的物体.由牛顿第二定律

$$mg\sin\alpha - \mu mg\cos\alpha = ma,$$

得两物体的加速度分别为

$$a_A = g(\sin\alpha - \mu_A\cos\alpha),$$
$$a_B = g(\sin\alpha - \mu_B\cos\alpha).$$

分析两物体加速度的大小可知:

当 $\mu_A = \mu_B$ 时,$a_A = a_B$,两木块以相同的加速度下滑,杆既不会受压也不被拉,杆中不会产生弹力;

当 $\mu_A > \mu_B$ 时,$a_A < a_B$,木块 B 有推着 A 下滑的趋势,细杆处于被挤压状态,会产生弹力;

当 $\mu_A < \mu_B$ 时,$a_A > a_B$,木块 A 有拉着 B 下滑的趋势,细杆处于被拉伸状态,也会产生弹力.

例 7.4 在倾角为 α 的斜面上叠放着 A,B 两木块,A,B 一起沿斜面加速下滑.已知木块 A 与斜面间的动摩擦因数为 μ,则木块 B 在下滑时(图 7.7)( ).

A. 不受木块 A 的摩擦力

B. 受到木块 A 沿斜面向下的摩擦力

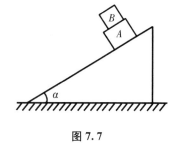

图 7.7

C. 受到木块 A 沿斜面向上的摩擦力

D. 上述三种情况都有可能

分析与解答 木块 A 对 B 没有摩擦力时，B 沿 A 下滑的加速度 $a_0 = g\sin\alpha$。如果 A 对 B 施以沿斜面向下的摩擦力，则 B 下滑的加速度 $a > a_0$；如果 A 对 B 施以沿斜面向上的摩擦力，则 B 下滑的加速度 $a < a_0$。因此，$a_0 = g\sin\alpha$ 就是 B 是否会受到 A 的摩擦力以及它的方向的临界加速度。

根据题意，A、B 两木块沿斜面一起加速下滑，相当于一个整体。由于 A 与斜面间有摩擦，因此对 $(A+B)$ 这一整体，由牛顿第二定律

$$(m_A + m_B)g\sin\alpha - \mu(m_A + m_B)g\cos\alpha = (m_A + m_B)a,$$

得

$$a = g\sin\alpha - \mu g\cos\alpha < a_0.$$

也就是说，B 沿 A 下滑的加速度小于 $g\sin\alpha$。可见，A、B 一起下滑过程中 B 受到 A 沿斜面向上的摩擦力。所以正确答案为 C。

例 7.5（2012 江苏） 如图 7.8 所示，一个夹子夹住木块，在力 F 作用下向上提升。夹子和木块的质量分别为 m，M，夹子与木块两侧间的最大静摩擦力均为 f。若木块不滑动，力 F 的最大值是（　　）。

A. $\dfrac{2f(m+M)}{M}$

B. $\dfrac{2f(m+M)}{m}$

C. $\dfrac{2f(m+M)}{M} - (m+M)g$

D. $\dfrac{2f(m+M)}{m} + (m+M)g$

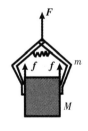

图 7.8

分析与解答 画出木块和夹子的隔离受力图（图 7.9）。在不同的静摩擦力作用下，可以有不同的加速度。达到临界加速度（最大加速度 a_m）就对应着最大静摩擦力。对夹子和木块分别写出牛顿第二

定律方程

$$F - 2f - mg = ma_m, \quad ①$$
$$2f - Mg = Ma_m, \quad ②$$

两式相加得

$$F = (m + M)(a_m + g), \quad ③$$

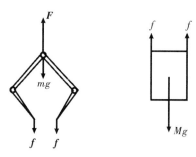

图 7.9

由 ② 式得

$$a_m = \frac{2f - Mg}{M},$$

代入 ③ 式,即得

$$F = (m + M)\left(\frac{2f - Mg}{M} + g\right) = \frac{2f(m + M)}{m},$$

正确的是 A.

说明 如果把本题误解为一个平衡问题,就找不到正确选项了. 本题也可采用整体法与隔离法相结合列出方程,即由

$$F - (M + m)g = ma_m,$$
$$2f - Mg = Ma_m,$$

联立得解

$$F_m = \frac{2f(m + M)}{M}.$$

例 7.6 质量 $m_1 = 10$ kg,$m_2 = 5$ kg 的两木块通过滑轮放在小车

的顶面和靠在侧面上,它们和顶面及侧面间的摩擦因数均为 $\mu=0.4$,取 $g=10$ m/s^2. 当小车以加速度 $a=5$ m/s^2 沿水平轨道右行时,下列判断中正确的是(图 7.10)(   ).

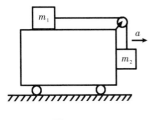

图 7.10

A. m_1 不受摩擦力作用

B. m_2 受到摩擦力作用

C. 绳中张力等于 50 N

D. m_1 的加速度不等于 5 m/s^2

E. m_2 的加速度等于 5 m/s^2

分析与解答　如果分别对 m_1,m_2 列出牛顿第二定律的方程式,通过直接计算后去选择,会有较大的困难. 由于小车自身的加速运动,须把 m_1,m_2 相对于车的运动转化为对地面的运动,计算很复杂,为此可采用临界假设法.

假设两物体相对于小车静止时,小车的加速度为 a'. 设此时绳中的张力为 T,由 m_2 的平衡条件得

$$T=m_2g=5\times 10 \text{ N}=50 \text{ N}.$$

对 m_1 而言,由绳中张力产生水平向右的加速度,根据牛顿第二定律

$$T=m_1a',$$

得

$$a'=\frac{T}{m_1}=\frac{50}{10} \text{ m/s}^2=5 \text{ m/s}^2,$$

即

$$a'=a.$$

可见,当小车以 $a=5$ m/s^2 加速度右行时,两物体确与小车处于

相对静止状态,两物体都不受摩擦力作用,绳中张力为 50 N,所以正确答案为 A,C,E.

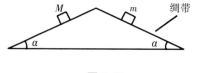

图 7.11

例 7.7（2011 江苏） 如图 7.11 所示,倾角为 α 的等腰三角形斜面固定在水平面上,一足够长的轻质绸带跨过斜面的顶端铺放在斜面的两侧,绸带与斜面间无摩擦. 现将质量分别为 $M,m(M>m)$ 的小物块同时轻放在斜面两侧的绸带上. 两物块与绸带间的动摩擦因数相等,且最大静摩擦力与滑动摩擦力大小相等. 在 α 角取不同值的情况下,下列说法正确的有(　　).

A. 两物块所受摩擦力的大小总是相等
B. 两物块不可能同时相对绸带静止
C. M 不可能相对绸带发生滑动
D. m 不可能相对斜面向上滑动

分析与解答 由于是轻质绸带($m_{带}=0$),且与斜面间无摩擦,两物块对带的摩擦力一定相等(否则绸带在不平衡的两力作用下产生的加速度 → ∞),因此两物块所受绸带的摩擦力大小总是相等的,A 正确.

同理,若 M 相对绸带滑动,必然满足条件
$$Mg\sin\alpha \geqslant \mu Mg\cos\alpha,$$
则 m 一定也相对绸带滑动,表示两物块与绸带间都呈现滑动摩擦力. 由于 $M>m$,又会使绸带两端受力不等,可见 M 不可能相对绸带发生滑动,C 正确.

因为物块在斜面上的运动状态由其沿斜面的下滑分力 $G\sin\alpha$ 和最大摩擦力 $\mu G\cos\alpha$ 确定(以 G 表示物块重力),当斜面的倾角可变时,运动情况不易立即确定,所以对选项 B,D 可以通过反向假设法进行判断.

假设两物块相对于绸带均静止,则相对于斜面必做加速运动,即 M 沿斜面向下加速运动,m 沿斜面向上加速运动. 由牛顿第二定律知

$$Mg\sin\alpha - f = Ma,$$
$$f - mg\sin\alpha = ma.$$

联立两式得

$$a = \frac{M-m}{M+m}g\sin\alpha,$$
$$f = \frac{2Mm}{M+m}g\sin\alpha.$$

结果合理,可见上述假设成立,说明两物块可以相对绸带都静止,B 错.

同理,假设 m 相对于斜面向上滑动,则 m 对绸带的摩擦力应该沿斜面向上,又会使绸带受力不平衡($F_合 \neq 0$),所以 D 错.

说明 本题中由于斜面倾角的变化,斜面上的物块可能出现不同的运动状态,同时又由于在传统的斜面模型上加入了绸带这一要素,使得问题有一定的难度,不少选对的学生的分析也是含糊不清. 解答本题的关键是抓住两个要点:一是绸带两端受力必须相等(选项 A、C 均据此得出);二是根据斜面倾角,分清使物体滑动趋势的力和静摩擦力的变化范围.

上面灵活地采用反向假设法,可以比较方便地确定选项 B、D 两项. 为了更深刻地理解本题,也可用假设法做正面分析如下:

设 $G\sin\alpha > \mu G\cos\alpha$,即 $\mu < \tan\alpha$,两物块相对斜面匀加速下滑. 此时,两物块与绸带之间不可能都是滑动摩擦力(否则的话,由于 $\mu Mg\cos\alpha \neq \mu mg\cos\alpha$,绸带两端受力不等),一定是 M 与绸带间为静摩擦力(其值在 0 至 $\mu Mg\cos\alpha$ 之间),m 与绸带间为滑动摩擦力(其值为 0 至 $\mu mg\cos\alpha$ 之间). 结果是 M 随绸带一起沿斜面匀加速下滑,即没有相对绸带发生滑动(C 正确);m 相对绸带运动,沿斜面匀加速下滑(D 错).

设 $G\sin\alpha = \mu G\cos\alpha$,即 $\mu = \tan\alpha$,两物块相对于斜面下滑或静止. 此时,两物块与绸带间不可能都是静摩擦力(否则的话,$Mg\sin\alpha \neq mg\sin\alpha$,绸带两端受力不等),$M$ 与绸带间为静摩擦力(其值 $f < \mu Mg\cos\alpha$),m 与绸带间为滑动摩擦力(其值为 $\mu mg\cos\alpha$). 结果是 M 带着绸带一起沿斜面匀加速下滑,m 相对绸带运动,相对斜面静止. B、D 都错.

设 $G\sin\alpha < \mu G\cos\alpha$,即 $\mu > \tan\alpha$,两物块相对于绸带静止(可能有向上或向下运动的趋势),B 错. 此时,物块与绸带之间发生的相互作用是静摩擦力,但两者既不可能同时达到最大静摩擦力,也不可能分别为 $Mg\sin\alpha$ 和 $mg\sin\alpha$(否则的话,绸带两端受力不等),一定是 M 与绸带间的摩擦力小于 $Mg\sin\alpha$,m 与绸带间的摩擦力大于 $mg\sin\alpha$. 结果是 M 随绸带一起沿斜面匀加速下滑,m 相对绸带静止,沿斜面匀加速上滑,D 错.

由此可见,当倾角 α 取不同值时,正确的只能是 A、C.

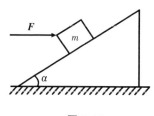

图 7.12

例 7.8 在倾角 $\alpha = 30°$ 的斜面上,放一块质量 $m = 2$ kg 的物体,物体与斜面间的动摩擦因数 $\mu = 0.2$. 当对物体作用一个大小 $F = 20$ N、沿水平方向的外力后,求物体的加速度(图 7.12)($g = 10$ m/s^2).

分析与解答 由于物体向哪个方向运动不明确,会影响到对滑动摩擦力方向的确定. 为此,可先通过假设,比较受力确定物体的加速运动方向.

假设物体与斜面间无摩擦,比较推力 ***F*** 和重力 ***G*** 沿斜面方向的分力(图 7.13).

$$F_x = F\cos\alpha = 20 \times \frac{\sqrt{3}}{2} \text{ N} = 17.3 \text{ N},$$

$$G_x = G\sin\alpha = 2 \times 10 \times \frac{1}{2} \text{ N} = 10 \text{ N}.$$

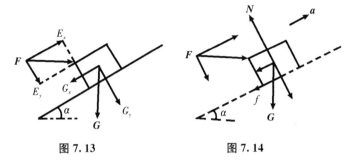

图 7.13   图 7.14

因 $F_x > G_x$，物体在推力作用下将沿斜面上滑，滑动摩擦力 f 的方向沿斜面向下. 物体上所受各力如图 7.14 所示. 根据牛顿第二定律写出物体的运动方程

$$F\cos\alpha - mg\sin\alpha - f = ma,$$
$$N - F\sin\alpha - mg\cos\alpha = 0.$$

又

$$f = \mu N,$$

联立得

$$a = \frac{F\cos\alpha - mg\sin\alpha - \mu(F\sin\alpha + mg\cos\alpha)}{m}$$

$$= \frac{F(\cos\alpha - \mu\sin\alpha) - mg(\sin\alpha + \mu\cos\alpha)}{m}$$

$$= \frac{20\left(\frac{\sqrt{3}}{2} - 0.2 \times \frac{1}{2}\right) - 2 \times 10\left(\frac{1}{2} + 0.2 \times \frac{\sqrt{3}}{2}\right)}{2} \text{ m/s}^2$$

$$= 0.93 \text{ m/s}^2.$$

例 7.9 如图 7.15 所示，质量分别为 $m_A = 20$ kg，$m_B = 10$ kg 的两物体 A,B 用绳子联接后绕过轻滑轮放在水平面上，当用竖直向上的拉力 F 提起滑轮时，求下列四种情况下两物体的加速度（$g = 10$ m/s²）.

(1) $F = 100$ N；

(2) $F=200$ N;

(3) $F=400$ N;

(4) $F=800$ N.

分析与解答 用不同的力向上提起滑轮时,两物体的运动情况也不同,可通过假设正方向后由计算结果确定其运动情况.

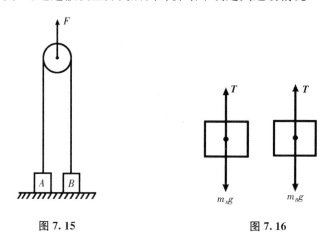

图 7.15　　　　　图 7.16

设绳中的张力为 T,两物体的加速度分别为 a_A, a_B. 假设竖直向上为矢量的正方向,由两物体的受力图(图 7.16)列出牛顿第二定律的表达式

$$T - m_A g = m_A a_A,$$
$$T - m_B g = m_B a_B.$$

又

$$T = \frac{F}{2},$$

联立三式得

$$a_A = \frac{F}{2m_A} - g,$$
$$a_B = \frac{F}{2m_B} - g.$$

(1) 当 $F=100$ N 时,

$$a_A = \frac{100}{2\times 20} \text{ m/s}^2 - 10 \text{ m/s}^2 = -7.5 \text{ m/s}^2,$$

$$a_B = \frac{100}{2\times 10} \text{ m/s}^2 - 10 \text{ m/s}^2 = -5 \text{ m/s}^2.$$

表示两物体都向下做加速运动,与实验情况相悖,说明 A,B 都没有被提起,$a_A = a_B = 0$.

(2) 当 $F=200$ N 时,

$$a_A = \frac{200}{2\times 20} \text{ m/s}^2 - 10 \text{ m/s}^2 = -5 \text{ m/s}^2,$$

$$a_B = \frac{200}{2\times 10} \text{ m/s}^2 - 10 \text{ m/s}^2 = 0.$$

表示 A 向下做加速运动,B 没有被提起,这也与实验情况相悖,说明 A,B 仍然都没有被提起,$a_A = a_B = 0$.

(3) 当 $F=400$ N 时,

$$a_A = \frac{400}{2\times 20} \text{ m/s}^2 - 10 \text{ m/s}^2 = 0,$$

$$a_B = \frac{400}{2\times 10} \text{ m/s}^2 - 10 \text{ m/s}^2 = 10 \text{ m/s}^2.$$

表示 A 没有被提起,B 以 10 m/s^2 加速上升.

(4) 当 $F=800$ N 时,

$$a_A = \frac{800}{2\times 20} \text{ m/s}^2 - 10 \text{ m/s}^2 = 10 \text{ m/s}^2,$$

$$a_B = \frac{800}{2\times 10} \text{ m/s}^2 - 10 \text{ m/s}^2 = 30 \text{ m/s}^2.$$

表示 A,B 两物体以不同的加速度向上运动.

例 7.10 一根轻弹簧上端固定,下端挂一个质量为 m_0 的平盘,盘中有一质量为 m 的物体,当盘静止时,弹簧的长度比其自然长度伸长了 l. 今向下拉盘使弹簧再伸长 Δl 后停止,然后松开(图 7.17). 设

图 7.17

弹簧总处于弹性限度内,则刚松开时盘对物体的支持力等于( ).

A. $\left(1+\dfrac{\Delta l}{l}\right)mg$

B. $\left(1+\dfrac{\Delta l}{l}\right)(m+m_0)g$

C. $\dfrac{\Delta l}{l}mg$

D. $\dfrac{\Delta l}{l}(m+m_0)g$

分析与解答 常规的判断需要结合静力平衡、牛顿第二定律等知识.

由于这是一个单选题,且在弹性限度内向下拉伸的不同长度 Δl 都应该符合同一个表达式,因此可采用极端假设法判断.

假设向下拉盘使弹簧再伸长的长度 Δl 减小到零,即不再拉盘,盘仍处于静力平衡状态,则盘子对物体的支持力应等于物体的重力 mg. 在给出的四个选项中,$\Delta l=0$ 时,只有选项 A 才能得到 mg 的结果,所以正确答案为 A.

说明 这是一个早期的高考题,也是一个很典型的采用极端假设法的问题. 为了对这个问题有进一步的认识,下面再用常规方法求解做——比较.

设弹簧的劲度系数为 k,未用手拉时,由题意知

$$(m_0+m)g=kl.$$

得

$$k=\dfrac{(m_0+m)}{l}g.$$

用手向下拉盘使弹簧再伸长 Δl 后放手,平盘(包括盘中物体)将以原来静止时的位置为平衡位置上下振动,其振幅 $A=\Delta l$,刚放手

时,盘(包括盘中物体)向上的加速度最大,其值为

$$a_m = \frac{kA}{m_0+m} = \frac{m_0+m}{l}g \cdot \frac{\Delta l}{m_0+m} = \frac{\Delta l}{l}g.$$

以盘中物体为研究对象,刚放手时设受到盘向上的支持力为 N(图 7.18). 根据牛顿第二定律

$$N - mg = ma_m,$$

得

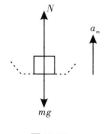

图 7.18

$$N = mg + ma_m = mg + \frac{\Delta l}{l}mg = \left(1 + \frac{\Delta l}{l}\right)mg.$$

直线运动 曲线运动

例 7.11 M, N 两车以相同的速度 u 沿平直公路行驶,两车相距 s_0(N 在前、M 在后). M 为了超车,开始加速,速度最多能增加 Δv. 要求超车后 M 在 N 前方相隔 s_0 处,则完成超车过程中 M 的位移至少多大?

分析与解答 超车过程的运动示意图如图 7.19 所示.

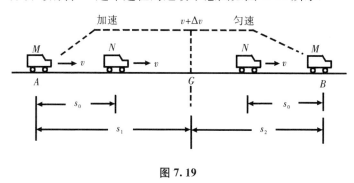

图 7.19

假设把整个超车过程分为两个阶段:先加速、后匀速. 设 M 车从位置 A 开始加速超车,至位置 C 时达最大车速 $v + \Delta v$,接着便以 $v + \Delta v$ 匀速行驶,完成超车并使它位于 N 前方 s_0 处.

设 M 车加速运动时间为 t_1,通过的位移为 s_1,则在 t_1 时间内:

对 M 车

$$s_1 = vt_1 + \frac{1}{2}\frac{\Delta v}{t_1}t_1^2,$$

对 N 车

$$s_1 = vt_1 + s_0.$$

联立两式得

$$t_1 = \frac{2s_0}{\Delta v}.$$

设 M 车匀速运动时间为 t_2，通过的位移为 s_2，则在 t_2 时间内：

对 M 车

$$s_2 = (v + \Delta v)t_2,$$

对 N 车

$$s_2 = vt_2 + s_0.$$

联立两式得

$$t_2 = \frac{s_0}{\Delta v}.$$

所以，完成超车过程 M 车的总位移为

$$s = s_1 + s_2 = v(t_1 + t_2) + 2s_0$$

$$= v\left(\frac{2s_0}{\Delta v} + \frac{s_0}{\Delta v}\right) + 2s_0$$

$$= \frac{3s_0 v}{\Delta v} + 2s_0.$$

我们可以用具体数字计算一下：设原来两车车速 $v = 15$ m/s（54 km/h），M 在 N 后面 $s_0 = 20$ m，M 超车时发动机能使车增加的速度 $\Delta v = 5$ m/s（即超车时速度最大达 72 km/h）。由计算式得

$$s = \frac{3 \times 20 \times 15}{5} \text{ m} + 2 \times 20 \text{ m} = 220 \text{ m}.$$

例 7.12（2011 广东） 如图 7.20 所示，在网球的网前截击练习中，若练习者在球网正上方距地面 H 处，将球以速度 v 沿垂直球网的

方向击出,球刚好落在底线上. 已知底线到网的距离为 L,重力加速度取 g,将球的运动视做平抛运动,下列表述正确的是( ).

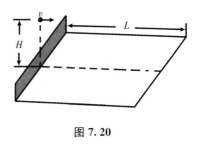

图 7.20

A. 球的速度 v 等于 $L\sqrt{\dfrac{g}{2H}}$

B. 球从击出到落地的时间为 $\sqrt{\dfrac{2H}{g}}$

C. 球从击出点到落地点的位移等于 L

D. 球从击出点到落地点的位移与球的质量有关

分析与解答　网球击出后做平抛运动,其底线对应着水平位移的临界位置. 球从击出到落地的时间为

$$t = \sqrt{\dfrac{2H}{g}},$$

因此其初速度为

$$v = \dfrac{L}{t} = l\sqrt{\dfrac{g}{2H}}.$$

根据位移的定义,球从击出点到落地点的位移大小为

$$s = \sqrt{L^2 + H^2} \neq L.$$

平抛运动的位移仅与抛出点高度和初速度有关,与球的质量无关. 所以 C,D 都错,A,B 正确.

说明　题中指出,"球刚好落在底线上",这就是一个临界条件. 物理问题中有许多类似这样用语言表述的临界条件,审题时必须加以注意. 临界状态在圆周运动中的表现很明显的,下面就是几个很典型的例子.

例 7.13(2014 新课标Ⅰ)　如图 7.21 所示,两个质量均为 m 的小木块 a 和 b(可视为质点)放在水平圆盘上,a 与转轴 OO' 的距离为

l,b 与转轴的距离为 $2l$,木块与圆盘的最大静摩擦力为木块所受重力的 k 倍,重力加速度大小为 g.若圆盘从静止开始绕转轴缓慢地加速转动,用 ω 表示圆盘转动的角速度,下列说法正确的是(　　).

A. b 一定比 a 先开始滑动

B. a、b 所受的摩擦力始终相等

C. $\omega = \sqrt{\dfrac{kg}{2l}}$ 是 b 开始滑动的临界角速度

D. 当 $\omega = \sqrt{\dfrac{2kg}{3l}}$ 时,a 所受的摩擦力的大小为 kmg

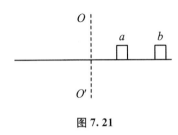

图 7.21

分析与解答　圆盘转动时,木块依靠盘面的静摩擦力作为它随圆盘转动所需要的向心力.因此,木块与圆盘间的静摩擦力达到最大时所对应的转速就是木块开始滑动的临界条件.

根据圆周运动的向心力公式($F = m\omega^2 r$)可知,质量相同时离开圆心越远的木块所需要的向心力越大,它所受的静摩擦力将首先达到最大,因此转速增加时,木块 b 一定比 a 先滑动,A 正确.同理,B 错.

由木块 B 的最大静摩擦力条件

$$kmg = m\omega^2 r_b = m\omega^2 \cdot 2l,$$

得 b 开始滑动的临界角速度为

$$\omega_b = \sqrt{\dfrac{kg}{2l}},$$

所以 C 正确.

同理,由

$$kmg = m\omega^2 r_a = m\omega^2 \cdot l,$$

得木块 a 开始滑动的临界角速度为

$$\omega_a = \sqrt{\frac{kg}{l}} > \sqrt{\frac{2kg}{3l}}.$$

这就是说,当圆盘的转速为 $\omega = \sqrt{\frac{2kg}{3l}}$ 时,其所受的静摩擦力并未达到最大,此时圆盘对木块的静摩擦力为

$$F_a = m\omega^2 r_a = m\omega^2 l \neq kmg.$$

所以 D 错.

例 7.14(2012 福建) 如图 7.22 所示,置于圆形水平转台边缘的小物块随转台加速运动,当转速达到某一数值时,物块恰好滑离转台开始做平抛运动. 现测得转台半径 $R = 0.5$ m,离水平地面的高度 $H = 0.8$ m,物块平抛落地过程水平位移的大小 $s = 0.4$ m. 设物块所受的最大静摩擦力等于滑动摩擦力,取重力加速度 $g = 10$ m/s^2. 求:

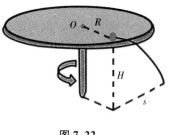

图 7.22

(1)物块做平抛运动的初速度大小 v_0;

(2)物块与转台间的动摩擦因数 μ.

分析与解答 (1)设物块水平抛出的初速度为 v_0,在空中运动时间为 t,由平抛运动规律

$$H = \frac{1}{2}gt^2,$$

$$s = v_0 t,$$

得

$$v_0 = s\sqrt{\frac{g}{2H}} = 0.4\sqrt{\frac{10}{2 \times 0.8}} \text{ m/s} = 1 \text{ m/s}.$$

(2)物块离开转台时,由最大静摩擦力提供该瞬时的向心力. 因此由

$$f_{\max} = \mu mg = m\frac{v_0^2}{R},$$

得

$$\mu = \frac{v_0^2}{Rg} = \frac{1 \times 1}{0.5 \times 10} = 0.2.$$

说明 物块恰好滑离转台,此时的转速对应着临界条件.上面是中学物理中通常采用的解答方法.严格地说,小物块随转台加速运动时,不仅有沿着半径的法向加速度,还有沿着切线方向的切向加速度.这个切向加速度也只能由静摩擦力的切向分力提供.这样一来,原题就无法利用中学物理知识求解了.如果读者今后继续学习大学物理的话,还可以对此作进一步的探讨.

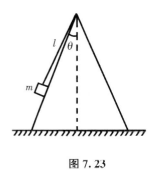

图 7.23

例 7.15 一个光滑的圆锥体固定在水平桌面上,其轴线沿竖直方向,母线与轴线之间的夹角 $\theta = 30°$,如图 7.23 所示.一条长 l 的绳(质量不计),一端固定在圆锥体的顶点 O 处,另一端拴着一个质量为 m 的小物体(物体可看做质点).物体以速率 v 绕圆锥体的轴线做水平匀速圆周运动.求:

(1) 当 $v = \sqrt{\dfrac{1}{6}gl}$ 时,绳对物体的拉力;

(2) 当 $v = \sqrt{\dfrac{3}{2}gl}$ 时,绳对物体的拉力.

分析与解答 物体绕圆锥体轴线做匀速圆周运动时,除受到重力、绳子的拉力外,还会受到斜面的支持力.随着转速的加大,斜面的支持力逐渐减小,当转速增大到某个值时,斜面的支持力为零,以后,物体将脱离斜面抛起,在重力和绳子拉力作用下做圆锥摆运动.因此,对小物体做圆运动时的受力分析在脱离斜面前后不同.斜面对小物体支持力为零就是一个临界状态.

设斜面对小物体的支持力为零时小物体的转速为 v_0(临界速度),由图 7.24(1) 受力情况并根据牛顿运动定律得

$$T\sin\theta = m\frac{v_0^2}{l\sin\theta},$$
$$T\cos\theta = mg.$$

联立得临界速度

$$v_0 = \sqrt{\frac{gl\sin^2\theta}{\cos\theta}} = \sqrt{\frac{\sqrt{3}\,gl}{6}}.$$

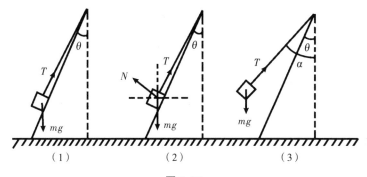

图 7.24

(1) 当 $v = \sqrt{\frac{1}{6}gl} < v_0$ 时,小物体紧贴在斜面上,设斜面支持力为 N[图 7.24(2)],由

$$T\sin\theta - N\cos\theta = m\frac{v^2}{l\sin\theta},$$
$$T\cos\theta + N\sin\theta = mg,$$

联立得

$$T = m\frac{v^2}{l} + mg\cos\theta = 1.03mg.$$

(2) 当 $v=\sqrt{\dfrac{3}{2}gl}>v_0$ 时,小物体已抛离斜面做圆锥摆运动,设绳子与轴线夹角为 α[图 7.24(3)],由

$$T\sin\alpha = m\dfrac{v^2}{l\sin\alpha},$$

$$T\cos\alpha = mg,$$

联立两式,消去 α,代入 $v=\sqrt{\dfrac{3}{2}gl}$ 得方程

$$2T^2 - 3mgT - 2m^2g^2 = 0.$$

解此方程,取合理值,即得

$$T = 2mg.$$

说明 这是早期的一个高考题,也是一个典型的具有临界意义的问题,仍然值得加以体会.

例 7.16 一架飞机以速度 $v=150$ m/s 在竖直平面内沿"∞"形做特技飞行,两个圆周的半径均为 $R=1000$ m,当飞机处于图 7.25 中 a,b,c,d 四位置上时,求飞机中质量 $m=60$ kg 的飞行员受到的座椅或皮带的作用力($g=10$ m/s^2).

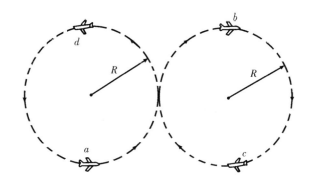

图 7.25

分析与解答 对质量一定的飞行员来说,他以一定的速度沿一

定的圆半径做匀速圆周运动时所需的向心力恒定，即 $F_n = m\dfrac{v^2}{R}$. 而提供这个向心力的外力除重力外，还可能来自座椅或皮带的作用. 它们的方向不明显，可先做一假设后由题解结果确定.

假设沿半径指向圆心的方向为正方向. 把飞行员在特技飞行中的状态简化为图 7.26 所示. 在 a, b, c, d 四位置上座椅或皮带对飞行员的作用力分别用 N_a, N_b, N_c, N_d 表示.

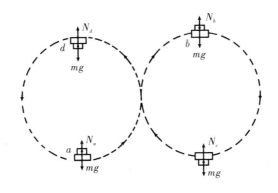

图 7.26

在位置 a

$$N_a - mg = F_n = m\dfrac{v^2}{R}.$$

得

$$N_a = mg + m\dfrac{v^2}{R} = 60 \times 10 \text{ N} + 60 \times \dfrac{150^2}{1000} \text{ N}$$
$$= 1950 \text{ N}.$$

这个力的方向与题设一致，是由座椅产生的. 根据牛顿第三定律，在位置 a 时飞行员对座椅的压力 $N'_a = N_a = 1950$ N，方向竖直向下.

在位置 b

$$mg - N_b = m\frac{v^2}{R}.$$

得

$$N_b = mg - m\frac{v^2}{R} = 60 \times 10 \text{ N} - 60 \times \frac{150^2}{1000} \text{ N}$$
$$= -750 \text{ N}.$$

这个力的方向与题设方向相反,是指向圆心的,由于座椅无法产生吸飞行员的拉力,所以这个力只能是由皮带对飞行员的拉力产生的. 同理,飞行员对皮带的压力 $N'_b = N_b = 750$ N,方向沿半径向外.

在位置 c

$$N_c = mg + m\frac{v^2}{R} = 1950 \text{ N}.$$

这个力的方向与题设方向相同,此时飞行员在座椅下面,座椅同样不会产生对飞行员的拉力,所以这个力也是皮带产生的. 飞行员对皮带的压力 $N'_c = N_c = 1950$ N,方向向下.

在位置 d

$$N_d = mg - m\frac{v^2}{R} = -750 \text{ N}.$$

这个力的方向与题设方向相反,这个力可以由座椅产生,所以飞行员对座椅的压力 $N'_d = N_d = 750$ N,方向向上.

功能动量

例 7.17 如图 7.27 所示,一个质量为 m 的物块放在水平地面上,物块上面装有一根原长为 l_0、劲度系数为 k 的轻弹簧. 现用手拉着弹簧的上端 P 缓慢地向上移动,直到物块离开地面一段距离. 在这个过程中,P 点的位移为 h,则物块重力势能增加了( ).

A. mgh B. $mgh + \dfrac{(mg)^2}{k}$

C. $mgh - \dfrac{(mg)^2}{k}$ D. $mgh - \dfrac{mg}{k}$

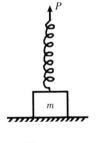

图 7.27

分析与解答 假设使弹簧刚性化,即不会伸长,则当 P 点向上的位移为 h 时,物块上升的高度也是 h. 由于弹簧会形变,物块静止悬挂时会使弹簧伸长 $\Delta l = \dfrac{mg}{k}$. 在这两个因素的作用下,物块实际上升的高度为

$$\Delta h = h - \Delta l = h - \dfrac{mg}{k},$$

所以物块增加的重力势能为

$$\Delta E_p = mg\Delta h = mgh - \dfrac{(mg)^2}{k} \quad (\text{C 正确}).$$

说明 一些同学解题时常因受到弹簧形变的牵连而感到困难,这里假设"刚性化"是一个很巧妙而简单的方法,注意体会.

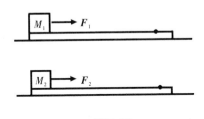

图 7.28

例 7.18 在光滑的水平面上,放有两块长度相同、质量分别为 M_1 和 M_2 的木板. 在两块木板的左端放有一个相同的物块,如图 7.28 所示. 现在两物块上分别作用一个向右的水平恒力 F_1 和 F_2,已知两物块和木板间的动摩擦因数相同,设物块与木板分离时木板的速度分别为 v_1 和 v_2,下列判断中正确的是(   ).

A. 若 $F_1 = F_2, M_1 > M_2$,则 $v_1 > v_2$

B. 若 $F_1 = F_2, M_1 < M_2$,则 $v_1 > v_2$

C. 若 $F_1 > F_2, M_1 = M_2$,则 $v_1 > v_2$

D. 若 $F_1 < F_2, M_1 = M_2$,则 $v_1 > v_2$

分析与解答 由于两物块与木板间的动摩擦因数相同,因此滑

动后两木板受到摩擦力大小相同.对不同量(M、F)比较时,可采用极端假设法.

对选项 A,假设 $M_1 \to \infty$,必有 $v_1 < v_2$,A 错.同理,选项 B 正确.

当两木板质量相同时,它们与物块分离时的速度大小,由动量定理可知,决定于摩擦力作用时间的长短,即

$$ft = Mv.$$

假设 $F_1 \to \infty$,显然相应的物块对木板的摩擦力作用时间短,两者分离时木板获得的速度小,因此 C 错,D 正确.

例 7.19(2016 安徽) 某游乐园入口旁有一喷泉,喷出的水柱将一质量为 M 的卡通玩具稳定地悬停在空中.为计算方便起见,假设水柱从横截面积为 S 的喷口持续以速度 v_0 竖直向上喷出;玩具底部为平板(面积略大于 S);水柱冲击到玩具底板后,在竖直方向水的速度变为零,在水平方向朝四周均匀散开.忽略空气阻力.已知水的密度为 ρ,重力加速度大小为 g.求:

(1)喷泉单位时间内喷出的水的质量;

(2)玩具在空中悬停时,其底面相对于喷口的高度.

分析与解答 水的喷射是一个连续的过程.当持续喷射到玩具的水对玩具形成竖直向上的力平衡玩具的重力时,这个玩具就能稳定地悬停在空中了.为了便于研究这种连续过程的作用,可采用假设法,将某段时间 Δt 内连续喷出的水看成是同样时间内一次喷出的.

(1)当水以稳定速度 v_0 喷射时,在 Δt 时间内喷出的水都包含在以 S 为底、长为 $v_0 \Delta t$ 的柱体内,对应的水质量为

$$\Delta m = \rho \Delta V = \rho S v_0 \Delta t.$$

所以单位时间内喷出的水的质量为

$$\frac{\Delta m}{\Delta t} = \rho v_0 S.$$

(2)设玩具离开喷口的高度为 h,假设在 Δt 时间内喷出的水都

以速度 v 同时到达玩具,由水柱的机械能守恒有

$$\frac{1}{2}\Delta m v_0^2 = \frac{1}{2}\Delta m v^2 + \Delta m g h,$$

得

$$v = \sqrt{v_0^2 - 2gh}.$$

这些水与玩具接触后,其竖直速度立即降为零,水平方向又均匀散开,因此这些水在 Δt 时间内竖直方向的动量从 $p = \Delta m v$ 变化到 $p' = 0$. 设玩具对这些水的作用力为 F,以竖直向下为正方向,对这些水应用动量定理,有

$$F\Delta t = \Delta p = p' - p = 0 - (-\Delta m v) = \Delta m v,$$

得

$$F = \frac{\Delta m}{\Delta t} v = \rho v_0 S \sqrt{v_0^2 - 2gh}.$$

水对玩具的作用力大小也为 F,方向竖直向上.

玩具悬浮时,满足条件

$$Mg = F = \rho v_0 S \sqrt{v_0^2 - 2gh},$$

得玩具的高度为

$$h = \frac{v_0^2}{2g} - \frac{M^2 g}{2\rho^2 v_0^2 S^2}.$$

说明 本题中应用假设的方法,将连续的过程转化为一次性完成的过程,将先后到达玩具的水看成同时到达,然后就可以应用单个质点的运动规律处理了. 这是中学物理处理连续体问题的常用方法,请注意领会.

例 7.20(2012 安徽) 如图 7.29 所示,在竖直平面内有一个半径为 R 的圆弧轨道,半径 OA 水平,OB 竖直,一个质量为 m 的小球自 A 正上方 P 点由静止开始自由下落,小球沿轨道到达最高点 B 时恰好对轨道没有压力. 已知 $AP = 2R$,重力加速度为 g,则小球从 P 到 B

的运动过程中（　　）．

A．重力做功 $2mgR$　　　　B．机械能减少 mgR

C．合外力做功 mgR　　　　D．克服摩擦力做功 $\dfrac{1}{2}mgR$

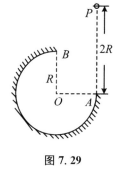

图 7.29

分析与解答　重力做功只与始末位置有关，P 到 B 的高度差仅为 h，重力做功 $W_G = mgR$，A 错．

小球到达最高点 B 时恰好对轨道没有压力，这里包含着临界的意义，意味着在 B 处仅由重力作为球的向心力．由

$$mg = m\dfrac{v_B^2}{R} \Rightarrow v_B = \sqrt{Rg}.$$

小球从 P 到 B 的运动过程中，重力势能减少，动能增加．若以通过 O 的水平面为参考位置，则机械能的减少量为

$$\Delta E' = E_1 - E_2 = 2mgR - \left(mgR + \dfrac{1}{2}mv_B^2\right) = \dfrac{1}{2}mgR,$$

故 B 错．

根据动能定理，小球从 P 到 B 的运动过程中合外力的功等于动能的增量，即

$$W_合 = \Delta E_K = \dfrac{1}{2}mv_B^2 = \dfrac{1}{2}mgR,$$

故 C 错．

在这个过程中克服摩擦力的功等于机械能的减少量，即

$$W_{克服} = \Delta E' = \dfrac{1}{2}mgR.$$

所以 D 正确．

说明　本题的考查要求虽然在于分清不同力的功所引起的能量变化关系，但其中能够认识到临界条件却是至关重要的一点．

例 7.21（2012 湖南） 如图 7.30 所示,在竖直平面内有一固定光滑轨道,其中 AB 是长为 R 的水平轨道,BCD 是圆心为 O、半径为 R 的 $\frac{3}{4}$ 圆弧轨道,两轨道相切于 B 点. 在外力作用下,一小球从 A 点由静止开始做匀加速直线运动,到达 B 点时撤除外力. 已知小球刚好能沿圆轨道经过最高点 C. 重力加速度大小为 g. 求:

(1) 小球在 AB 段运动的加速度大小;

(2) 小球从 D 点运动到 A 点所用的时间.

分析与解答 （1）小球刚好能经过最高点,这就是一个临界条件,意味着在最高点时轨道对小球的作用力为 0,完全由小球重力作为它在最高点 C 的向心力. 于是由

$$mg = m\frac{v_C^2}{R} \quad\Rightarrow\quad v_C = \sqrt{Rg}.$$

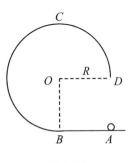

图 7.30

已知小球到达 B 点时撤除外力,因此从 B 到 C 的过程中仅受重力作用. 由动能定理有

$$\frac{1}{2}mv_C^2 - \frac{1}{2}mv_B^2 = -mg \cdot 2R,$$

得

$$v_B = \sqrt{5Rg}.$$

在 $A \to B$ 的运动过程中,由运动学公式得加速度为

$$a = \frac{v_B^2}{2R} = 2.5g.$$

（2）设小球到达 D 点的速度为 v_D,对小球 $C \to D$ 的过程运用动能定理,由

$$mgR = \frac{1}{2}mv_D^2 - \frac{1}{2}mv_C^2$$

得

$$v_D = \sqrt{3Rg}.$$

小球从 D 点离开圆弧轨道后仅受重力作用,做初速不为零的匀加速直线运动. 有

$$R = v_D t + \frac{1}{2}gt^2,$$

即

$$R = \sqrt{3Rg}\,t + \frac{1}{2}gt^2.$$

解方程后取合理值,得运动时间为

$$t = (\sqrt{5} - \sqrt{3})\sqrt{\frac{R}{g}}.$$

说明　求解本题时,认识到 C 点的临界条件是解题的入口,否则下面的过程将无法为继了.

例 7.22　质量为 m 的小球 A 以速度 v_0 在光滑水平面上运动,与质量为 $2m$ 的静止小球 B 发生正碰,碰后小球 B 的速度大小可能值为(　　).

A. $\dfrac{8}{9}v_0$　　　B. $\dfrac{4}{9}v_0$　　　C. $\dfrac{2}{3}v_0$　　　D. $\dfrac{1}{3}v_0$

分析与解答　由于题中没有明确碰撞的类型,可以假设两球分别做完全弹性碰撞和完全非弹性碰撞. 以速度 v_0 的运动方向为正方向,则两球做弹性碰撞时,没有动能损失,由动量守恒和动能守恒知

$$mv_0 + 0 = mv_1 + 2mv_2,$$
$$\frac{1}{2}mv_0^2 + 0 = \frac{1}{2}mv_1^2 + \frac{1}{2}(2m)v_2^2,$$

联立两式后得碰后速度分别为

$$v_1 = \frac{m-2m}{m+2m}v_0 = -\frac{1}{3}v_0,$$

$$v_2 = \frac{2m}{m+2m}v_0 = \frac{2}{3}v_0.$$

两球做完全非常弹性碰撞时,动能损失最大,由动量守恒

$$mv_0 + 0 = (m+2m)u,$$

得两球黏合在一起的速度

$$u = \frac{1}{3}v_0.$$

因为碰撞后小球 B 的动能损失必定介于没有损失和动能损失最大之间,因此其速度大小的取值范围为

$$\frac{2}{3}v_0 \geqslant v_2 \geqslant \frac{1}{3}v_0,$$

可见,B,C,D 正确.

例 7.23 如图 7.31 所示,质量为 M 的小车置于光滑的水平面上,有一质量为 m、速度为 v_0 的小物块从水平方向射入小车上光滑轨道.假定小物块一直不离开轨道,则在轨道上能够上升的最大高度为( ).

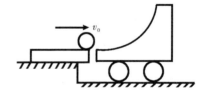

图 7.31

A. $\dfrac{mv_0^2}{2(M+m)g}$ B. $\dfrac{Mv_0^2}{2(M+m)g}$

C. $\dfrac{Mv_0^2}{2mg}$ D. $\dfrac{mv_0^2}{2Mg}$

分析与解答 小物块上升的最大高度只能有一个确定值,因此结果只有一个(单选题).由于滑上车后两者的能量分配与车的质量有关,因此采用极端思维法.令 $M \to \infty$,则小物块滑上小车时可以认

为小车不动,由机械能守恒可知,小物块上升高度为 $\dfrac{v_0^2}{2g}$。在上述四个选项中,令 $M \to \infty$ 代入题中各项,能得到 $\dfrac{v_0^2}{2g}$ 的只有 B.

说明 用一般方法对照比较如下:小物块与小车相互作用,在水平方向没有外力,动量守恒. 小物块上升到最大高度 h 时,两者保持相对静止,设共同速度为 u. 由水平方向动量守恒和能量守恒有

$$mv_0 = (m+M)u,$$
$$\dfrac{1}{2}mv_0^2 = mgh + \dfrac{1}{2}(m+M)u^2,$$

联立两式得

$$h = \dfrac{Mv_0^2}{2(M+m)g},$$

所以正确答案是 B.

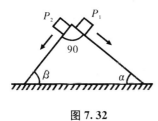

图 7.32

例 7.24 光滑水平地面上放有一块顶角为 $90°$ 的光滑的斜面体,两底角分别为 α,β,且 $\alpha < \beta$. 在斜面体的两个侧面上分别放有质量相同的两木块 P_1,P_2,木块由静止起从顶端开始下滑(图 7.32),则斜面体将会( ).

A. 向右滑 B. 向左滑
C. 保持静止 D. 无法判断斜面体运动情况

分析与解答 斜面体是否会滑动和向哪个方向滑动,决定于斜面体的速度. 这个速度可由动量守恒定律确定,直接求解显得比较困难. 为此,可采用假设的方法.

假设先用力按住斜面,两木块下滑时对斜面的压力分别为

$$N_1 = mg\cos\alpha,$$
$$N_2 = mg\cos\beta.$$

如图 7.33 所示,其水平分力分别为

$N_{1x} = N_1\cos(90° - \alpha) = mg\cos\alpha \cdot \cos\beta,$

$N_{2x} = N_2\cos(90° - \beta) = mg\cos\beta \cdot \cos\alpha.$

因为 $N_{1x} = N_{2x}$,表示两木块下滑时对斜面体两侧的水平压力等值反向,斜面体水平方向处于力平衡状态,可见不用力按住斜面,斜面体也不会滑动. 这样,就把原来属于动量守恒的问题转化为一个静力学的力分解问题,很快可选出正确答案 C.

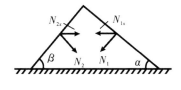

图 7.33

说明 用动量守恒定律计算判断如下:

两木块下滑时,整个系统(斜面体与两木块)水平方向不受外力,水平方向动量守恒. 当斜面体静止时,两木块下滑经时间 t 的瞬时速度分别为

$$v_1 = g\sin\alpha \cdot t,$$
$$v_2 = g\sin\beta \cdot t.$$

若此瞬间斜面体向右运动的瞬时速度为 V,则两木块对地水平方向的瞬时速度分别为

$$v_{1x} = v_1\cos\alpha + V = gt\sin\alpha\cos\alpha + V,$$
$$v_{2x} = V - v_2\cos\beta = V - gt\sin\beta\cos\beta.$$

于是由

$$0 = mv_{1x} + mv_{2x} + MV$$

和

$$\alpha + \beta = \frac{\pi}{2},$$

得

$$V = \frac{mgt(\sin\beta\cos\beta - \sin\alpha\cos\alpha)}{M + 2m}$$

$$=\frac{mgt}{2(M+2m)}(\sin2\beta-\sin2\alpha)=0.$$

表示两木块下滑时,斜面体在任何时刻的水平速度恒为零,斜面体仍保持静止.

这个结果的确定并非易事,不仅需要深刻理解动量守恒定律中的速度应为同一时刻的瞬时速度,还应用了速度的合成法则. 如采用假设一个物理条件的方法,就可以避开这些难点.

例 7.25 总质量为 M 的列车沿平直轨道匀速前进. 途中,尾部质量为 m 的一节车厢脱钩,司机发现时,前部列车已行驶时间 t_0,于是立即关闭汽阀,撤去牵引力. 设列车运动过程中所受阻力跟车重成正比,机车的牵引力保持不变,则前、后两部分列车完全停止相隔多少时间?

分析与解答 这个问题的物理过程比较复杂. 其示意图如图 7.34 所示. 现在我们采取前面介绍的过程假设法,将物理过程重新安排,解题过程可大为简化.

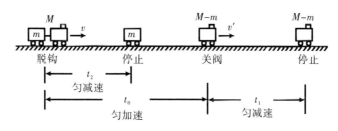

图 7.34

假设脱钩时同时撒去牵引力,则两部分列车同时做匀减速滑行,一起停止. 然后再假设对前部列车施以原来的牵引力 F,作用时间为 t_0 后任其滑至停止,这个过程中对前部列车摩擦力作用时间(也就是前后两部分运动时间差)为 Δt,其示意图如图 7.35 所示.

显然,牵引力 F 对前部列车后来施加的冲量,必须被前部列车所受的摩擦力 f_1 在时间 Δt 内的冲量相抵消,于是由

7 猜想与假设在中学物理解题中的应用

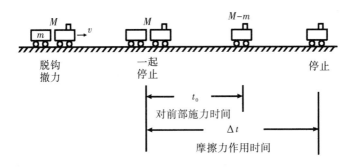

图 7.35

$$Ft_0 = f_1 \Delta t,$$

即

$$kMgt_0 = k(M-m)g\Delta t.$$

所以

$$\Delta t = \frac{M}{M-m}t_0.$$

说明 为了加深体会,下面再用常规方法求解进行比较.

机车原来做匀速运动时的牵引力等于全部列车所受的阻力,即 $F=kMg$(式中 k 为比例系数),设匀速运动的速度为 v.

脱钩后,尾部列车匀减速滑行,速度从 v 降为零所需时间设为 t_2. 由动量定理

$$-kmgt_2 = 0 - mv,$$

得

$$t_2 = \frac{v}{kg}.$$

脱钩后,前部列车做匀加速运动,经时间 t_0 后速度从 v 增为 v',由动量定理

$$[F - k(M-m)g]t_0 = (M-m)(v'-v),$$

得

$$v' = v + \frac{F - k(M-m)g}{M-m}t_0$$
$$= v + \frac{kmg}{M-m}t_0.$$

关闭汽阀、撤去牵引力后前部列车做匀减速滑行,速度从 v' 降为零所需时间设为 t_1,同理得

$$t_1 = \frac{v'}{kg} = \frac{1}{kg}\left(v + \frac{kmg}{M-m}t_0\right).$$

所以,两部分列车完全停止相隔的时间为

$$\Delta t = t_0 + t_1 - t_2 = \frac{M}{M-m}t_0.$$

7.2 电磁学问题中的应用

静电场

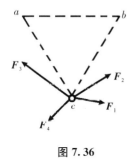

图 7.36

例 7.26(2003 全国理综) 如图 7.36 所示,三个完全相同的金属小球 a,b,c 位于等边三角形的三个顶点上,a 和 c 带正电,b 带负电,a 所带电量的大小比 b 的少. 已知 c 受到 a,b 的静电力的合力可用图中四条有向线段中的一条表示,它应是( ).

A. F_1 B. F_2 C. F_3 D. F_4

分析与解答 假设 a,b 两球的带电量相等,它们对 c 球的库仑力大小相等,其合力一定水平向右. 由于题设条件 $q_a < q_b$,则 $F_{ac} < F_{bc}$,因此它们的合力必然斜向右上方,B 正确.

例 7.27 将一个原来不带电的导体小球与一个带电量为 Q 的导体大球接触,分开后,小球获得电量 q. 若将小球与大球反复接触,每次分开后,都给大球补充电荷,使其带电量恢复为原来的值 Q. 问:经过这样的反复接触,小球可能获得的最大电量是多少? 已知点电

荷电势公式为 $\varphi = k\dfrac{Q}{r}$,式中 k 为静电力常数.

分析与解答 均匀带电导体球可以看成点电荷,接触时由电势相等这个临界条件决定着电量的分配.

第一次接触后,小球与大球的电量分别为 q 与 $(Q-q)$. 设小球与大球的半径分别为 r 与 R,根据点电荷电势公式知

$$k\dfrac{q}{r} = k\dfrac{Q-q}{R}.$$

经过多次接触,当小球的电势与大球电势相等时,两球处于静电平衡,相互间就不再有净电荷的迁移. 此时小球的电量达到最大值 $q_{\max}$,因此有

$$k\dfrac{q_{\max}}{r} = k\dfrac{Q}{R},$$

联立两式得

$$q_{\max} = \dfrac{r}{R}Q = \dfrac{Qq}{Q-q}.$$

例 7.28(2010 福建) 物理学中有些问题不一定必须通过计算才能验证,有时只需通过一定的分析就可以判断结论是否正确. 如果 7.37 所示,两个平行且共轴的圆环的半径分别为 R_1 和

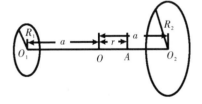

图 7.37

R_2. 两圆环上的电荷量均为 $q(q>0)$,而且电荷均匀分布. 两圆环的圆心 O_1 和 O_2 相距为 $2a$,连线的中点为 O,轴线上的 A 点在 O 点右侧与 O 点相距为 $r(r<a)$. 试分析判断下列关于 A 点处电场强度大小 E 的表达式(式中 k 为静电力常量)正确的是(　　).

A. $E = \left| \dfrac{kqR_1}{[R_1^2 + (a+r)^2]} - \dfrac{kqR_2}{[R_2^2 + (a-r)^2]} \right|$

B. $E = \left| \dfrac{kqR_1}{[R_1^2+(a+r)^2]^{3/2}} - \dfrac{kqR_2}{[R_2^2+(a-r)^2]^{3/2}} \right|$

C. $E = \left| \dfrac{kq(a+r)}{[R_1^2+(a+r)^2]} - \dfrac{kq(a-r)}{[R_2^2+(a-r)^2]} \right|$

D. $E = \left| \dfrac{kq(a+r)}{[R_1^2+(a+r)^2]^{3/2}} - \dfrac{kq(a-r)}{[R_2^2+(a-r)^2]^{3/2}} \right|$

分析与解答 由于本题的计算已超出了中学物理范畴,因此可根据题给表达式,取极端值或特殊值代入进行验算,从而选出正确结果.

当 $r=0$ 时,A 位于连线中点 O 处,把两个带电圆环都等效成两个位于圆心处的点电荷,根据场强的叠加原理可以知道,中点 O 处的合场强 $E=0$. 将 $r=0$ 代入各个选项,就可以排除 A 和 B.

当 $r=a$ 时,A 位于圆心 O_2 处,带电圆环 O_2 由于对称性在 A 点的电场为零,相当于只需研究带电圆环 O_1 对中心轴上某处产生的场强. 为此,可把圆环 O_1 分成 n 小段,每小段电量 $q_i = \dfrac{q}{n}$. 当 n 很大时,圆环上的每小段都可以看成点电荷,它们在 A 点产生的合场强

$$E = \sum_n k \dfrac{\tfrac{q}{n}}{(R_1^2+4a^2)} \cdot \dfrac{2a}{(R_1^2+4a^2)} = \dfrac{2kqa}{(R_1^2+4a^2)^{3/2}},$$

将 $r=a$ 代入 C 和 D,就可以排除 C. 所以正确的是 D.

说明 圆环上每小段电荷产生的场强沿着它跟 A 点的连线,其中垂直中心轴的分量互相平衡,因此合场强就沿着中心轴方向. 本题解答中除了运用极端假设法外,还应用了微元法等方法.

例 7.29 有一个质量 $m=10^{-5}$ kg、电量 $q=3\times 10^{-8}$ C 带正电的粒子,以速度 $v_0=1$ m/s 竖直射入两水平放置的金属板 A,B 间的匀强电场中(图 7.38). 已知 A,B 两板间距 $d=0.02$ m,两板间电势差 $U=400$ V,取 $g=10$ m/s^2,则下列判断正确的是(   ).

A. 粒子无法到达 A 板

B. 粒子刚好能到达 A 板

C. 粒子将与 A 板发生碰撞

D. 条件不足,无法确定

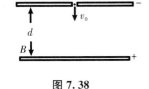

图 7.38

分析与解答 粒子进入两板间后受到的重力和电场力分别为

$$G = mg = 10^{-5} \times 10 \text{ N} = 10^{-4} \text{ N},$$

$$F = q\frac{U}{d} = 3 \times 10^{-8} \times \frac{400}{0.02} \text{ N} = 6 \times 10^{-4} \text{ N}.$$

由于 $F > G$,粒子在电场中将做匀减速运动. 因此,粒子的运动过程可能有三种情况:① 恰好能到达 A 板,即到达 A 板时速度为零,然后向上做匀加速运动;② 到达 A 板后与其发生碰撞,然后向上做匀加速运动;③ 不能到达 A 板,中途返回,向上做匀加速运动.

为了便于判断,可对其运动过程做一假设:设粒子能到达 A 板,且到达时的速度为 v. 由动能定理

$$mgd - qU = \frac{1}{2}mv^2 - \frac{1}{2}mv_0^2,$$

得

$$v = \sqrt{\frac{2(mgd - qU) + mv_0^2}{m}}.$$

代入数据后,得速度

$$v = \sqrt{-1} \text{ m/s}.$$

算出的速度值为虚数,显然没有意义. 说明这个带电粒子不能到达 A 板,也就是说原来的假设不合理. 所以正确的是 A.

说明 如果根据上述假设算出的速度 $v > 0$(实数),表示带电粒子能到达 A 板,将与板发生碰撞后返回;如果算出的速度 $v = 0$,表示刚好能到达 A 板.

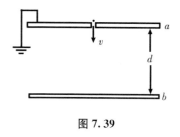

图 7.39

例 7.30 如图 7.39 所示,水平放置的两块平行金属板 a,b 相距为 d,上板中央有一小孔,并把上板接地,由两板组成的电容器的电容量为 C. 开始时,两板均不带电. 现使带电量为 q、质量为 m 的液滴间断地从小孔处以相同速度 v 垂直射向 b 板,且将电荷全部传给 b 板. 假设每次只有一个液滴在两板间,试问:到达 b 板的液滴不会超过多少? 不计 b 板上液体的厚度,重力加速度为 g.

分析与解答 液滴落到 b 板后,b 板内侧带有与液滴同号的电荷,a 板内侧由于感应带有与液滴异号的电荷. 于是,在两板间形成匀强电场. 无论液滴原来带什么电荷,该电场对以后进入的带电液滴的电场力方向始终向上,将对液滴的下落起阻碍作用.

随着下落液滴的增多,两板间的电场逐渐增强,对液滴的电场力也逐渐增强. 当电场力增强到使进入两板间的液滴做减速运动,并且到达下板的速度刚好为零时,即达到了临界状态,此时 b 板所带的电量达到最大.

设落到 b 板有 n 个液滴时,就能使落下第 $n+1$ 个液滴到达 b 板的速度为零. 此时板间电场强度达到临界值

$$E = \frac{nq}{Cd}.$$

对第 $n+1$ 个液滴运用动能定理

$$(mg - qE)d = 0 - \frac{1}{2}mv^2,$$

得

$$n = \frac{m(2dg + v^2)C}{2q^2}.$$

所以落到 b 板的液滴个数最多为

$$N = n+1 = \frac{m(2dg+v^2)C}{2q^2}+1.$$

例 7.31 一根光滑的绝缘细直杆与水平面成 $\alpha = 30°$ 角倾斜放置，其中有一部分在水平向右的匀强电场中，电场强度 $E = 2 \times 10^4$ N/C，在细杆上套一个带负电的小球，质量 $m = 3 \times 10^{-2}$ kg，电量 $q = \sqrt{3} \times 10^{-5}$ C. 今使小球从 A 点静止下滑，经 $s_1 = 1$ m 后从 B 点起进入电场(图 7.40). 试画出小球从运动开始后的速度—时间图像 $(g = 10$ m/s$^2)$.

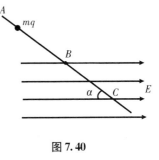

图 7.40

分析与解答 释放后小球在电场外 AB 部分滑动时，受到两个恒力的作用：重力和杆的弹力. 其合力 $mg\sin\alpha$ 沿杆向下，小球做匀加速运动. 进入电场后，又受到一个恒定的电场力 Eq，其方向水平向左，一方面增加了对杆的压力，同时形成一个沿杆向上的分力 $Eq\cos\alpha$，它大于重力的分力 $mg\sin\alpha$. 将使小球做匀减速运动. 可见，B 点就是下行过程中加速运动变为减速运动的临界位置，沿杆匀减速至速度为零处(设 C 点)，就是小球能在电场中滑行的最远处. 在 C 点小球的瞬时速度 $v_C = 0$，但加速度不等于零. 因为电场力沿杆向上的分力大于重力沿杆向下的分力，于是小球又沿杆向上做匀加速运动，至 B 点速度又达最大值，然后离开电场，速度又逐渐减小. 这样，B 点又是上行过程中由加速运动变为减速运动的临界位置. 至速度减为零后，小球又沿杆下滑. 以后又如此往复下去. 可见，小球在这往复运动中速度、加速度都有变化.

假设沿杆向下的方向为正方向. 小球在电场外 AB 段的加速度

$$a_1 = g\sin\alpha = 10 \times \frac{1}{2} \text{ m/s}^2 = 5 \text{ m/s}^2.$$

小球滑至 B 点的速度

$$v_B = \sqrt{2a_1 s_1} = \sqrt{2 \times 5 \times 1} \text{ m/s} = \sqrt{10} \text{ m/s}.$$

进入电场后的加速度设为 a_2，由

$$mg\sin\alpha - Eq\cos\alpha = ma_2,$$

得

$$a_2 = g\sin\alpha - \frac{Eq}{m}\cos\alpha$$

$$= 5 \text{ m/s}^2 - \frac{2 \times 10^4 \times \sqrt{3} \times 10^{-5}}{3 \times 10^{-2}} \times \frac{\sqrt{3}}{2} \text{ m/s}^2 = -5 \text{ m/s}^2,$$

表示它的加速度方向沿杆向上.

设滑至 C 点时 $BC = s_2$，由

$$v_C^2 - v_B^2 = 2a_2 s_2,$$

得

$$s_2 = \frac{-v_B^2}{2a_2} = \frac{-10}{2 \times (-5)} \text{ m} = 1 \text{ m}.$$

由于小球在电场内外两部分杆上滑行的加速度等值反向，在电场内外滑行的距离相等，所以小球从 A 滑到 B 的时间等于它从 B 滑到 C 的时间，也等于从 C 滑到 B 的时间或从 B 滑到 A 的时间，即均为

$$t = \sqrt{\frac{2s_1}{a_1}} = \sqrt{\frac{2 \times 1}{5}} \text{ s} = 0.63 \text{ s}.$$

它的运动情况和 v-t 图如图 7.41 所示.

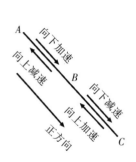
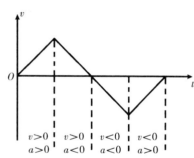

图 7.41

7 猜想与假设在中学物理解题中的应用

例 7.32 两块面积为 S 的平行金属板间依次充满两种电介质,其中介电常数为 ε_1 的介质厚为 d_1,介电常数为 ε_2 的介质厚为 d_2(图 7.42). 由这两块金属块和介质所组成的电容器的电容量为多少?

分析与解答 设想在两种介质的交界面处有一块面积与极板相同的薄金属片,两侧分别带有等量异号的电荷,它的两侧与原来的两金属板组成两个串联电容器,如图 7.43 所示,即可得到总电容.

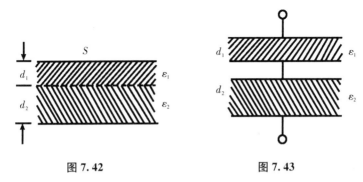

图 7.42   图 7.43

根据平行板电容器的公式

$$C = \frac{\varepsilon S}{4\pi k d},$$

充有介质 ε_1 和 ε_2 的这两个电容器的电容量分别为

$$C_1 = \frac{\varepsilon_1 S}{4\pi k d_1},$$

$$C_2 = \frac{\varepsilon_2 S}{4\pi k d_2}.$$

根据串联电容器的总电容的公式,得

$$C = \frac{C_1 C_2}{C_1 + C_2} = \frac{S}{4\pi k}\left(\frac{\varepsilon_1 \varepsilon_2}{\varepsilon_1 d_2 + \varepsilon_2 d_1}\right).$$

磁场 电磁感应

例 7.33(2002 上海) 按照有关规定,工作场所的电磁辐射强度(单位时间内垂直通过单位面积的电磁辐射能量)不得超过 0.50

W/m². 若某一小型无线通信装置的电磁辐射功率是 1 W,那么距离该通信装置 _____ 以外是符合规定的安全区域(已知球面积为 $S = 4\pi R^2$).

分析与解答 通信装置所辐射的电磁场能量可以认为均匀地分布在以发射装置为中心的球面上. 设距通信装置为 r 处刚好达到电磁辐射的临界值,则由

$$\frac{1}{4\pi r^2} = 0.5,$$

得

$$r = 0.399 \text{ m} \approx 0.4 \text{ m}.$$

说明 这是一个具有实际意义的问题. 不同场所的安全标准,就相当于一个临界值.

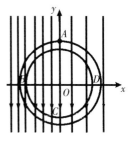

图 7.44

例 7.34 一位学生设计了这样一个问题:如图 7.44 所示,在竖直平面内固定一个半径为 R、内壁光滑的圆管,在以圆心 O 为原点的直角坐标系内,分布着一个方向竖直向下的匀强电场,已知 y 轴及其左侧的场强大小为 $E = \dfrac{mg}{q}$,右侧场强大小为 $E' = \dfrac{E}{2}$. 然后,将一个质量为 m、带有电荷为 $+q$ 的小球(其直径略小于管的内径)从 A 点由静止释放沿左侧运动,要求到达 C 点时对圆管的压力.

给出的解答方法为:由

$$mg \cdot 2R + qE \cdot 2R = \frac{1}{2}mv^2,$$

$$F - mg - qE = m\frac{v^2}{R},$$

两式联立,代入数据,即得圆管对小球的支持力

7 猜想与假设在中学物理解题中的应用

$$F = 10mg.$$

所以,根据牛顿第三定律,小球对圆管的压力大小也是 $10mg$.

有人很赞赏这个问题,认为它综合了重力场和电场力做功及动能定理的应用,而且很有新意. 你的评价怎样?

分析与解答 对这个问题计算的本身无懈可击,但需要进一步考虑这个电场的设计. 为此,可以假设一个物理过程进行验证.

假设这个带电小球在管内经历了一周,在 $A—B—C$ 的过程中电场力做正功,在 $C—D—A$ 的过程中电场力做负功,整个过程中电场力做功

$$W_{ACA} = qU_{AC} + qU_{CA} = q \cdot 2RE - q \cdot 2RE' = mgR.$$

根据静电场的性质,在电场中沿任何闭合路径回到原来位置时,电势不变,电场力的功应该等于零. 这是静电场的一个基本特性. 题中的电场力做功不满足这个条件,可见,这样的静电场实际上并不存在. 这也就是说,不可能存在电场线是平行直线、间距不等的电场.

所以,这个问题表面上虽然构思很有新意,但却背离了物理原理,所以是一个错误的设计,因此题中所给出的解答也就没有任何意义了.

例 7.35 如图 7.45 所示,在以 O 为圆心,内外半径分别为 $R_1 = R_0$、$R_2 = 3R_0$ 的圆环区域内,存在着一个垂直纸面的匀强磁场. 一电荷为 $+q$、质量为 m 的粒子,以速度 v 从内圆上的 A 点进入磁场,其入射方向不确定. 如果不计粒子所受的重力,要求粒子一定能够从外圆射出,则磁感应强度应小于 _____.

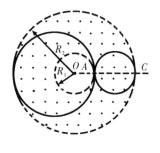

图 7.45

分析与解答 考虑两个临界情况,即粒子从 A 点垂直半径 OA 向上发射和向下发射,它们的轨迹圆刚好在圆环区域的右方和左方

与其内切,如图 7.40 所示. 则由

$$qvB_1 = m\frac{v^2}{R_0},$$

$$qvB_2 = m\frac{v^2}{2R_0},$$

分别得

$$B_1 = \frac{mv}{qR_0},$$

$$B_2 = \frac{mv}{2qR_0}.$$

所以,要求粒子不论从什么方向入射都一定能够从外圆射出,应该满足条件

$$B < \frac{mv}{2qR_0}.$$

说明 本题改编自 2011 年广东省高考题.

例 7.36(2016 新课标 Ⅲ) 平面 OM 和平面 ON 之间的夹角为 $30°$,其横截面(纸面)如图 7.46 所示. 平面 OM 上方存在匀强磁场,磁感应强度大小为 B,方向垂直于纸面向外. 一带电粒子的质量为 m,电荷量为 $q(q>0)$,粒子沿纸面以大小为 v 的速度从 OM 的某点向左上方射入磁场,速度与 OM 成 $30°$ 角. 已知粒子在磁场中的运动轨迹与 ON 只有一个交点,并从 OM 上另一点射出磁场. 不计重力. 粒子离开磁场的出射点到两平面交线 O 的距离为( ).

A. $\dfrac{mv}{2qB}$ B. $\dfrac{\sqrt{3}\,mv}{qB}$ C. $\dfrac{2mv}{qB}$ D. $\dfrac{4mv}{qB}$

分析与解答 粒子射入磁场后,在洛伦兹力作用下做匀速圆周运动. 由

$$qvB = m\frac{v^2}{r}$$

得运动半径为

7 猜想与假设在中学物理解题中的应用

$$r = \frac{mv}{qB}.$$

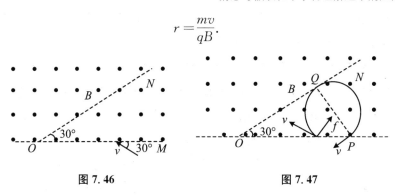

图 7.46　　　　　图 7.47

要求粒子与 ON 只有一个交点,意味着其运动轨迹必须与 ON 相切,这就是一个临界条件. 设粒子运动轨迹与 ON 的切点为 Q, 并从 OM 上的 P 点射出磁场,如图 7.47 所示. 由于粒子在磁场中绕行大半圆后仍然从同一边界 OM 射出,其出射方向与 OM 间的夹角一定与入射时相同,即也为 $30°$. 因此, QP 恰好为轨迹圆弧的一条直径,即 $QP = 2r = \dfrac{2mv}{qB}$. 根据直角三角形 OQP 的边角关系,得

$$OP = 2QP = \frac{4mv}{qB}.$$

所以正确的是 D.

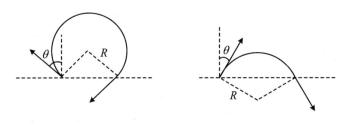

图 7.48

说明　本题中除了能作出粒子运动的临界轨迹外,还必须对于从有界磁场边缘进入磁场中运动的粒子的轨迹有比较深刻的认识. 从有界磁场边缘射入的带电粒子在磁场中的轨迹不可能是整圆,只能是一段圆弧,且由于对称性,出射方向和入射方向跟磁场边缘间的

夹角相等,如图 7.48 所示. 显然,只有从磁场边缘垂直射入磁场的带电粒子,它在磁场中的运动轨迹刚好为半个圆周.

例 7.37(2016 全国统一卷) 如图 7.49,A、C 两点分别位于 x 轴和 y 轴上,$\angle OCA = 30°$,OA 的长度为 L. 在 $\triangle OCA$ 区域内有垂直于 xOy 平面向里的匀强磁场. 质量为 m、电荷量为 q 的带正电粒子以平行于 y 轴的方向从 OA 边射入磁场. 已知粒子从某点射入时,恰好垂直于 OC 边射出磁场,且粒子在磁场中运动的时间为 t_0. 不计重力.

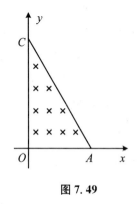

图 7.49

(1) 求磁场的磁感应强度的大小;

(2) 若粒子先后从不同点以相同的速度射入磁场,恰好从 OC 边上同一点射出磁场,求该粒子这两次在磁场中运动的时间之和.

分析与解答 在题设条件和求解要求中,"恰好"一词中包含着"临界"的意义(说明中第(3)问的"相切"同样如此),实际上就是假设了一种临界条件.

(1) 粒子射入磁场后在洛伦兹力作用下做匀速圆周运动,由

$$qvB = m\frac{v^2}{r}, \quad T = \frac{2\pi r}{v}$$

得周期为

$$T = \frac{2\pi m}{qB}.$$

粒子从 OA 边沿平行于 y 轴的方向射入磁场,垂直于 OC 边射出磁场,速度方向转过 $90°$,其轨迹恰好为 $\frac{1}{4}$ 圆周. 由

$$\frac{1}{4}T = t_0, \quad 即 \quad \frac{\pi m}{2qB} = t_0,$$

得磁感应强度为

$$B = \frac{\pi m}{2qt_0}$$

（2）粒子以相同速度射入同一个磁场，它在磁场中的轨迹圆半径一定相同. 从不同位置射入后要求在同一点射出磁场，设它的轨迹圆弧如图 7.50 所示，轨迹圆弧所对的圆心角分别为 θ_1 和 θ_2. 由几何关系知

$$\theta_1 + \theta_2 = 180°.$$

则粒子这两次的运动时间之和为

$$t = t_1 + t_2 = \frac{T}{2\pi}(\theta_1 + \theta_2) = \frac{T}{2} = 2t_0.$$

说明　原题的第（3）问是：若粒子从某点射入磁场后，其运动轨迹与 AC 边相切，且在磁场内运动的时间为 $\frac{4}{3}t_0$，求粒子此次入射速度的大小. 这里的"相切"同样包含着临界的意义，画出示意图，结合题设条件和几何关系，即可求解.

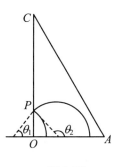

图 7.50

例 7.38　如图 7.51 所示，在磁感应强度为 B 的有界匀强磁场中，用外力将一个矩形线圈从磁场边缘匀速拉出，在其他条件不变的情况下，下列判断中正确的是（　　）.

A. 速度越大时，拉力做功越多

B. 线圈的边长 l_1 越大时，拉力做功越多

C. 线圈的边长 l_2 越大时，拉力做功越多

D. 线圈的电阻越大时，拉力做功越多

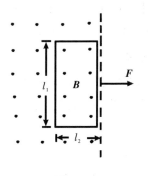

图 7.51

分析与解答　由于涉及多个物理量，下面依次对各个量取极端值做比较（极端假设法）.

若拉出的速度 → 0,线圈中几乎没有感应电流,也就不需要克服安培力做功;反之,拉出的速度越大,拉力做功必然越多.同理,当切割磁感线的有效边长 l_1 → 0 时,线圈中也难以感应电流;当边长 l_2 → 0 时,表示线圈的位移接近于零;当线圈电阻 R → ∞ 时,线圈中同样几乎没有电流.因此,这三种极端情况下拉力做功都接近零.由此立刻可以判知 A,B,C 正确.

说明　常规方法判断时,设磁感应强度为 B,匀速拉出的速度为 v,有效边 l_1 切割磁感线产生感应电流和受到的安培力分别为

$$I = \frac{E}{R} = \frac{Bl_1v}{R},$$

$$f = BIl_1 = \frac{B^2l_1^2v}{R}.$$

匀速拉出时外力做功

$$W = Fl_2 = fl_2 = \frac{B^2l_1^2l_2v}{R}.$$

由此可见,A,B,C 正确.

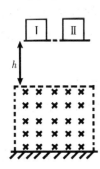

图 7.52

例 7.39（2010 安徽理综）　如图 7.52 所示,水平地面上方矩形区域内存在垂直纸面向里的匀强磁场,两个边长相等的单匝闭合正方形线圈 Ⅰ 和 Ⅱ,分别用相同材料、不同粗细的导线绕制（Ⅰ 为细导线）.两线圈在距磁场上界面 h 高处由静止开始自由下落,再进入磁场,最后落到地面.运动过程中,线圈平面始终保持在竖直平面内且下边缘平行于磁场上边界.设线圈 Ⅰ、Ⅱ 落地时的速度大小分别为 $v_Ⅰ,v_Ⅱ$,在磁场中运动时产生的热量分别为 $Q_Ⅰ,Q_Ⅱ$.不计空气阻力,则(　　).

A. $v_Ⅰ < v_Ⅱ, Q_Ⅰ < Q_Ⅱ$
B. $v_Ⅰ = v_Ⅱ, Q_Ⅰ = Q_Ⅱ$
C. $v_Ⅰ < v_Ⅱ, Q_Ⅰ > Q_Ⅱ$
D. $v_Ⅰ = v_Ⅱ, Q_Ⅰ < Q_Ⅱ$

分析与解答 这里的干扰因素是导线的粗细不同,采用假设法把粗导线的线圈看成由几个跟细导线一样的线圈组成,消除了这个干扰因素,现象就明朗了. 由于它们进入磁场中的运动状态完全相同,因此落地速度一定相同. 粗导线的线圈中产生的热量则是各个细导线的线圈所产生热量之和. 于是,立即可知 D 正确.

说明 本题可用计算法进行验证如下:两线圈自由下落进入磁场时的速度 v 相同. 由于下底边切割磁感线产生逆时针方向的感应电流,从而使线圈受到向上的安培力. 设线圈的边长为 l,电阻为 R,则

$$ma = mg - F_a = mg - B\frac{Blv}{R}l \Rightarrow a = g - \frac{B^2l^2v}{Rm}.$$

若令线圈导线的截面积为 S,材料密度为 D,电阻率为 ρ,其质量和电阻可以表示为

$$m = 4lSD,$$

$$R = \rho \frac{4l}{S}.$$

于是,加速度可以表示为

$$a = g - \frac{B^2 v}{16\rho D}.$$

可见,两者进入磁场后的加速度相同. 以后,它们下落过程中任何时刻的速度都相同,因此两者将以同样大小的速度落地,即

$$v_\text{I} = v_\text{II}.$$

由于两线圈进入磁场后的运动状态相同,它们将同时落地. 在这个过程中产生的热量等于安培力的功,其值为

$$Q = Pt = \frac{(Blv)^2}{R}t = \frac{B^2lv^2t}{4\rho} \cdot S.$$

可见,它与导线的截面积成正比. 所以,细导线的线圈产生的热量少,即 $Q_\text{I} < Q_\text{II}$,D 正确.

虽然计算法很严谨,但毕竟花费时间较多,更糟糕的是花费了宝贵的时间却依然失误,远不如巧妙的假设轻松了.

例 7.40 在一个半径为 R 的圆形区域里有一个均匀的磁场,其方向垂直纸面向外. 有一根长 $l=R$ 的直导线 ab 如图 7.53 所示搁置在磁场里. 当磁感应强度以 $\dfrac{\Delta B}{\Delta t}=k$ 均匀减小时,那么导线中产生的感应电动势多大?

分析与解答 如果要求直接求解,显然已超出中学物理知识范围. 为此,可以对研究对象(直导线)做一假设:设想它是正六边形线框的一条边(图 7.54),根据法拉第电磁感应定律可知,整个线框内产生的感应电动势为

$$E=\frac{\Delta\varphi}{\Delta t}=S\frac{\Delta B}{\Delta t}=6\times\frac{\sqrt{3}}{4}R^2\frac{\Delta B}{\Delta t}=\frac{3\sqrt{3}}{2}kR^2.$$

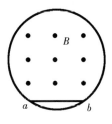
图 7.53

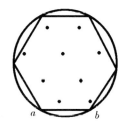
图 7.54

由于整个线框内的感应电动势是由相同的六条边共同产生的,所以每条边产生的感应电动势为

$$E_{ab}=\frac{1}{6}E=\frac{\sqrt{3}}{4}kR^2=\frac{\sqrt{3}}{4}R^2\cdot\frac{\Delta B}{\Delta t}.$$

说明 上面这种假设方法就是把搁置在磁场区域内的单根导体棒封闭起来,使它成为正多边形的一部分. 懂得了这样的假设方法后,就可以灵活地变化了. 如果在图 7.53 中搁置着一根长 $l=\sqrt{2}R$ 的

导体棒,那么当磁场以 $\dfrac{\Delta B}{\Delta t}=k$ 均匀减小时,棒中产生的感应电动势为多大?请同学们自行练习. $\left(参考答案:\dfrac{1}{2}kR^2\right)$

例 7.41 在磁感应强度为 $B=1$ T 的匀强磁场中放置两个同心金属圆环,内、外圆的半径 r_1,r_2 分别为 10 cm 和 30 cm. 用导线把它们与一个电池及保险电阻 R_0 连接,已知电池电动势 $E=2$ V,内阻 $r=0.5$ Ω,$R_0=0.3$ Ω,电路中最大允许电流 $I_m=1$ A,另有电阻率 $\rho=1\times10^{-6}$ Ω·m 的镍铬合金棒 OCA 沿半径方向放置在两圆环上,棒的截面积 $S=1$ mm^2,外力驱使该棒以 O 为圆心沿顺时针方向转动并接通电键(图 7.55),要使保险电阻不致熔断,棒的角速度应有何要求?

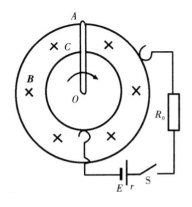

图 7.55

分析与解答 棒顺时针方向转动时,产生感应电动势,相当于一个电源,由右手定则知 A 点电势比 C 点高,它与外电路中的电池反串联后共同提供电流,其电流方向则由感应电动势与电池电动势的大小决定. 对应着不同的电流方向,转速有不同的临界值,但都必须满足条件 $I<I_m$.

两圆环间 CA 部分的电阻

$$R=\rho\dfrac{l}{S}=1\times10^{-6}\times\dfrac{0.3-0.1}{1\times10^{-6}}\ \Omega=0.2\ \Omega.$$

当 OA 棒顺时针以角速度 ω 转动时,夹于两圆环之间的导线 CA 产生的感应电动势为

$$E'=Bl\bar{v}=B(r_2-r_1)\cdot\dfrac{\omega(r_2+r_1)}{2}$$

$$= \frac{1}{2}B\omega(r_2^2 - r_1^2).$$

若棒的转速较小,产生的感应电动势也较小,电路中电流方向由外电路中电源决定,转速临界值(最小值)应满足条件

$$I = \frac{E - E'}{R + r + R_0} = I_m,$$

或

$$E - \frac{1}{2}B\omega_{min}(r_2^2 - r_1^2) = I_m(R + r + R_0).$$

得

$$\omega_{min} = \frac{2[E - I_m(R + r + R_0)]}{B(r_2^2 - r_1^2)}$$

$$= \frac{2[2 - 1 \times (0.2 + 0.5 + 0.3)]}{1 \times (0.3^2 - 0.1^2)} \text{ s}^{-1}$$

$$= 25 \text{ s}^{-1}.$$

若棒的转速较大,产生的感应电动势也较大,电路中电流方向由感应电动势决定,转速的另一个临界值(最大值)应满足条件

$$I = \frac{E' - E}{R + r + R_0} = I_m,$$

或

$$\frac{1}{2}B\omega_{max}(r_2^2 - r_1^2) - E = I_m(R + r + R_0).$$

得

$$\omega_{max} = \frac{2[E + I_m(R + r + R_0)]}{B(r_2^2 - r_1^2)}$$

$$= \frac{2[2 + 1 \times (0.2 + 0.5 + 0.3)]}{1 \times (0.3^2 - 0.1^2)} \text{ s}^{-1}$$

$$= 75 \text{ s}^{-1}.$$

所以,为使保险电阻不熔断,棒的角速度必须满足条件

7 猜想与假设在中学物理解题中的应用

$$25 \text{ s}^{-1} \leqslant \omega \leqslant 75 \text{ s}^{-1}.$$

7.3 热学、光学问题中的应用

例 7.42 一大杯热水的温度为 T_1,一小杯冷水的温度为 T_2,二者混合后的温度为 T,则(　　).

A. $T = \dfrac{T_1 + T_2}{2}$ B. $T > \dfrac{T_1 + T_2}{2}$

C. $T < \dfrac{T_1 + T_2}{2}$ D. $T = \dfrac{T_1 - T_2}{2}$

分析与解答 假设热水和冷水的质量相等,混合后的温度 $T = \dfrac{T_1 + T_2}{2}$. 由于已知热水的质量多于冷水的质量,混合后的温度一定高于 $\dfrac{T_1 + T_2}{2}$,所以 B 正确.

例 7.43(2009 上海) 如图 7.56 所示竖直放置的上细下粗的密闭细管,水银柱将气体分隔成 A,B 两部分,初始温度相同. 使 A,B 升高相同温度达到稳定后,体积变化量为 $\Delta V_A, \Delta V_B$,压强变化量为 $\Delta p_A, \Delta p_B$,对液面压力的变化量为 $\Delta f_A, \Delta f_B$,则(　　).

A. 水银柱向上移动了一段距离
B. $\Delta V_A < \Delta V_B$
C. $\Delta p_A > \Delta p_B$
D. $\Delta f_A = \Delta f_B$

图 7.56

分析与解答 温度升高时,上下两部分气体的压强和体积会同时发生变化,而它们的变化又涉及水银柱的移动,因此,要同时考虑两部分气体 T,p,V 的变化后确定水银柱的移动方向,各个因素互相牵制,比较困难. 为此,可从物理过程假设上另辟蹊径.

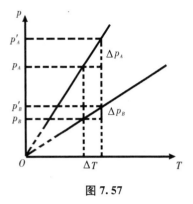

图 7.57

假设温度升高后,液柱不动,水银柱上下两部分气体均做等容变化,由 $p-T$ 图(图 7.57)可知,原来压强大的这部分气体(A)升高相同温度时,压强的增量 Δp 也大,即 $\Delta p_A > \Delta p_B$,因此水银柱会向上移动.A,C 正确.

稳定后,上下两部分气体的总体积没有变化,即 $\Delta V_A = \Delta V_B$,B 错.

由于上面的管子比较细,因此液柱上移后,液柱的总高度会增加.上下两部分压力的变化为

$$\Delta F = \Delta p \cdot S,$$

根据 $\Delta p_A > \Delta p_B$ 和 $S_A > S_B$ 的关系可知,$\Delta F_A > \Delta F_B$,D 错.

说明 本题的构思极巧妙,将似曾相识的问题加以改造——上下管径不一致,而且要求稳定后压强、体积和压力的变化关系,充分考查了对基础知识的掌握和灵活应用的能力.

例 7.44 如图 7.58 所示,A,B 是两个汽缸,分别通过阀门 a 和 b 与压强为 1 atm 的大气相通,汽缸的截面积之比 $\dfrac{S_A}{S_B} = \dfrac{1}{10}$,中间水平放置的活塞 D 可无摩擦地左、右滑动.先关闭阀门 a,通过阀门 b 给汽缸 B 充气至 10 atm,然后关闭阀门 b,区域 C 始终与大气相通.试问:当使整个系统都升高到相同的温度时,活塞的移动方向是(   ).

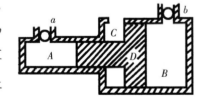

图 7.58

A. 向左移   B. 向右移

C. 保持静止   D. 无法判断

分析与解答 给气缸 B 充气到 10 atm 时,由活塞的受力平衡条件,得

$$p_A S_A + p_C S_C = p_B S_B.$$

式中,$S_B = 10 S_A$,$S_C = S_B - S_A = 9 S_A$,$p_C = 1$ atm,易知气缸 A 中气体的压强 $p_A = 91$ atm.

当整个系统温度升高时,A,B 两气缸内气体的压强、体积都要变化,给判断活塞 D 的移动方向带来困难. 为此,可采用假设一个外加条件的方法.

假设用外力把活塞按住,温度升高时活塞不动,两气缸内的气体都发生一次等容变化.

由查理定律

$$\frac{p'_A}{p_A} = \frac{T'}{T} = k,$$

$$\frac{p'_B}{p_B} = \frac{T'}{T} = k.$$

得

$$p'_A = k p_A = 91k \text{ atm},$$

$$p'_B = k p_B = 10k \text{ atm}.$$

温度升高后,活塞受到 B 中气体向左的压力

$$F_1 = p'_B S_B = 10k \times 10 S_A = 100 k S_A.$$

活塞受到 A 中气体和 C 部分空气向右的压力为

$$F_2 = p'_A S_A + p_C S_C = 91 k S_A + 1 \times 9 S_A$$
$$= 91 k S_A + 9 S_A.$$

因为 $T' > T$,故 $k > 1$,可见 $F_1 > F_2$,所以当不用外力按住活塞时,温度升高后活塞会向左方移动. 正确答案为 A.

例 7.45 长 $L = 100$ cm 的均匀细玻璃管中,有一段长 $h = 15$ cm 的水银柱,开口向上竖直放置时,封闭在管内的空气柱长 $l = 60$

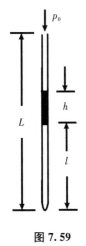

图 7.59

cm(图 7.59). 外界大气压 $p_0 = 75$ cmHg. 当将玻璃管缓缓倒转开口向下竖直放置时,管内水银(　　).

A. 不会流出　　B. 全部流出
C. 部分流出　　D. 无法判断流出情况

分析与解答　管子倒转时,为了做出正确的选择,可以跟两种临界状态相比较.

假设管子倒转后水银恰好流至管口,所需管长为 L'[图 7.60(a)]. 管内气体在这个等温变化前后的状态分别为.

$$p_1 = (75+15) \text{cmHg},$$
$$V_1 = 60S \text{ cm}^3;$$
$$p_2 = (75-15) \text{cmHg},$$
$$V_2 = (L'-15)S \text{ cm}^3.$$

由玻意耳定律 $p_1V_1 = p_2V_2$,得

$$90 \times 60S = 60 \times (L'-15)S.$$

所以

$$L' = 105 \text{ cm}.$$

因为 $L' > L$,所以原来的玻璃管倒转后一定有水银溢出,答案 A 可排除.

再假设管子倒转后水银恰好全部溢出时,所对应的大气压为 p'_0[图 7.60(b)]. 在这倒转前后管内气体的两状态分别为

$$p_1 = (75+15) \text{ cmHg},$$
$$V_1 = 60S \text{ cm}^3;$$
$$p_2 = p'_0 \text{ cmHg},$$
$$V_2 = 100S \text{ cm}^3.$$

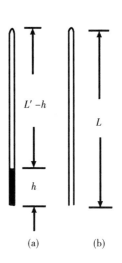

图 7.60

同理由玻意耳定律知

$$90 \times 60S = p'_0 \times 100S.$$

得

$$p'_0 = 54 \text{ cmHg}.$$

因为 $p'_0 < p_0$，所以管内水银不可能全部流出．

由此可见，管内水银只有部分流出．正确答案为 C．

例 7.46 一个氧气瓶的容积 $V=32$ L，贮有压强为 130×10^5 Pa 的氧气．某厂吹玻璃需要，每天耗去 1×10^5 Pa 的氧气 400 L．当氧气瓶内氧气的压强降到 10×10^5 Pa 时需重新充气．设温度不变，试问：一瓶氧气可供该厂使用几天？

分析与解答 氧气瓶内前、后的压强和吹玻璃耗氧的压强各不相同，为了便于比较，可假设它们发生一个等温变化过程，变成同样的压强．如图 7.61 所示，使瓶中氧气的压强都变为 1×10^5 Pa．

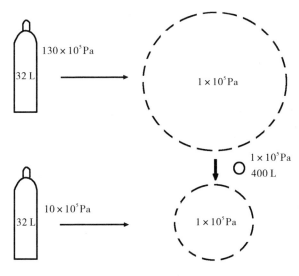

图 7.61

将压强为 $p = 130 \times 10^5$ Pa、体积 $V = 32$ L 的氧气经等温变化后，

由玻意耳定律,得变成压强 $p_1 = 1 \times 10^5$ Pa 时的体积

$$V_1 = \frac{pV}{p_1} = \frac{130 \times 10^5 \times 32}{1 \times 10^5} \text{ L} = 130 \times 32 \text{ L}.$$

使用后压强为 $p' = 10 \times 10^5$ Pa,也使它经等温变化后变成压强 $p_2 = 1 \times 10^5$ Pa 时的体积为

$$V_2 = \frac{p'V}{p_2} = \frac{10 \times 10^5 \times 32}{1 \times 10^5} \text{ L} = 10 \times 32 \text{ L}.$$

所以,可以使用的天数为

$$n = \frac{V_1 - V_2}{V_0} = \frac{(130 - 10) \times 32}{400} \text{ d} = 9.6 \text{ d}.$$

说明 下面的高考题请同学们自行练习,进一步体会这种假设方法.

练习题(2016 新课标 Ⅱ) 一氧气瓶的容积为 0.08 m³,开始时瓶中氧气的压强为 20 个大气压,某实验室每天消耗 1 个大气压的氧气 0.36 m³. 当氧气瓶中的压强降低到 2 个大气压时,需重新充气. 若氧气的温度保持不变,求这瓶氧气重新充气前可供实验室使用多少天?(参考答案:4 天)

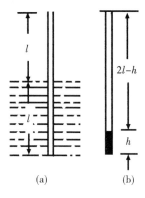

图 7.62

例 7.47 一根两端开口、长 $2l$ 的均匀细玻璃管,一半插入水银中[图 7.62(a)],然后用手指按住上端缓缓向上竖直提出水银槽[图 7.62(b)]. 则留在管中的水银柱长度为多少?设大气压为 H(cmHg)(1 cmHg = 1.33 kPa).

分析与解答 这就是化学实验中常用的移液管. 用手指按住玻璃管上端后,管上部被封闭着一定质量的气体,其压强和体积分别为

7 猜想与假设在中学物理解题中的应用

$$p_1 = H \text{ cmHg},$$

$$V_1 = lS \text{ cm}^3.$$

把玻璃管缓缓提出水银槽后竖直放置时,设留在管中水银柱长为 h,上端空气柱长 $2l-h$,气体的压强和体积分别为

$$p_2 = (H-h) \text{ cmHg},$$

$$V_2 = (2l-h)S \text{ cm}^3.$$

根据玻意耳定律 $p_1V_1 = p_2V_2$,即

$$HlS = (H-h)(2l-h)S,$$

或

$$h^2 - (2l+H)h + Hl = 0.$$

得两个解

$$h_1 = \frac{2l+H}{2} + \frac{1}{2}\sqrt{4l^2 + H^2},$$

$$h_2 = \frac{2l+H}{2} - \frac{1}{2}\sqrt{4l^2 + H^2}.$$

这两个解是否都合理?可用极端假设法做初步检验:

(1) 因为外界大气压 $H=0$ 时,玻管提出水面后管中水银必然全部流出,$h=0$. 所以可将 $H=0$ 作为一个极端值代入上面两式,得 $h_1 = 2l \neq 0, h_2 = 0$,可见 h_1 不合理.

(2) 因为留在管内的水银柱长度 h 一定小于 $2l$,当玻管长度($2l$)越来越短时,留在管内的水银柱长 h 也越短,当管长($2l$)$\to 0$ 时,必然有结果 $h \to 0$. 所以可将 $(2l) = 0$ 作为另一个极端值代入上面两式,得 $h_1 = H \neq 0, h_2 = 0$.

这两个极端值检验的结果是一致的,可见 h_1 是不合理的,只能取 h_2 作为解答结果(有时,还需再做其他检验).

例 7.48 根据光在真空(或空气)和介质间的折射定律,试证光在两种介质间发生折射时,满足条件

$$n_1\sin\theta_1 = n_2\sin\theta_2.$$

式中，$n_1, n_2, \theta_1, \theta_2$ 分别为两种介质的折射率和入射角或折射角（图 7.63）.

分析与解答 为了利用光在介质和真空（或空气）间的折射定律寻找出光在两种介质间的折射规律，可设想在两透明介质间有一层空气，然后从空气层的厚度趋于零的极端情况得出结论.

设光从一种介质（折射率为 n_1）透过空气层（折射率为 n_0）进入另一种介质（折射率为 n_2）时的入射角、折射角依次为 $\theta_1, \theta_0, \theta_0, \theta_2$（图 7.64）.

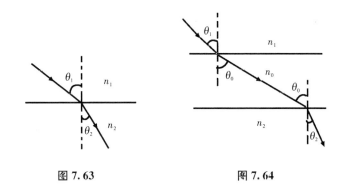

图 7.63　　　　　图 7.64

由折射定律和光路可逆原理得

$$\frac{\sin\theta_1}{\sin\theta_0} = \frac{n_0}{n_1}, \quad \frac{\sin\theta_0}{\sin\theta_2} = \frac{n_2}{n_0}.$$

两式相乘得

$$\frac{\sin\theta_1}{\sin\theta_2} = \frac{n_2}{n_1},$$

即

$$n_1\sin\theta_1 = n_2\sin\theta_2.$$

由于上述关系与空气层的厚度无关，因此在空气层厚度趋向于零的极端情况下，即当光从一种透明介质直接折射进另一种透明介质时,上述关系同样成立.

说明　这个关系称为折射定律的斯涅耳形式,它不仅适用于任何两种透明介质,而且比采用比例形式的折射定律公式更容易记忆.

当光线从介质射向空气发生全反射时,由
$$n\sin C = 1 \times \sin 90°,$$
立即可得临界角的关系
$$\sin C = \frac{1}{n}.$$

例 7.49（2013 江苏）　图 7.65 所示为单反照相机取景器的示意图,$ABCDE$ 为五棱镜的一个截面,$AB \perp BC$,光线垂直 AB 射入,分别在 CD 和 EA 上发生反射,且两次反射的入射角相等,最后光线垂直 BC 射出. 若两次反射都为全反射,则该五棱镜折射率的最小值是多少?（计算结果可用三角函数表示）

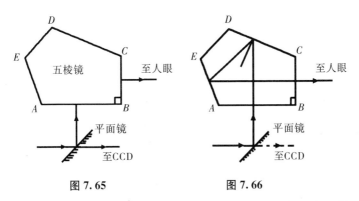

图 7.65　　　　　图 7.66

分析与解答　根据题意画出光路图(图 7.66),由两次反射均为全反射,且入射角相等,因此其临界角为
$$C = \frac{45°}{2} = 22.5°.$$
相应的折射率为
$$n = \frac{1}{\sin C} = \frac{1}{\sin 22.5°},$$

或
$$n \approx 2.61.$$

例 7.50（2012 全国） 一玻璃立方体中心有一点状光源. 今在立方体的部分表面镀上不透明薄膜, 以致从光源发出的光线只经过一次折射不能透出立方体. 已知该玻璃的折射率为 $\sqrt{2}$, 求镀膜的面积与立方体表面积之比的最小值.

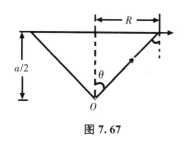

图 7.67

分析与解答 将立体图形平面化, 取一个面考虑, 设其边长为 a. 假设从立方体中心 O 射至该平面的光线恰好反射全反射, 入射角为 θ（图 7.67）, 这就是一条临界光线. 根据折射定律

$$n\sin\theta = 1 \times \sin 90°,$$

即

$$\sin\theta = \frac{1}{n} = \frac{1}{\sqrt{2}},$$

得

$$\theta = 45°.$$

则此表面上不透明膜的半径

$$R = \frac{a}{2}.$$

由于每一个面的情况都相同, 所以镀膜的面积与立方体表面积之比就等于半径为 R 的圆面积与正方形面积之比, 即为

$$\frac{S_x}{S} = \frac{\pi R^2}{a^2} = \frac{\pi \left(\frac{a}{2}\right)^2}{a^2} = \frac{\pi}{4}.$$

例 7.51 用折射率 $n = 2$ 的透明材料做成一个直角棱镜, 如图 7.68 所示. 要求垂直于任一直角边的入射光线都能在斜边上发生全

反射,角 B 为多少?

分析与解答 垂直 AC, BC 的入射光线射至斜边时的入射角分别为 $(90°-B)$ 和 B, 如图 7.69 所示. 要求发生全反射, 对应的入射角至少必须等于临界角.

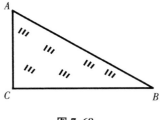

图 7.68

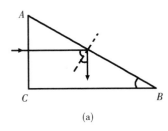
(a)

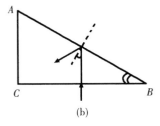
(b)

图 7.69

垂直 AC 面入射的光射至斜边 AB 时的入射角为 $(90°-B)$. 要求恰发生全反射, 由折射定律结合光路可逆原理得

$$\sin(90°-B) = \frac{1}{n} = \frac{1}{2},$$

或

$$\cos B = \frac{1}{2}.$$

得临界角

$$B = 60°.$$

如果 B 角大于 $60°$, 在 AB 边的入射角小于 $30°$, 不能发生全反射. 因此 B 角必须小于或等于 $60°$, 从 AC 边垂直入射的光才能在 AB 边发生全反射.

垂直 BC 面入射的光射至斜面 AB 时的入射角为 B, 同理由

$$\sin B = \frac{1}{n} = \frac{1}{2},$$

得临界角

$$B = 30°.$$

如果 B 角小于 $30°$,在 AB 边的入射角小于 $30°$,也不能发生全反射.

所以,从任一直角边垂直入射的光都能在斜面上发生全反射,B 角的大小应满足条件

$$30° \leqslant B \leqslant 60°.$$

例7.52(2016 海南) 如图 7.70,半径为 R 的半球形玻璃体置于水平桌面上,半球的上表面水平,球面与桌面相切于 A 点.一细束单色光经球心 O 从空气中射入玻璃体内(入射面即纸面),入射角为 $45°$,出射光线射在桌面上 B 点处.测得 AB 之间的距离为 $\frac{R}{2}$(图 7.71).现将入射光束在纸面内向左平移,求射入玻璃体的光线在球面上恰好发生全反射时,光束在上表面的入射点到 O 点的距离.不考虑光线在玻璃体内的多次反射.

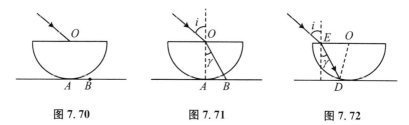

图 7.70　　　　　图 7.71　　　　　图 7.72

分析与解答　设玻璃的折射率为 n,光线从 O 点进入玻璃体的折射角为 γ.由折射定律得

$$n = \frac{\sin i}{\sin \gamma} = \frac{\sin 45°}{\sin \gamma}. \qquad ①$$

式中

$$\sin\gamma = \frac{AB}{\sqrt{AB^2+AO^2}} = \frac{\dfrac{R}{2}}{\sqrt{\left(\dfrac{R}{2}\right)^2+R^2}} = \frac{1}{\sqrt{5}} = \frac{\sqrt{5}}{5}. \qquad ②$$

当入射光向左平移到从 E 点入射,折射至球面的 D 点处恰好发生全反射,此时在球面上的入射角为 $\alpha = \angle EDO$(图 7.72). 它应该满足临界角条件,即

$$\sin\alpha = \frac{1}{n}. \qquad ③$$

在三角形 ODE 中,由正弦定理知

$$\frac{OE}{\sin\alpha} = \frac{OD}{\sin(90°-\gamma)} = \frac{R}{\cos\gamma}. \qquad ④$$

联立 ①③④ 三式,得

$$OE = R\frac{\sin\alpha}{\cos\gamma} = \frac{R}{n\sqrt{1-\sin^2\gamma}} = \frac{\sin\gamma}{\sin45°\sqrt{1-\sin^2\gamma}}R. \qquad ⑤$$

将 ② 式代入,即可得光束在上表面的入射点到 O 点的距离为

$$OE = \frac{\sqrt{2}}{2}R.$$

说明 在光的全反射现象中,临界状态假设的意义是非常鲜明的. 求解有关全反射一类包含着临界条件的问题,关键是画好示意图,并能熟练地借助几何和三角知识.

7.4 黑箱问题中的应用

物理学中的"黑箱"是指一个内部结构未知或没有完全确定的系统. 如这个系统都是由一些电学元件(电池、电阻器、电容器、电感器、二极管、电灯、开关、导线等)组合的,称为电学黑箱,它通常有几个对外接口. 如这个系统都是由一些光学元件(平面镜、凹面镜、凸面镜、全反射棱镜、三棱镜、平行透明板、凸透镜、凹透镜等)组成的,

称为光学黑箱. 这是中学物理中最为常见的两类黑箱.

由于黑箱的内部结构不清楚, 在无法打开或不允许打开黑箱的情况下, 我们只能通过它表现出来的外部特征, 对黑箱的内部结构做一些猜想、假设, 然后通过校正, 加以完善、确定. 因此求解黑箱问题的基本思路是:

① 有目的地向黑箱输送一定的信息(如接入一个电表、送入一个电信号、输入一束光信号等), 观察黑箱对输入信息的反应, 收集黑箱的输出信息.

② 根据各有关元件(如电学元件或光学元件)的特性, 对黑箱(或盒中某一部分)的结构做出初步猜想.

③ 改变输入的信息, 根据收集到的输出信息, 校正初步的猜想.

④ 通过输入、输出信息多次的反馈校正, 直到对黑箱内部结构所做出的判断完全符合黑箱所表现的特性为止, 最后确定内部结构.

由于根据黑箱的输出信息做出的判断与猜测方向有关, 因此许多情况下黑箱问题的解不是唯一的.

上述过程概括起来可简单表示为如图 7.73 所示流程.

图 7.73

显然, 黑箱问题带有一定的猜想性, 但这种猜想是在符合一定外部特性下所做出的有方向的猜想, 绝不是胡猜乱想.

下面, 分电学黑箱和光学黑箱两类, 通过对几个具体问题的研究, 体会猜想与假设在黑箱问题中的应用.

7.4.1 电学黑箱

电学黑箱是目前中学物理中最主要的黑箱. 内部元件以电源、

开关、电阻和二极管等为主,最常见的有三种,即纯电阻黑箱、纯电源黑箱和混合式电路黑箱.

纯电阻黑箱

纯电阻黑箱中只有电阻,比较简单. 判断时,先找出可能存在的特殊支路(电阻为零),接着确定阻值最小和最大的支路,然后对照已知条件,在有关接线柱之间试接电阻. 通过与题设条件的反馈校正,最后确定黑箱内的电路.

例 7.53 如图 7.74 所示黑箱,盒内有几个阻值相同的电阻,用欧姆表测得接线柱间的电阻关系如下:$R_{AB} = 1.5 R_{AC} = 3 R_{BD}$,$R_{CD} = 0$. 试画出黑箱内最简电路结构.

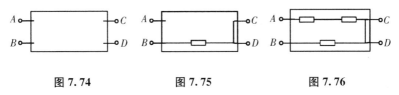

图 7.74　　　　图 7.75　　　　图 7.76

分析与解答 用欧姆表测量,相当于输入一个信息,测量结果就是输出信息. C,D 两接线柱间电阻为零,可用导线直接相连. B,D 两接线柱间电阻最小,可以试接一个电阻(图 7.75). A,C 两接线柱间的电阻为 B,D 间的 2 倍,可以试接入两个串联电阻. 此时 A,B 两接线柱间的电阻值恰好满足条件 $R_{AB} = 1.5 R_{AC} = 3 R_{BD}$. 所以,最简电路如图 7.76 所示.

例 7.54 如图 7.77 所示的盒内有三个等值的电阻 R 组成电路,盒外有接线柱 1、2、3. 如果测得 $R_{12} = 3\ \Omega$,$R_{23} = 9\ \Omega$,求 1、3 间的电阻 R_{13} 以及三个等值电阻的阻值 R,并画出可能的电路图.

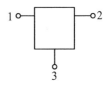

图 7.77

分析与解答 由题意知,接线柱 2 与 1 之间、2 与 3 之间都有电

阻,画出示意图后比较容易直觉地想到可以形成如图 7.78 所示的结构,对应的电阻 $R=3\ \Omega$,具体的电路如图 7.79 所示.

根据图 7.79 可知,接线柱 1、3 之间的电阻为 1、2 之间电阻的 2 倍,因此另一种电路结构可以如图 7.80 所示,对应的电阻 $R'=6\ \Omega$.

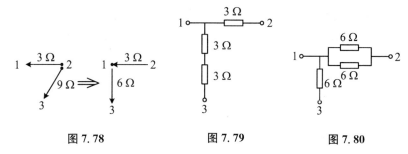

图 7.78　　　　图 7.79　　　　图 7.80

说明　本题取自 2007 年上海交通大学冬令营试题. 解答时,可以采用先进行猜测性的试验,然后逐渐完善起来的方法. 求解本题时一些同学没有领会题中"可能"的意思,往往只画出一种电路,这是审题中值得注意的地方.

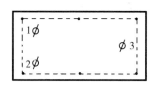

图 7.81

例 7.55(2012 全国理综)　在黑箱内有一由 4 个阻值相同的电阻构成的串并联电路,黑箱面板上有 3 个接线柱 1,2,3(图 7.81). 用欧姆表测得接线柱 1,2 之间的电阻为 1 Ω,接线柱 2,3 之间的电阻为 1.5 Ω,接线柱 1,3 之间的电阻为 2.5 Ω.

(1) 在虚线框中画出黑箱中的电阻连接方式;

(2) 如果将接线柱 1,3 用导线连接起来,则接线柱 1,2 之间的电阻为 _____ Ω.

分析与解答　(1) 根据输入和输出信息可知,接线柱 1,2 间为最小电阻支路,接线柱 1,3 之间为最大电阻支路. 由于被测电阻有分数值,又仅有 4 个电阻,可假设每个电阻值为 1 Ω,且电路中必定包含着两个电阻的并联部分.

根据最小电阻支路和最大电阻支路的阻值可知,接线柱 1,2 间只有一个电阻,接线柱 1,3 之间应接入全部 4 个电阻(两串、两并),接线柱 2,3 间应该是一个电阻和一个并联组合的串联.通过试接后,最终的电路如图 7.82 所示.

(2) 将接线柱 1,3 用导线连接后,接线柱 1,2 间的等效电路如图 7.83 所示,其阻值为

$$R_{12} = [(1 /\!/ 1) + 1] /\!/ 1 \, \Omega = \frac{1.5 \times 1}{1.5 + 1} \, \Omega = 0.6 \, \Omega.$$

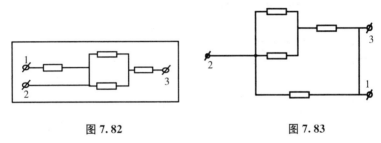

图 7.82　　　　　　　　图 7.83

例 7.56　如图 7.84 所示的黑箱中有三只相同的电学元件,小明使用多用表对其进行探测.在确定黑箱中无电源后,将选择开关旋至"×1"挡,调节好多用表,测量各接点间的电阻值.测量中发现,每对接点间正反阻值均相等,测量记录如表 7.1,请根据记录表 7.1 画出一种可能的电路.

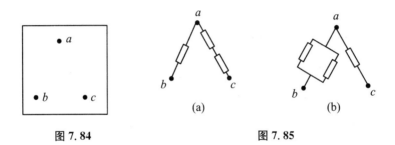

图 7.84　　　　　　　　图 7.85

表 7.1　测量记录

两表笔接的接点	多用电表的示数
a,b	5 Ω
a,c	10.0 Ω
b,c	15.0 Ω

分析与解答　由于接点间正反电阻值相同,说明其中没有二极管.最简单的电路就是两个电阻串联,电路如图 7.85(a)或(b)所示.

说明　本题根据2012年江苏高考物理试题改编,舍去了多用表使用的考查,仅突出有关黑箱部分的内容.

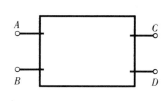

图 7.86

例 7.57　有一个电学黑箱,内部只有几个电阻,外部有 A,B,C,D 四个接线柱(图 7.86).用多用表欧姆挡测量各接线柱间电阻值的结果如表 7.2 所示.试判断箱内的最简结构.

表 7.2

步骤	两表笔接入的接线柱	表针偏转情况
1	A,B	满偏
2	A,C	半偏
3	C,D	偏转 $\frac{1}{4}$

分析与解答　因为多用表的电阻挡由表内电池提供一个测试电流,所以接入多用表相当于输入一个信息,所对应的输出信息就是表针的偏转情况.

步骤1,多用表两表笔接 A,B 两端,表针满偏,表示 $R_{AB}=0$, AB

间必有导线直接相连. 对 A,B 间的情况可初步判断如图 7.87 所示.

步骤 2,两表笔接 A,C 两端,表针半偏,由多用表原理知,此时通过电表电流

$$I_{AC}=\frac{E}{R_{中}+R_{AC}}=\frac{1}{2}I_g,$$

式中,E 为表内电池电动势,$R_{中}$ 为中值电阻(即该挡的调零电阻、表头内阻、电池内阻之和),I_g 为满偏电流. 因为

$$I_g=\frac{E}{R_{中}},$$

代入上式知

$$R_{AC}=R_{中},$$

表示 A,C 间应接入一个等于多用表该挡位时中值电阻阻值的电阻,设为 R_1,于是箱内结构又可猜想为如图 7.88 所示.

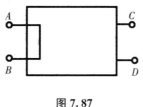

图 7.87   图 7.88

步骤 3,两表笔接 C,D 两端,表针偏转 $\frac{1}{4}$,同理由

$$I_{CD}=\frac{E}{R_{中}+R_{CD}}=\frac{1}{4}I_g=\frac{1}{4}\frac{E}{R_{中}},$$

得

$$R_{CD}=3R_{中}.$$

表示 C,D 间应接入一个等于多用表该挡时中值电阻值 3 倍的电阻,设为 R_2. 所以,最后得出箱中的最简结构应如图 7.89 所示或如图 7.90 所示. 此时 $R'_2=2R_{中}$.

如果已知多用表测量时的挡位(如 $R\times10\ \Omega$)和面板中心刻度值

(如中心值为6),则上面算得的 $R_1=6\times 10\ \Omega=60\ \Omega$, $R_2=3\times 60\ \Omega=180\ \Omega$(或 $R'_2=120\ \Omega$).

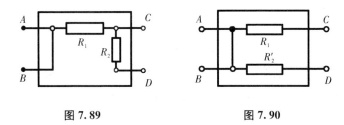

图 7.89　　　　　　　　　图 7.90

纯电源黑箱

纯电源黑箱中只有电池. 判断时,可以先找出可能存在的特殊支路(电压为零),接着可根据电压最大和最小的支路大体上确定电池的连接,然后通过反馈校正确定最终电路. 由于电池有正负极性,判断时必须注意电压测量值的下标,才能正确确定相关接线柱间的电势差.

图 7.91

例 7.58　如图 7.91 所示的黑箱,外面有 4 个接线柱,箱内只有两节相同的干电池(以及连接导线). 用理想电压表测得接线柱间的电压大小分别为

$U_{BD}=0$,

$U_{AB}=U_{AC}=U_{AD}=1.5$ V,

$U_{BC}=U_{CD}=3$ V.

试确定箱内电池的连接.

分析与解答　根据输出的信息可知,B,D 两接线柱间有导线直接连接. 接线端 A 与其他 3 个接线端之间都只有一节电池,BC 和 CD 间应该串联两节电池. 通过试接和校正后,最终电路如图 7.92 所示.

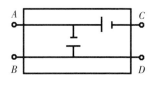

图 7.92

说明　由于题设条件只指出接线

柱间电压的大小,所以可以不考虑电势差的正负.

例 7.59 一个电学黑箱内有三节相同的干电池和导线,外面有四个接线柱 A,B,C,D(图 7.93). 用电压表测量任意两点间电压的结果如下:$U_{AC}=0$,$U_{BD}=U_{AB}=U_{CB}=1.5$ V,$U_{AD}=U_{CD}=3$ V. 试画出箱内电池的结构方式.

分析与解答 接入一个电压表也可看做输入一个信息,其输出信息就是电压读数.

由测量结果 $U_{AC}=0$,表示 A、C 两接线柱间可能有三种情况:

(1) A,C 两接线柱间被导线短路;

(2) A,C 两接线柱间断开;

(3) A,C 两接线柱间接入两节反串联的电池.

对应这三种猜想的电路如图 7.94 中(a)、(b)、(c) 所示.

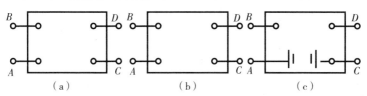

图 7.94

由测量结果 $U_{BD}=U_{AB}=U_{CB}=1.5$ V,表示这里的每两端间只能

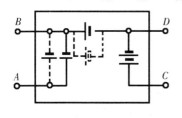

图 7.95

有单独的一节电池或并联的几节电池. 且 B 点电势比 D 点高,A 点电势比 B 点高,C 点电势比 B 点高,猜想的可能排列如图 7.95 所示.

考虑到只有三个电池,结合测量结果(1),校正原来的猜想得方案如图 7.96(a)、(b)、(c) 所示.

由测量结果 $U_{AD}=U_{CD}=3$ V,对图 7.96 的结果检验合理. 所以,这个黑箱中三个电池的结构方式如图 7.96 所示有三种可能(如不考虑电势差的正负还可以有其他可能).

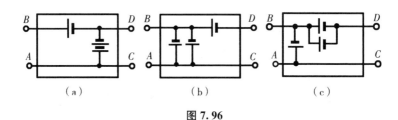

图 7.96

混合式电路黑箱

混合式电路的黑箱中常常包含着电池、电阻以及二极管、电容器等元件,比较复杂. 判断时,一般需要先判定有无电池,以及电池或二极管的极性,并需要运用欧姆定律和电阻串、并联的分压、分流关系. 通常,也可以先找出可能存在的特殊支路(如两接线柱间 $R=0$ 或 $U=0$),并且往往需要进行多次猜测性的尝试,经过反馈校正才能确定.

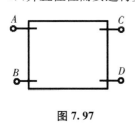

图 7.97

例 7.60 如图 7.97 所示黑箱内,有一个电池、几个相同的电阻以及导线等,用理想电压表测得个接线柱间的电压分别为

$$U_{AB}=6 \text{ V},$$
$$U_{AC}=2.4 \text{ V},$$
$$U_{CD}=3.6 \text{ V},$$
$$U_{BD}=0.$$

试画出箱内最简电路.

分析与解答 根据测量结果可知,BD 间应该用导线直接连接. AB 间的电压恰好等于 AC 和 CD 间电压之和,且其比值为 $2:3$,因此如果有 5 个相同的电阻,只需在 AB 间接入 6 V 的电源,可构成如图

7.98 所示电路.

为了进一步减少电路元件,可以只用 4 个相同的电阻,构成最简电路,如图 7.99 所示.

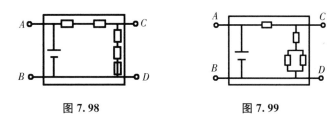

图 7.98　　　　　图 7.99

例 7.61(2010 四川)　用多用表探测图 7.100 所示黑箱发现,用直流电压挡测量,E、G 两点间和 F、G 两点间均有电压,E、F 两点间无电压;用欧姆挡测量,黑表笔(与电表内部电源的正极相连)接 E 点,红表笔(与电表内部电源的负极相连)接 F 点,阻值很小,但反接阻值很大.那么,该黑箱内元件的接法可能是图 7.101 中　　　　.

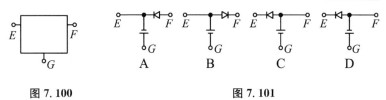

图 7.100　　　　　图 7.101

分析与解答　用直流电压挡测得 E、G 和 F、G 两点间均有电压,E、F 两点间无电压,表示在 E、G 和 F、G 电路中接有电池,在 E、F 电路中没有电池,可以判定电池一定位于图 7.101 的竖直支路中.用欧姆挡的黑表笔接 E 点,红表笔接 F 点,阻值很小,表示二极管导通,反接时阻值很大,表示二极管截止,可以判知,二极管的正极一定位于 E 端,负极位于 F 端.因此,图 7.101 中的 A、C、D 均可排除,B 正确.

说明　必须认清,欧姆表的黑表笔接表内电池的正极,红表笔接表内电池的负极,因此使用欧姆表时,对外部负载而言,电流路径

273

是从欧姆表的黑表笔 → 负载 → 红表笔.

例 7.62 如图 7.102 所示,一个外面有两个接线柱的黑箱. 在两个接线柱间正确接入理想电压表时,测得的示数为 3 V;在两个接线柱间正确接入用理想电流表时,测得的示数是 3 A. 已知箱内可能有的元件为:电动势 $E=3$ V、内阻 $r=1$ Ω 的相同电池若干,阻值分别为 0.5 Ω、1 Ω 和 1.5 Ω 的电阻各若干. 试画出箱内电路的最简结构.

图 7.102

分析与解答 由电压表示数可知,两接线柱间只能接有一个电池或几个并联的电池. 接入电流表后的示数,反映着电路总电流的大小.

设箱内有 n 个电池并联后的电池组作为电源,外电路中的电阻为 R,由闭合电路欧姆定律结合电表的示数可知

$$I = \frac{E}{R+\frac{r}{n}} = \frac{nE}{nR+r},$$

代入数据为

$$3 = \frac{3n}{nR+1},$$

即

$$n = nR+1,$$

得

$$n = \frac{1}{1-R}.$$

因此,只有当 $R=0.5$ Ω 时,$n=2$ 为整数值. 所以箱内电路的最简结构如图 7.103 所示.

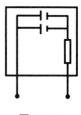

图 7.103

例 7.63 一个电学黑箱,有 $A,B,C,$ D 四个接线端(图 7.104). 用多用表电压挡和电阻挡做三次测量,结果如下:$U_{AB}=U_{AC}=U_{AD}=1.5\text{ V}$,$U_{BC}=U_{BD}=U_{CD}=0$,$R_{BC}=3\text{ Ω}$,$R_{BD}=4\text{ Ω}$、$R_{CD}=5\text{ Ω}$. 试判断箱内最简结构.

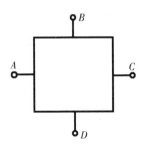

图 7.104

分析与解答 根据输入、输出的信息,推理如下:

(1) 由电压测量 $U_{AB}=U_{AC}=U_{AD}=1.5\text{ V}$,$U_{BC}=U_{BD}=U_{CD}=0$,表示 B,C,D 三点等电势,A 点电势比它们均高出 1.5 V. 最简情况下,盒内只有一节电池,其正极端接到接线柱 A,在 B,C,D 三点间没有电池. 盒中部分结构如图 7.105 所示.

(2) 由电阻测量知,B,C,D 三接线端间都有电阻,其可能最简结构只能如图 7.106(a)、图 7.106(b) 两情况. 根据测量数值可列出关系式.

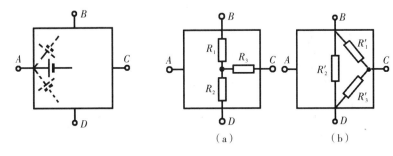

图 7.105　　　　　图 7.106

对图 7.106(a) 为

$$R_1+R_3=3\text{ Ω},$$
$$R_1+R_2=4\text{ Ω},$$
$$R_2+R_3=5\text{ Ω},$$

联立解得
$$R_1=1\ \Omega, R_2=3\ \Omega, R_3=2\ \Omega.$$

对图 7.106(b) 为
$$\frac{R'_1(R'_2+R'_3)}{R'_1+(R'_2+R'_3)}=3\ \Omega,$$

$$\frac{(R'_1+R'_3)R'_2}{(R'_1+R'_3)+R'_2}=4\ \Omega,$$

$$\frac{(R'_1+R'_2)R'_3}{(R'_1+R'_2)+R'_3}=5\ \Omega,$$

联立解得
$$R'_1=\frac{11}{3}\ \Omega,$$

$$R'_2=\frac{11}{2}\ \Omega,$$

$$R'_3=11\ \Omega.$$

所以,盒中的最后结构应如图 7.107 中几种结构所示.

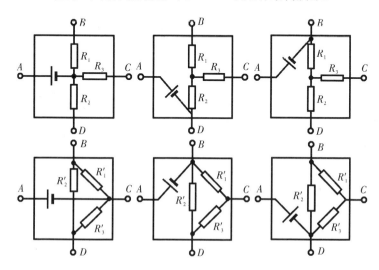

图 7.107

例 7.64 如图 7.108 所示，一个黑盒的表面有四个接线柱（编号分别为 1、2、3、4），盒子内有电阻、电容器和二极管三个元件，它们按一定方式连接，每两个接线柱之间或有一个元件或断开. 现将多用表调至电阻挡，分别测量各接线柱之间的电阻（每次测量前均采用某种方法使电容器不带电），表笔与接线柱的连接方式及测量数据如表 7.3 所示.

图 7.108

表 7.3

接线柱	黑表笔	1	1	1	2	2	2	3	3	3	4	4	4
	红表笔	2	3	4	3	4	1	4	1	2	1	2	3
电阻值 /Ω		200	∞	220	∞	20	200	∞	∞	∞	1200	1000	∞

通过交换表笔两次测量 1、3 接线柱间电阻时，发现多用表的指针均向右偏转到某位置后，又回到 ∞. 请根据上述信息画出黑盒子内元件一种可能的连接图.

分析与解答 将多用表调至电阻挡，其目的是利用表内电池进行测试. 为此，首先需要对这三个元件的直流特性有所认识：

电阻有确定的阻值. 红、黑表笔分别接触电阻两端，交换位置后欧姆表的示数不变.

二极管正向电阻很小，反向电阻很大. 红、黑表笔分别接触二极管两端，若欧姆表的示数很小，黑表笔接触的是二极管的正极；若示数很大，黑表笔接触的是二极管的负极.

电容器具有"隔直"效果，直流电阻显示 ∞. 红、黑表笔分别接触电容器两端时，开始时由于对电容器充电，欧姆表的指针会右偏，随着充电电流的减少，指针偏角也越来越小，最后回到 ∞ 的位置.

接着，可以将题中测量数据以黑表笔为"起点"分成四组，分别画出初步的电路结构.

如根据黑表笔接触 1 的三组数据,并结合黑表笔接触 2 的数据,将 220 Ω 拆分为 200 Ω+20 Ω,其中 20 Ω 可看成二极管的正向电阻,∞ 为断开或接入电容器,画出的初步电路如图 7.109 所示.

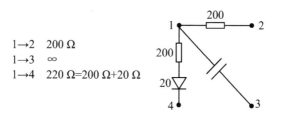

图 7.109

根据黑表笔接触 2 的三组数据,画出的初步电路如图 7.110 所示.

同理,根据黑表笔接触 3 和 4 的三组数据,并将 1200 Ω 的数据拆分为 1200 Ω=1000 Ω+200 Ω,其中的 1000 Ω 可以看成二极管的反向电阻,则其初步电路即为图 7.111.

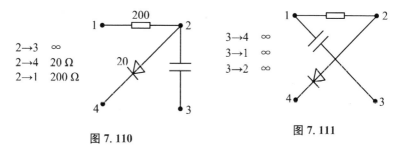

图 7.110   图 7.111

综合上述分析,可知黑盒中的可能电路如图 7.111 所示.

说明 本题根据 2014 年卓越联盟自主招生试题改编,明确了盒内没有电池,并将测量数据重新排列,稍稍降低了难度.原题未指明盒内是否有电池,此时可以先用多用电表进行判断——将多用表转换开关放在直流电压挡,测量每两个接线柱之间的电压,若均无示数,表明盒内没有电池.

本题有一定难度,初看 12 组数据往往有些"眼花缭乱",上述分析中采用分组分析的方法,并通过逐步试画、综合,这样比较容易理清头绪.

7.4.2 光学黑箱

例7.65(2006天津) 空气中两条光线 a 和 b 从方框左侧入射,分别从方框下方和上方射出,其框外光线如图 7.112 所示.方框内有两个折射率 $n=1.5$ 的玻璃全反射棱镜.图 7.113 给出了两棱镜四种放置方式的示意图,其中能产生图 7.112 效果的是( ).

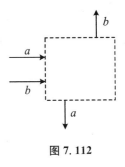

图 7.112

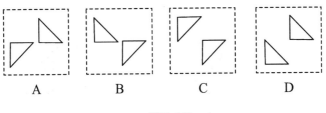

A   B   C   D

图 7.113

分析与解答 四种情况下,a、b 两光线都从棱镜的直角面垂直入射,射至斜面时的入射角均为 $\alpha=45°$.根据两个棱镜的折射率可知其发生全反射的临界角为

$$C=\sin^{-1}\frac{1}{n}=\sin^{-1}\frac{1}{1.5}<\alpha.$$

因此 a、b 两光线都会在棱镜的斜面发生全反射.要求 a、b 两光线能产生图 7.112 的效果,只有 B 的放置方法正确.

例7.66 一个光学黑箱,能使入射光束变成如图 7.114 所示的出射光束,其对应光线分别用 $A—A'$,$B—B'$ 表示,试确定黑箱内的光学元件.

分析与解答 这里的入射光束、出射光束就是对黑箱的输入、输出信息.

对图 7.114(a),出射光束位于入射光束同侧,可猜想其中必有反射光的元件,如平面镜、球面镜、全反射棱镜等. 根据 A,B 两边缘光位置互换的特性,可推知必经两次反射. 黑箱内可能为两块成 45°角放置的平面镜或一块全反射棱镜,如图 7.115 所示.

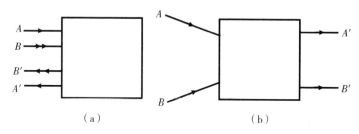

图 7.114

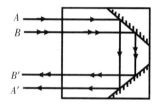 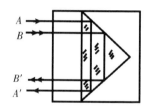

图 7.115

根据这个道理还可推知,如入射的平行光在同侧形成一束会聚或发散的光束,箱中应有凹面镜或凸面镜.

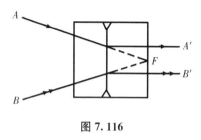

图 7.116

对图 7.114(b),出射光束位于入射光束另侧,盒内必是透光元件. 因为它能使原来的会聚光束变得发散一些(平行光),最简单的情况是盒内有一块凹透镜,原来的光束恰会聚在它的焦点 F 上,如图 7.116 所示.

例 7.67 一光学黑箱,其入射光和出射光的对应关系如图

7.117所示,试确定箱内结构.

分析与解答 图7.117(a)中出射光束与入射光束相比的特点是:形成一束上、下位置颠倒,扩展了的平行光束.

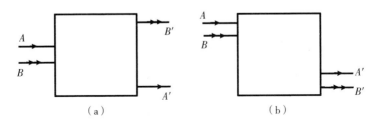

图 7.117

如果仅是形成扩展的平行光,利用上题中的结果,根据光路可逆原理,使入射光依次经凹透镜、凸透镜且使两透镜共轴、焦点重合,即可满足条件,如图 7.118 所示.

由于还要求两边缘光位置颠倒,它符合凸透镜成实像的情况,因此可把图 7.118 中的凹透镜换成凸透镜,即在箱中放两块凸透镜,使它们共轴,并且第一块的后焦点与第二块的前焦点重合,即可满足条件. 最后结果如图 7.119 中所示.

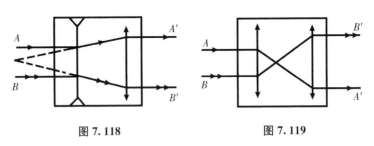

图 7.118　　　　　　图 7.119

图 7.117(b)中的出射光束与入射光束相比,相当于发生平移,根据光学元件的特点,可猜想到其中可能是一块平行透明板,也可能是两块互成 45° 角的平面镜或全反射直角棱镜,最后结果如图 7.120 所示.

黑箱问题的解决很灵活,猜想的方向在其中有至关重要的作用.

想要根据黑箱的输出信息,猜想出可靠的判断方向,必须对有关的电学和光学元件的特性及其规律掌握得较为熟练.

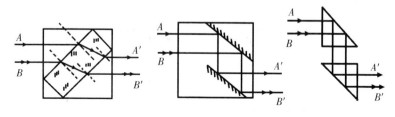

图 7.120

解决黑箱(或称黑盒)问题有很重要的普遍意义.一般都需要通过输出信息、经过猜想、反馈校正,才能最终确定箱内的结构,它的开放性、灵活性比较大,相对来说要求较高.如果把黑箱的概念理解得更宽松些,那么,通常的选择题也就相当于黑箱.只是它已经给出了若干选项,只需从中进行合理地选择就可以了.从更广泛的意义上说,未知世界就相当一个巨大的黑箱,对未知世界的结构及其规律的探求同样得通过输入的信息,并根据它的反应(输出信息),才能做出种种猜想与假设,然后再通过不断的反馈校正,最终才能揭示出它的真正奥秘.著名的控制论专家艾什比在《控制论导论》一书中说:"所有的事物实际上都是黑箱,并且我们从小到老一辈子都在跟黑箱打交道."

让我们对未知世界大胆地去猜想、假设吧!

结　束　语

近代著名的科学哲学家卡尔·波普(Karl Popper)断言,任何科学理论实质上都是猜想,对猜想与假设的检验,其实是一个"证伪"或否定的过程.理论被证伪了的就被淘汰,取而代之的是一个新的猜想与假设.波普的观点十分精辟地道出了猜想与假设的科学地位,也是本书作者希望把这一种思维方法介绍给读者的动机之一.

把物理学史与科学研究方法引入到中学物理教学中去,有很大的意义,还有很多工作可做,本书仅是一个方面.愿与广大中学物理教学界的同行们一起努力,希望能得到广大物理教学工作者、中学物理教师与读者们的指正.

作　者

2014 年春定稿于苏州庆秀斋

参 考 文 献

[1] 徐登里. 彗星漫谈[M]. 北京:科学出版社,1975.

[2] 傅承义. 地球十讲[M]. 北京:科学出版社,1976.

[3] W·L·B·贝弗里奇. 科学研究的艺术[M]. 陈捷,译. 北京:科学出版社,1979.

[4] 郑庆璋,崔世治. 狭义相对论初步[M]. 上海:上海教育出版社,1981.

[5] 陈衡. 科学研究的方法论[M]. 北京:科学出版社,1982.

[6] G·L·特里格. 二十世纪物理学的重要实验[M]. 北京:科学出版社,1982.

[7] 周昌忠. 科学研究的方法[M]. 福州:福建人民出版社,1983.

[8] 库珀. 物理世界[M]. 杨基方,汲长松,译. 北京:海洋出版社,1983.

[9] 雷仕湛. 漫话光谱[M]. 北京:科学出版社,1985.

[10] 栾玉广. 自然科学研究方法[M]. 合肥:中国科学技术大学出版社,1986.

[11] 章士嵘. 科学发现的逻辑[M]. 北京:人民出版社,1986.

[12] 杨建邺,止戈. 杰出物理学家的失误[M]. 武汉:华中师范大学出版社,1986.

[13] 张维善. 原子和原子核物理[M]. 北京:北京教育出版

社,1987.

[14] 肖尚征,刘佳寿. 从古代物理到现代物理[M]. 成都:四川教育出版社,1987.

[15] 谭树杰,王华. 物理学的重大实验[M]. 北京:科学技术文献出版社,1987.

[16] 张三慧. 从伽利略到牛顿[M]. 北京:北京出版社,1988.

[17] 阎康年. 牛顿的科学发现与科学思想[M]. 长沙:湖南教育出版社,1989.

[18] 郭奕玲,等. 近代物理发展中的著名实验[M]. 长沙:湖南教育出版社,1990.

[19] 尤广建. 爱因斯坦是怎样创建相对论的[M]. 长沙:湖南教育出版社,1993.

[20] 王溢然. 猜想与假设[M]. 郑州:大象出版社,1993.

[21] 吴翔,等. 文明之源:物理学[M]. 上海:上海科学技术出版社,2001.

[22] 李良. 探索宇宙奥秘[M]. 郑州:河南科学技术出版社,2003.

[23] 李艳平,申先甲. 物理学史教程[M]. 北京:科学出版社科学人文出版中心,2007.

[24] 北京物理学会. 物理学史专题讲座汇编[C].